丝绸之路

一个人的生命体验

陈忠实 著

西安出版社
西安曲江出版传媒股份有限公司

图书在版编目（CIP）数据

一个人的生命体验/陈忠实著. -- 西安：西安出版社，2018.5
（丝绸之路丛书）
ISBN 978-7-5541-2762-9

Ⅰ.①一… Ⅱ.①陈… Ⅲ.①短篇小说－小说集－中国－当代 Ⅳ.①I247.7

中国版本图书馆CIP数据核字(2017)第310444号

一 个 人 的 生 命 体 验
YIGEREN DE SHENGMING TIYAN

著　　者：	陈忠实
出 品 人：	屈炳耀
责任编辑：	张增兰　路　索
责任校对：	陈　辉　王玉民　张忝甜
装帧设计：	李南江　纸尚图文
责任印制：	宋丽娟
出　　版：	西安出版社
	（西安市长安北路56号）
发　　行：	西安曲江出版传媒股份有限公司
	（西安曲江新区雁南五路1868号影视演艺大厦14层）
印　　刷：	陕西天丰印务有限公司
开　　本：	880mm×1230mm　1/32
印　　张：	9.5
字　　数：	253千
版　　次：	2018年5月第1版
印　　次：	2018年8月第1次印刷
书　　号：	ISBN 978-7-5541-2762-9
定　　价：	45.00元

△ 读者购书、书店添货或发现印装质量问题，请与本公司营销部联系、调换。
电话：(029) 68206213　68206222（传真）

目录

001 / 一个人的生命体验

016 / 信任

027 / 立身篇

042 / 尤代表轶事

060 / 猪的喜剧

076 / 回首往事

087 / 珍珠

098 / 蚕儿

107 / 旅伴

110 / 鬼秧子乐

126 / 毛茸茸的酸杏儿

142 / 失重

158 / 桥

177 / 到老白杨树背后去

192 / 打字机"嗒嗒"响
　　　——写给康君

210 / 石狮子

220 / 轱辘子客

232 / 害羞

252 / 两个朋友

275 / 李十三推磨

291 / 日子

一个人的生命体验

柳青终于决定：自己消灭自己。

他已经确定了周密的消灭自己的计划和具体的实施方案。最关键的一点是消灭自己的方式——他决定采取电击。这也许是他唯一能够找到的办法，唯一能够做出的选择。

他尚未被最终判决，却已经生活在和囚犯无异的环境里。这是一排只有顶棚和墙壁的平房，很长很长的一排，没有隔墙。据说这儿原是文化行政管理机关停放自行车的车棚，本来只有三面墙壁，空着的那一面自然十分宽敞，是为着庞大机关里的干部上班来存放车子、下班回家时取走车子避免拥挤磕碰的精心设计，现在把敞着的那一面垒起墙来了，安上了一扇门，自行车棚就变成一幢完整的平房了。柳青就被囚禁在这幢屋子里，还有许多他认识或不认识的文艺界被揪出来通称为"牛鬼蛇神"的人。这个被堵上第四面墙壁的房子，不再叫作车棚，很快就有了一个"牛棚"的名字。选择这个房子是经过反复比较和论证才确定下来的。至关重要的一点，就在于它没有隔墙，把一群戴着"牛鬼蛇神"帽子的人装进去，通铺大床，一人占一块床板，谁躺下、谁坐起、谁翻身、谁皱眉、谁傻笑、谁和谁互使眼色都在众目睽睽的监督之中，也减少了看管人员的人数和劳累强度。上厕所有人跟着，被单独叫去训话更有监视者；弄一撮毒性剧烈的老鼠药或杀灭害虫的农药是不可能的，亲属都被隔离接触了，无法获得；上吊也是无法实施的，既没有绳子，也没有拴绳上吊的悬梁或可以承载一个人体重的壁钩；刎颈或割断手腕或腿上的主动脉，没有刀子，再说万——刀割不死再被抢救过来，还会有"自绝于人民"的又一桩被认为属于叛变行为的罪名；唯一能够消灭自己的手段，便是电击——房子里有电，这是必备的也不引人注意的照明设备。更关键的是，一触即可宣告生命结束，短暂的一瞬就把较长时间酝酿确定的消灭自己的方案实施完成了。

在决定这个晚上就付诸实施的时候，他甚至庆幸自己掌握有最基本的用电常识。这是他久居乡村的意外收获。乡村滞后于城市的生活条件迫使他学会了用电知识。他住在被他用诗一样的语言描写过的终南山下的蛤蟆滩的南沿，那是不太高也不甚陡的一道塬坡。那儿有一幢在解放后破除迷信运动中搬掉了泥胎神像的庙院，一番整修以后，他就携妻引子住了进去。站在门口可以远眺终南山壁立突起的群峰，或高或低的峰峦之间绝无雷同的过渡性谷地。终南山几乎终年都被薄雾和烟岚缭绕着笼罩着，只有雨后或强劲的西风扫荡之后，才可以看到清晰的山峰和山谷的面目。眼皮下的蛤蟆滩，不是四季都在变换色彩，而是每天都在神奇地呈现着浓浓深深的诱人色彩，乃至清晨午间傍晚都显示着变化。他踏遍了河川的大路小径，麦子扬花和稻子扬花的香味各具魅力，刚刚犁翻的新鲜泥土的清新气味是难以恰当描述的……他在庙院里常常发生的困难却是断电。停电是不可抗拒的，也是心安理得的，他知道国家对农村定时供电是因为电力尚不充足，他备有蜡烛。有电而因为家里线路故障再停电就让他很不甘心，就难以忍受淌着油的蜡烛的昏暗光亮，就想找电工来检修。电工热情而又耐心，多出于对兼着县委副书记的作家的尊重，毫无弹嫌指责之处。问题是他得亲自去找，或让妻子马葳去找。有一段不近的路程且不论，往往找不见人，电工是大忙人也是大活物，不会待在家里等候用户去找；还有下雨下雪不便出门的时候，还有黑天半夜的不便……随后他学会了接电，知道了开闸关闸，也懂得了火线和地线,尤其明确火线和地线一旦交叉接通,就会发出光明,也会击打死最强壮的生命。现在,乡村生活迫使他学会的最简单的电路技能,可以用来实施消灭自己的目的了。

电灯在这幢被床铺占满的房子里亮着。这些床铺的住户或坐在床沿上阅读毛泽东著作,或坐在小马扎上以床为依托写着读书笔记或交代罪恶的材料,从早晨到下午再到晚上。这是最基本的内容,斗争会揭发会单个训诫,毕竟不是每天每晌都会发生的事。柳青坐在床沿,那双十万个人里也难得挑出的明亮犀利的眼睛,平静地注视着眼前的读本:这样透亮饱满的光泽却看不见一个汉字,这些汉字已经与即将消灭的自己没有任何关系了。他把遗嘱已经写好。他把死亡的姿势和摆放遗嘱的身体位置都想好了。他把电击的方式也论证确定,用他所具备的最简单的也是最初级的电工技能,一只手攥住火线,把一只脚伸到床下踩住地线,他的身体就会在那一瞬间宣告生命的毁灭。这间房子里的电线的线路就裸露在砖墙上,仍然是此前作为自行车棚的原有电线设备,许是来不及装修得稍微隐蔽一点,许是这幢"牛棚"的主宰者疏忽了,结果给企图消灭自己的柳青提供了条件。

他已经躺到床上了。所有人都躺到床上的被窝里了。不管能否预知明天,不管能否进入睡眠,大家都按时钻进被筒里,电灯也按主宰者规定的时间熄灭了。柳青睁着眼睛躺着,左手把那份遗书按在胸脯上。遗书有三句话:

> 我不反党不反人民不反社会主义
> 我的历史是清白的
> 这是我反抗迫害的最后手段

他静静地躺着等待着。待这屋子里那些痛苦着的灵魂暂且忘却痛苦响起鼾声,他就可以伸出右手抓那根早已看好的电线,再伸出左脚踩踏另一根被农村电工称作地线的电线了。他的聚着整个生命活力的眼睛瞅着顶棚,顶棚穿透了,抑或是揭掉了,湛蓝的天幕明晰地波动着银河……

轮到柳青上批斗台了。

他倾情歌颂抒写的终南山下的蛤蟆滩和这村那寨的男女已经陌生了,以庙院安置的家院和书桌也陌生了,最熟悉的场合倒是各种批判斗争的台子,或固有的或临时搭建的或人多的或人少的,走上台再弯下腰接受各种语言的谩骂和栽赃和丑化和打倒踩翻等等,都给耳朵刺出血滴磨出茧子麻木不辨了。无论斗争场面的大小,无论批斗台的高低,柳青唯一不变的是他走上批斗台时的脚步和姿势。他穿着蛤蟆滩中老年男人穿的对门襟布纽扣黑颜色的棉袄,差别在于布的质料,农民多是自家织布机生产的土布,柳青是用国家配给的布票买来的机器纺织的洋布;头戴一顶被乡村人俗称为"瓜皮"的无檐帽,执行斗争他的造反派主持人勒令他摘下帽子时,他就从头上一把抓下来塞到棉袄的明口袋里,圆溜溜的光头和阔大的前额就呈现给参加斗争会的所有人。圆脸通鼻,鼻头下的唇上有一排黑森森的短胡须,成为他显著的风景和奇特的标志,因为那个时代的中国人一般都不蓄胡须。但最具风景异质的是那一双眼睛,走向批斗台的时候,从拥挤着的人群的呐喊声中的通道走过去,柳青只瞅着脚前的路,两边的人都能在瞬息里感觉到那双眼睛泻出的纯净犀利透彻的光亮,混浊的铺天盖地的口号声是无法奈何那一束光亮的。他很单薄,身高不过一米六,体重大约只有七十斤,这样的穿戴这样的体型和体重,很难有雄壮和威武,然而柳青缓慢的步履能产生一种威势……走在他前边的"牛们"已经走上台了。柳青唯一感到不同的是变换了花样的侮辱方式。是的,每次批斗会上,都有新的侮辱被斗对象的花样被创造出来。今天,不再是主持斗争会的造反派向参加批斗会的革命群众——介绍被斗争者的姓名——姓名前肯定要加上诸如"三反分子""黑帮"等定语;主宰他们命运的人,给每一个被斗争者确定了一个定性的用语,让他们挨个向造反派和革命群众自报家门自我辱践,给柳青规定了"我是反党反人民反社会主义的黑作家柳青"的定论,不许少说一字说错一字。

排在柳青前头走上批斗台的被斗争的对象,一个一个都按规定给他们的定性自报姓名了。每个人报完,就会有领呼口号的人在台前挥拳领头呼口号,诸如"打倒×××分子×××",台下举拳呼应,绝不厚此薄彼。小小的差别也不是没有,若某人自我介绍时或有结巴或声音太小,就会被严厉斥责再来一遍。

柳青走上批斗台了,被主持者搡戳着呵斥着走到台前指定给他的地点,站定,服从的肢体行为里隐隐透出绝非顺从的意味,也透出无奈里的沉静,倒显示出呵斥着搡戳着他的主持者的狂乱和虚妄。柳青开口了,口齿清晰一字一板嗓门腔调颇为洪亮:"正在接受审查的共产党员柳青,向革命群众报到……"

斗争会的主持者顿时愣住了。策划和组织这场斗争会的大小头目们,也都在主次分明的斗争台上的各个位置上愣怔住了。台下拥挤的黑压压的人群,也在柳青的话音尚未落定时愣怔住了。台上和台下同时呈现出冷寂,这是完全出乎所有人意料所造成的心理反应不及时的情状。所有人尤其是台上的那些主宰者,愣怔的同时明白无误地意识到了挑战和反抗。出于各种心理需要和生活目的的需要狂欢着"文化大革命"的得意者,早已形成接受被批被斗者顺从和讨好的心理状态;完全出乎意料之外的挑战和反抗，把他们惯于接受顺从乞求的心理状态打乱了颠覆了，也把与会者普遍形成的社会性心理扰乱了，于是便出现了潜伏着巨大危险的冷场。

潜伏的危险以铺天盖地的愤怒爆发出来。一记耳光扇到挑战的反抗的作家柳青脸上。扇打这第一巴掌的人，无疑是第一个从愣怔状态里清醒过来的人，肯定也是具有敏锐反应的神经功能的人。随之就有人伸出腿脚踢到柳青身上了。同时就有几乎挣破嗓门的口号呼喊出来。在台下呼应的口号声浪里，柳青重新站端立定了，依然平视着的眼睛愈加清澈透亮，有一股逼人的冷光，嘴角有血流下来。

开始了一段对话：

"重报——反党反人民反社会主义的'三反'分子柳青。"主持者命令。

"正在接受审查的共产党员柳青。"柳青说。

又一番拳头和脚踢。

"重报——"

"正在接受审查的……"

柳青被打倒了。

这是力量严重失衡的对抗。一个年过五十体重仅有七十斤的作家柳青，面对一帮身强体壮的中年和青年汉子，在狂飙正猛的"文革"风暴之中。然而，无论这些挟裹着"文革"风暴的身强体壮的汉子们如何吼叫，乃至轮番拳脚相向，那个身矮瘦弱的作家柳青说出的话语，他以洪亮的嗓音一字一板口齿清晰地说话时的沉静和自信，也形成十分悬殊的无法构成抗衡的对比。

又一番语言较量展开，"文革"通用的名词叫作"拼刺刀"：

"你是对抗'文化大革命'，反对伟大领袖……"

"我是实事求是。"

"你必须交代你的罪行。"

"从入党那天起到现在,我不敢保证不做错事不说错话不无缺点,但我敢保证做到实事求是不说假话。"

"你刚才一直在说假话!"

"我一生都没说过假话。"

"你还在狡辩!重报——'三反'分子柳青!"

"实事求是不是狡辩。我要是说假话,就是自己打断自己的脊梁。"

再一番拳脚,柳青就不说话了。

…………

柳青听到的第一声打鼾,是从这屋子最东头的墙根下响起来的。从不时响起的出气声的轻重,柳青能判断出来哪种呼吸声是进入睡梦者发出的,哪种呼吸声是正在痛苦不堪的清醒者佯装睡着了的声息。他还得等待。等待里的心境是死样的平静,却浮出马葳的眼睛——这双熟悉的眼睛,瞅着他陪着他从京华首都回到西安,再相跟到蛤蟆滩南沿的庙院里,那是世界上最可依赖的美丽的眼睛,虽然也有不高兴的神光流泻的时候,却不影响依赖和美丽。就在他在台上为"自报"自己是什么与主宰者的对抗中,在他第一次挨打之后重新站定的时候,他看见了站在台下的马葳的眼睛,那种惊愕那种痛切的神光,像是凝固的冰雕,这是相伴相依几十年来从未见过的眼神。柳青第二次第三次挨打之后再去搜寻那冰雕似的眼神,却只看见亲爱的马葳低垂着的黑发,她没有力量看他了。那一刻,他心里泛起一缕庆幸的欣慰,低头不看是最好的选择,可以减轻折磨。现在,柳青眼前就浮出那双惊愕不堪痛切不堪而凝固为冰雕似的眼睛。

他在心里沉吟:亲爱的马葳啊!你肯定不知道你惊愕恐惧和

恨起来的眼睛是怎样感动老夫的心啊!

"我放不了'卫星'。别人用水笔写字写得快,能放;我写字跟刻字工一样慢,放不了;我给你实事求是汇报,刻字比不得写字快嘛。"

柳青对找他说话的领导说。

柳青坐在领导对面。这是西安南郊的一个别墅式的高级宾馆,四十年代由驻扎西安的国军军长胡宗南修建,接待党政要员的场合,解放后变为开会和休养的招待所了。这里刚刚召开过一个前所未有的热气腾腾的大会,是文艺界知名的写家演家唱家弹奏家耍(魔术)家放"卫星"的大会。中国在1958年掀起的"大跃进"高潮里又兴起放"卫星",最大的"卫星"是亩产小麦五十万斤,报纸上还配发着一个站立在麦穗上的男孩的照片,随之便潮涌着各行各业争相放出的吓死人的大"卫星"。文艺界不甘落后,各路名家名手聚着气铆着劲到这个招待所放"卫星"来了。柳青不仅不放"卫星",甚至一言不发。在这样热烈的气氛里,坐着这样一位冰冷着脸色的人,即使弱智的人也会产生他对于"大跃进"的态度问题的敏感,更不要说这些文学艺术界的"人精"了。会后,领导就找柳青来谈话。柳青坐下后就解释自己放不了"卫星"的原因。

"可是……你想没想到你不发言的负面影响?"

"实事求是。我只能实事求是。我放不了重量大的'卫星'。我不能对党说假话说我能放。"

谈话停止了。气氛虽有点滞闷,却不紧张。这位领导和柳青既是同志战友,也是朋友,早在延安革命战争年代就熟悉了,他们当时都是年轻人。他现在是省上的重要领导,柳青是中国当代的重要作家,友谊却不因年岁递增、工作性质的差别而改变。或者说,领导叫他来坐坐来谈话,本质用意是替他担着一份心。须知对于刚刚兴起的"大跃进"运动的态度,往往决定一切职业者的命运,越知名越能干的人越是这样。这几乎已成为稍有政治意识的人的生存常识。柳青能感知领导和朋友的好心用意,却又重复一遍:"我是作家,又是党员,我必须对党实事求是地发言。"

"你按你的实际情况,能放多大个'卫星'就放多大个。你总得表示一下态度嘛!"

柳青浅浅地笑笑。那笑首先给人感到真诚,也掩饰不住(或不作掩饰)内蕴的讥讽:"我到这种场合里整个被吓瓜了,脑子停止转动了。热火朝天……雄心壮志……一个比一个重一个比一个大的……'卫星',把我……吓得快要透不过气来。我正写的那个东西……相比之下……显得小得拿……拿不出手。我表个啥态嘛……没法子表……"

柳青所说的"显得小得拿不出手"的"那个东西",就是长篇小说《创业史》,正在做最后一遍的修改和润色。

谈话始终断断续续。这会儿又断了。领导的心里是有点复杂,也有点难言之隐。他不仅情感上喜欢柳青,更敬重柳青,敬重他已有的创作成就,更敬重他的人品人格。难言之隐正在这里,对在铺天盖地的"大跃进"的响锣密鼓声中,瞪着两只黑亮透壁的眼睛死盯着别人高声大调表决心放"卫星",紧闭着一绺黑胡须的嘴唇一言不发的柳青,他首先担心"政治态度"的负面影响和伤害。他和柳青交谈,就是出于对战友和朋友的关爱,身居政坛要职的他,习惯性敏感于"表态"的特殊意味。他希望柳青避免不必要的负面损害,明天还要继续放"卫星",还来得及弥补。他已经把话说到这样清楚无误的程度,柳青却仍然在解释自己的主意。领导吸起烟来,瞅了柳青一眼,又避开了,漫无目的地眯着眼,沉浸在飘绕的烟雾中。

领导再瞅着柳青的时候，突然睁大眼睛，紧紧盯着柳青的手，提高了声调，惊讶里蕴含着兄长般的关爱："你的手指头咋成了这样子？"

"破了。"柳青轻淡地回答。

"破了？削铅笔割了？"领导很急切。

"都不是……"

"皮肤病吗？"

"也不是。"

领导已经抓住柳青的左手，拉到自己的眼前。那只左手食指和中指的指甲盖周围，全是一片红肉，没有皮儿了，渗血仍然没有完全凝结，看来令人心头发瘆。领导逼住柳青的眼睛问："那到底是咋弄的？"

"抠的。"柳青抽回手，平淡地说。

"你自己抠的？"

"别人谁能抠我的手嘛！"

"什么时候抠的？"

"今日个。"

"为什么抠？"

"……"

抠指甲是柳青一种习惯性的下意识动作。在听大报告或参加小讨论会的时候，听到那些令他感动和受到启迪的话语，抠指头的动作不会发生，因为他的手指捏着钢笔忙于记笔记；而在听着套话废话狂话假话尤其是胡说的昏话时，他就瞪着黑眼珠抿嘴不语，搭在膝头或夹在两膝之间的手就抠起来了。别人很难发现，膝盖总是在桌子底下，他自己也是不知不觉习惯性地抠着。不过，抠着也就抠着，并无多大肢体损伤，也从来没有发生过把两个指头的皮儿抠光剥掉了这种惨相——而他自己竟然浑然无觉。

这是今天下午发生的事。上午是领导们一个一个做报告或讲话，或代表单位表红心。他那时已经开始抠了，不过没有抠破皮。下午是各位诗人作家唱家演家弹奏家耍（魔术）家竞放"卫星"，有诗人说他在多短时间里要写出多少万行诗，有演家说观众喜欢他在舞台上翻跟头，他要把现在的十个跟头翻到八十个跟头……热烈地放"卫星"的大会暂告结束，柳青绷紧到麻木的神经一时还松弛不下来，站起身，离开座位时，才发现右手把左手的食指和中指抠得不见皮了，而自己竟然没感觉到疼，竟然没有感觉到渗出的血滴把膝盖内侧的黑裤子浸湿了……

领导俯下身轻轻地问："你是下午开会时抠的？"

柳青平静地说："这是我的坏习惯，不知不觉就抠成这样子了。老也改不了。"

"噢……噢……噢……"领导转过身，独自微微点着晃着脑袋，走到窗前背对着柳青站住，只见冒烟，不闻话语，再不启发柳青表态了……

一年之后，饥饿便笼罩了蛤蟆滩。在"忆苦思甜"活动中被作为象征旧中国贫穷的稀糁子野菜树皮等食物，现在摆上了蛤蟆滩家家户户的饭桌。有人嚼着野菜树皮仍不改活泼的天性："哎呀！甭说亩产五十万斤粮，就按一亩地打一万斤，咱们该当黏（干，方言，音 rán）面锅盔操心吃得撑死呀！那么多的麦子跑到哪儿去咧？"没有人敢在公开的或正经的场合追问高产的粮食到哪儿去了，更没有人敢追问亩产五十万斤的"卫星"倒底是放到天宇里去了，还是把家家户户的粮缸砸粉碎了！那些放过高产"卫星"的农民和决心把跟头从十个翻到八十个的名演家，现在全都不管他们放出的"卫星"跌到什么地方去了，早把心思集中到挖野菜和计算购粮票证上去了，然后依然热情不减地对新兴的口号表态去了。柳青却把心思集中到牛马身上了。无论碗里糁子多么稀,野菜树皮如何难以下咽,蛤蟆滩尚未发生完全属于饥饿而致死亡的人。牛马却大面积死亡,一个村子都难以幸免。在蛤蟆滩,只有水车改成电动机械解放了牛马,成为机械化电气化的唯一标志,其余耕地拉车拉磨等重量级的农活儿,仍依赖畜力。牛马死完了怎么办?道理不言自明。人都没有正经吃食了,牲畜早在人之前就被省去了精料只有麦草了。柳青现在没有抠指头的下意识动作了,他整天走村串寨,踏访那些有饲养抚弄牛马经验和绝招的老农民,开始推敲字句编写饲养牲畜的"三字经",既要通俗——饲养员文化程度普遍偏低,又要朗朗上口易读易记——有些饲养员缺乏对文字的耐心。柳青把正在写作的《创业史》第二部放下来,牛马占据了他的思维中心……现在来不及追问谁怎么把粮缸砸破了,拯救人和牲畜的性命,不能有一丝一毫的迟疑。

通铺长屋里已经此起彼伏着男人们的鼾声,连续的间断的和偶尔骤爆骤落的、深厚的清亮的和黏糊滞稠的,都交混在一起,给最清醒的柳青听着。这些和他一样被呵斥被推搡被栽赃被谩骂被凌辱的大家人精们,现在进入一天二十四小时里最幸福的时段,痛苦和焦灼都解脱了。柳青确定最后的时刻已经来到,竟然自嘲地想着,现在早已用不着抠指头了。"文革"初期他还抠着,后来就被口头的炮轰和拳脚代替了。相对于年轻壮汉的拳脚,抠指甲这种小动作已经中止了,因为整个七十斤重的躯体都要消灭了。他的眼前浮出的是那双惊愕不堪痛苦不堪的美丽的冰雕似的眼睛。就要结束自家的折磨和终生依偎他的人儿的折磨了。柳青伸出右手,抓住了一根电线,几乎同时把左腿伸出被窝,一脚就准确无误地踏住接电板的另一根电线……

写到这里,长篇小说《创业史》里的一段话浮现出来:"人生的道路虽然漫长,紧要处往往只有几步或者一步……"我在初中毕业那年春天,每月按时到邮局去购买一本连载着原名《稻地风波》小说的《延河》杂志,两毛钱是从父亲给我买杂拌咸菜就馍吃的副食费里俭省下来的。梁生宝在饭馆里花两分钱买一碗面汤泡着自家带的风干馍大吃大嚼的时候,我想到父亲每逢赶集进城也是这个消费水平这等消费做派;梁三老汉的好恶和审美的言语和行为,活脱就是我家门族里的八爷;梁生宝母亲在稻棚屋里顺意开心和愁肠百结时的神情,常常与我的母亲重叠……还有前引的这句话,我在那时就一遍成记,至今依然能浮现出来。我后来结识过南方北方的同代作家,每谈都会说到柳青和他的《创业史》,一般都是朋友先提起,而且常说到这句话,有的还说曾经当作座右铭置于案头,或抄录在日记本首页上。我现在想到,以一句人生哲理式的警句影响过不知多少读者的柳青,在他把一根电线攥在右手,又决绝地用左脚踩踏另一根电线的时候,怎样阐释这"紧要处的几步或一步"……

大约是 20 世纪 70 年代初,"林彪事件"之后一年多,"文革"的气候似乎暂时缓和了一阵儿,出版界在西安召开第一次集会,我有幸作为业余作者参加了。得知这天下午柳青要来做报告,我竟然兴奋得等不到开会。需要交代一句,柳青没有把自己消灭得成,活下来了。不知是接线板有什么问题,还是他从蛤蟆滩电工那里学到的用电技术不完备,抑或是上天怜惜天才和正派人,他把左脚踏到地线时,"嘭"的一声把他的脚打得缩了回去,直到三次踩踏三次都被打得退回,柳青作罢了。竟然没有一个人发现他自杀的蛛丝马迹,直到一周后,一个同在"牛棚"的编过他的《创业史》的编辑,一把抓住他从早到晚都紧攥着的右手,当即掰开,手掌心是一片焦煳的疮疤。他向这位暗中操心着他的编辑说了原委,那人顿时把眼睛睁翻到眼眶上去了,又苦不堪言地闭上了……柳青活下来了,他的那位留给他冰雕般神光的亲爱的妻子马葳,从城里逃回蛤蟆滩,却在一口深井里终结了自己……柳青终于被"解放"了,回到韦曲县城,由长大的女儿用自行车驮着到卫生院看病和注射。他慢性病缠身。

  柳青从会场的通道走向讲台,步履悠缓,端直走着,不歪向左边也不偏向右边。他走上讲台时,我和与会者才正面看清一张青色的圆脸,最令人惊讶的是那双圆圆的黑白分明力可穿壁的眼睛的神光。开头所写的十万人里也未必能找到这样犀利的一双眼睛的印象,就是我第一眼看见柳青时有感而生的。柳青还留着黑色整齐的短髭,和善而又严谨……他在不过一个小时的讲话过程中,有三次从黑色对襟棉袄里掏出一个带着尖头的圆形橡皮喷雾器,张大嘴巴,把尖头伸进嘴里对准喉眼,用手一捏一放那个橡皮圆球,发出"刺啦刺啦"的响声。整个会场里鸦雀无声,一声咳嗽都没有,空寂的会场里就响着"刺啦刺啦"的喷气声。百余双眼睛,紧紧盯着这个心中偶像的右手一捏一放的动作。他大约已经不足七十斤体重了。我记得我只看了他第一次往喉咙喷喷雾剂,到第二次、第三次,他从口袋里掏出那个圆形尖头的器具时,我就低下头去了……那"刺啦刺啦"的声音无法躲避,一直到现在还清晰在耳。

  再见到柳青是两三年后,还是文艺界的一次会议,不过那时候不称会议称"学习班"。又有新的政治口号指示下来,"文革"又掀起一个新的浪潮,叫作"反潮流",反"复旧复辟"的潮流,据猜测是针对复出不久的邓小平的。柳青被请到场讲话,还是青布褂子,对门襟,不过是单衣;还是整齐的短髭,还是锐可透壁的眼光。借着时兴的"反潮流"的话题,柳青有几句话震响:"在我看来,'反潮流'有两层意义,首先要有辨认正确潮流和错误潮流的能力,其次是反与不反的问题。认识不到错误潮流不反,是认识水平的问题;认识到错误潮流不反或不敢反,是一个人的品质问题……"

语惊四座。会场里又是鸦雀无息的静寂。所有眼睛都紧紧盯着更频繁地从口袋里掏取喷雾剂的那只手,所有耳朵都接受着那"刺啦刺啦"的响声的折磨……

直到现在我才肯定,这惊人的论述绝对不会来自中外古今的哲学经典,也不会来自古代人和现代人的修身修养的规范,当是从抠指头和上批斗台的纯个性体验中获得,是跨越过生活体验进入了更深一层的生命体验。

2005 年 5 月 21 日
于二府庄雍村

信 任

一

　　一场严重的打架事件搅动了罗村大队的旮旯拐角。被打者是贫协主任罗梦田的儿子大顺，现任团支部组织委员。打人者是"四清"运动补划为地主成分、今年年初得到平反后刚刚重新上任的党支部书记罗坤的三儿子罗虎。

　　据在出事的现场——打井工地——的目睹者说，事情纯粹是罗虎寻衅找岔闹下的。几天来，罗虎和几个"四清"运动挨过整的干部的子弟，漂凉带刺，一应一和，挖苦臭骂那些"四清"运动中的积极分子；参与过"四清"运动的贫协主任罗梦田的儿子大顺，明明能听来这些话的味道，仍然忍耐着，一句不吭，只顾埋头干活。这天后晌，井场休息的时光，罗虎一伙骂得更厉害了，粗俗的污秽的话语不堪入耳！大顺臊红着脸，实在受不住，出来说话了："你们这是骂谁啊？"

　　"谁'四清'运动害人就骂谁！"罗虎站起来说。

　　大顺气得呼呼喘气，说不出话。

　　罗虎大步走到大顺当面，更加露骨地指着大顺臊红的脸挑逗说："谁脸发烧就骂谁！"

　　"太不讲理咧！"大顺说，"野蛮——"

　　大顺一句话没说完，罗虎的拳头已经重重地砸在大顺的胸口上。大顺被打得往后倒退了几步，站住脚后，扑了上来，两人扭打在一起。和罗虎一起寻衅闹事的青年一拥而上，表面上装作劝解,实际是拉偏架。大队长的儿子四龙,紧紧抱住大顺的右胳膊,又一个青年架住大顺的左胳膊,一任罗虎拳打脚踢,直到大顺的脸上"哗"地蹿下一股血来,倒在地上人事不省……这是一场预谋的事件,目睹者看得太明显了。

一时间,这件事成为罗村街谈巷议的中心话题。那些参与过"四清"运动的人,那些"四清"运动受过整的人,关系空前地紧张起来了。一种不安的因素弥漫在罗村的街巷里……

二

春天雨后的傍晚,山清水秀,空气清新;块块云彩悠然漫浮;麦苗孕穗,油菜结荚;南坡上开得雪一样白的洋槐花,散发着阵阵清香。在坡下沟口的靠茬红薯地里,党支部书记罗坤和五六个社员,执鞭扶犁,在松软的土地上耕翻。

突然,罗坤的女人失急慌忙地颠上塄坎,颤着声喊:"快!不得了……了……"

罗坤喝住牛,插了犁,跑上前。

"惹下大……祸咧……"

罗坤脸色大变:"啥事?快说!"

"咱三娃和大顺……打捶,顺娃……没气……咧……"

"现时咋样?"

"拉到医院去咧……还不知……"

"啊……"

罗坤像挨了一闷棍,脑子"嗡嗡"作响,他把鞭子往地头一插,下了塄坎,朝河滩的打井工地走去,衣褂的襟角擦得齐腰高的麦叶"唰唰"作响。

打井工地上,木杠、皮绳、镢、锹胡乱丢在地上,临近的麦苗被攘践倒了一片——这是殴斗过的迹象。打井工地空无一人,井架悄然耸立在高空中。

从临时搭起的夜晚看守工具的稻草庵棚里传出轻狂的说话声。罗坤转到对面一看,三儿子罗虎正和几个青年坐在木板床上打扑克哩。

罗坤盯着儿子:"你和大顺打架来?"

儿子应道:"嗯!"

罗坤问:"他欺负你来?"

儿子满不在乎地说:"没有。"

"那为啥打架?"

于是,儿子一五一十地述说了前后经过。他不隐瞒自己寻事挑衅的行动,倒是敢做敢当。

罗坤的脸铁青,听完儿子的述说,冷笑着说:"是你寻大顺的事,图出气!"

儿子拧了一下脖子,翻了翻眼睛,没有吭声,算是默认。那神色告诉所有人,他不怕。

罗坤又问:"我在家给你说的话忘咧?"

"没!"儿子说,"他爸'四清'时把人害扎咧!我这阵不怕他咧!他……"

罗坤再也忍不住,听到这儿,一扬手,那张结满茧痂的硬手就抽到儿子白里透红的脸膛上——

"啪!"

儿子朝后打个闪腰,把头扭到一边去。

罗坤转过身,大步走出井场,踏上了暮色中通往村庄的机耕大路。

这一架打得糟糕!要多糟糕有多糟糕!罗坤背着手,在绣着青草的路上走着,烦躁的心情急忙稳定不下来。

贫协主任罗梦田老汉在"四清"运动中，是工作组依靠的人物，在给罗坤补划地主成分问题上，盖有他的大印。罗坤在被"专政"的十多年里，怨恨过梦田老汉：你和我一块耍着长大，一块逃壮丁，一块搞土改，一块办农业社，你不明白我罗坤是啥样儿人吗？你怎么能在那些胡乱捏造的证明材料上盖下你的大印呢？这样想着，他连梦田老汉的嘴也不想招了。有时候又一想，"四清"运动工作组那个厉害的架势，倒有几个人顶住了？他又原谅梦田老汉了。怨恨也罢，原谅也罢，他过的是一种被"专政"的日子，用不着和梦田老汉打什么交道。今年春天，他的问题终于平反了，恢复了党籍，支部改选，党员们一口腔又把他拥到罗村大队最高的领导位置上，他流了眼泪……

他想找梦田老汉谈谈，一直没谈成。倔得出奇的梦田老汉执意回避和他说话。前不久，他曾找到老汉的门下，梦田婆娘推说老汉不在而谢绝了。不仅老贫协对他怀有戒心，那些"四清"运动中在工作组"引导"下对干部提过意见的人，都对重新上台的干部怀有戒心。党支书罗坤最伤脑筋的就是这件事。想想吧，人心不齐，你防我，我防你，怎么搞生产？怎么实现机械化？正当他为罗村的这种复杂关系伤脑筋的时候，他的儿子又给他闯下这样的祸事……

三

罗坤径直朝梦田老汉的门楼走去。当他跨进门槛的时候，心里做好了最坏的准备，准备承受梦田老汉最难看的脸色和最难听的话。

小院里停着一辆自行车，车架上挂着米袋面包和衣物之类，大约是准备送给病人的。上房里屋里传出一伙人嘈嘈的议论声——

"这明显是打击报复……"

"他爸嘴上说得好,'保证不记仇恨',屁!"

"告他!往上告!这还有咱的活处……"

说话的声音都是熟悉的,是几个"四清"运动的积极分子和梦田的几个本家。罗坤停了步——走进去会使大家都感到难堪。他站在院中,大声喊:"梦田哥!"

屋里谈话声停止了。

梦田老汉走出来,站在台阶上,并不下来。

罗坤走到跟前:"顺娃伤势咋样?"

"死了拉倒!"梦田老汉气哼哼地顶撞。

"我说,老哥!先给娃治病要紧!"罗坤说,"只要顺娃没麻达,事情跟上处理……"

"算咧算咧!"梦田老汉摇着手,"棒槌打人手抚摸,装样子做啥!"

说着,跨下台阶,推起车子,出了门楼。

罗坤站在院子当中,麻木了,血液涌到脸上,烧臊难耐。他是六十开外的人了,应当是受人尊重的年龄啊!走出这个门楼的时光,他竟然不小心撞在门框上。

走进自家门,屋里围了一脚地人——男人女人,罗坤溜了一眼,看出站在这儿的,大都是"四清"运动和自己一块挨过整的干部或他们的家属。他们正在给自己胆小怕事的老伴宽解——

"甭害怕!打咧就打咧!"

"谁叫他爸'四清'运动害了人……"

"他梦田老汉,明说哩,现时臭着哩!"

这叫给人劝解吗?这是煨火哩!罗坤听得烦腻,又一眼瞥见坐在炕边上的大队长罗清发,心里就又生气了:"你坐在这里,听这些人说话听得舒服!"他和大队长搭话,大队长却奚落他说:"你给梦田老汉回话赔情去了吧?人家给你个硬顶!保险!你老哥啊,太胆小咧!简直窝囊!"

罗坤坐在灶前的木墩上,连盯一眼也不屑。他最近对大队长很有意见:大队长刚一上任,就在自己所在的三队搞得一块好庄基地。这块地面曾经有好几户社员都申请过,队里计划在那儿盖电磨磨房,一律拒绝了。大队长一张口,小队长为难了,到底给了。好心的社员们觉得大队长受了多年冤屈,应该照顾一下,通过了。接着,社办工厂朝队里要人,又是大队长的女儿去了,社员一般地没什么意见,也是出于照顾……"这该够了吧?你的儿子伙着我的三娃,还要打人出气,闯下乱子,你不收拾,倒跑来给女人撑腰打气。把你当成金叶子,原来才是块铜片子!"

罗坤黑煞着脸,表示出对所有前来撑腰打气的好心人的冷淡。他不理睬任何人,对他的老伴说:"取五十块钱!"

老伴问:"做啥?"

"到医院去!"

大队长一愣,眼睛一瞪,明白了,鼻腔里发出一声重重的嘲弄的响声,跳下炕,径自走出门去了。屋里的男人女人,看着气色不对,也纷纷低着眉走出去了。

罗坤给缩在案边的小女儿说:"去,把治安委员和团支书叫来!叫马上来!"

老伴从箱子里取出钱和粮票,交给老汉:"你路上小心!"

罗坤安慰老伴:"放心!你自个也甭害怕!怕不顶啥!你该睡就睡,该吃就吃!"

治安委员和团支书后脚跟着前脚来了。

罗坤说:"你俩把今日打架的事调查一下,给派出所报案。"

治安委员说:"咱大队处理一下算咧!"

"不,这事要报派出所处理!"罗坤说,"这不是一般的打架闹仗！"

团支书还想说什么，罗坤又接着对她说："你叔不会写，你要多帮忙！"

说罢，罗坤站起身，拎起老伴已经装上了馍的口袋，推起车子，头也不回，走出门去。朦朦月光里，他跨上车子，上了大路。

四

整整五天里，老支书坐在大顺的病床边，喂汤喂药，端屎端尿，感动得小伙子直流眼泪。

梦田老汉对罗坤的一举一动都嗤之以鼻！"做样子罢了！你儿子把人打得半死，你出来落笑脸人情，演的什么双簧戏！"一旦罗坤坐下来和他拉话的时候，他就倔倔地走出病房了。及至后来看见儿子和罗坤亲亲热热，把挨打的气儿跑得光光，"没血性的东西！"他在心里骂，一气之下，干脆推着车子回家了。

大顺难受地告诉罗坤，说他爸在"四清"运动中被那个整人的工作组利用了。"四清"后，村里人在背后骂，他爸难受着哩！可他爸是个倔脾气，错了就错下去。"四清"运动的事，你要是和他心平气和地说起来，他也承认冤枉了一些人；你要是骂他，他反硬得很："怪我啥？我也没给谁捏造咯！'四清'也不是我搞的！盖了我的章子吗？我的头也不由我摇！谁冤了谁寻工作组去……"

罗坤给小伙子解释，说梦田老汉苦大仇深，对新社会、对党有感情，运动当中顶不住，也不能全怪他；再说老汉一贯劳动好，是集体的台柱子……

第七天，伤口拆了线，大顺的头上缠着一圈白纱布出院了。罗坤执意要小伙子坐在自行车后面的支架上，小伙子怎么也不肯。"你的伤口不敢挣着！医生说要养息！"罗坤硬把小伙子带上走了。

"大叔！"大顺在车后轻轻叫，声音发着颤，"你回去，也甭难为虎儿……"

罗坤没有说话。

"在你受冤的这多年里，虎儿也受了屈。和谁家娃要恼了，人家就骂'地主'，虎儿低人一等！他有气，我能理解……"

罗坤心里不由一动，一块硬硬的东西哽住了喉头。在他被戴上"地主分子"帽子的十几年里，他和家庭以及孩子们受的屈辱，那是不堪回顾的。

小伙子在身后继续说："听说你和俺爸，还有大队长清发叔，旧社会都是穷娃，解放后一起搞土改、合作化，亲得不论你我……前几年翻来倒去，搞得稀汤寡水，娃儿们也结下仇……"

罗坤再也忍不住，只觉两股热乎乎的东西顺着鼻梁两边流下来，嘴角里感到了咸腥的味道。这话说得多好啊！这不就是罗坤心里的话吗？他真想抱住这个可爱的后生亲一亲！他跳下车子，拉住大顺的手："俺娃，说得对！"

"我回去要先找虎儿哩！他不理我，我偏寻他！"小伙子说，"我们的仇不能再记下去！"

两人再跨上车子，沿着枝叶茂密的白杨大路，罗坤像得了某种精神激素，六十多岁的人了，踏得车子飞快地跑——后面还带着个小伙子哩。

可以看见罗村的房屋和树木了。

五

罗坤推着自行车，和大顺并肩走进村子的时候，街巷里，这儿一堆人，那儿一堆人，议论纷纷，气氛异常；大队办公室门外，人围得一大伙。路过办公室的时候，有人把他叫去了。

办公室里，坐着大队委员会的主要干部，还有派出所所长老姜和两个民警，空气紧张。大队长清发须毛直竖，正在发言："我的意见，坚决不同意！这样弄的结果，给平反后工作的同志打击太大！他爸含冤十年……"

罗坤明白了。他瞥了一眼清发，说："同志，法就是法！那不认人，也不照顾谁的情绪！"

罗清发气恼地打住话，把头拧到一边。

罗坤对姜所长说："按法律办！那不是打击，是支持我工作！"

姜所长告诉罗坤，经上级公安部门批准，要对罗虎执行法律——行政拘留半个月。他来给大队干部打招呼，大队长清发坚持不服判处。

"执行吧，没啥可说的！"罗坤说，"法律不认人！"

民兵把罗虎带进办公室里来，小伙子立眉竖眼，直戳戳站在众人面前，毫不惧怕。直至所长拿出了拘留证，他仍然被一股气冲击着，并不害怕。

清发重重地在大腿上拍了一巴掌，把头又歪到另一边，脖上青筋暴起，"突突"跳弹。

罗坤瞧一眼儿子，转过脸去，摸着烟袋的手，微微颤抖。

就在民警把虎儿推出门的一刹那，一直坐在墙角，瞪着眼、噘着嘴的贫协主任梦田老汉，突然立起，扑到罗坤当面，一扑踏跪了下去，哭了起来："兄弟，我对不住你……"

罗坤赶忙拉起梦田老汉，把他按坐在板凳上。梦田老汉又扑到姜所长面前，鼻涕眼泪一起流："所长，放了虎娃，我……哎哎哎……"

这当儿，在门口，大顺搂着虎儿的头流泪了。虎儿望着大顺头上的白纱布，眼皮耷拉下来，鼻翼在急促地扇动着。

虎儿挣脱开大顺的胳膊，转进门里，站在父亲面前，两颗晶莹的泪珠滚了出来："爸，我这阵儿才明白——罗村的人拥护你的道理了！"说罢，他走出门去。

六

罗村的干部们重新在办公室坐下，抽烟，没人说话，又不散去。社员们从街巷里、大路上也都围到办公室的门前和窗户外，他们挤着看党支部书记罗坤——那黑黑的四方脸、那掺着一半白色的头发和胡茬、那深深的眼眶，似乎才认识他似的。

罗坤坐在那里，瞧着已经息火而略显愧色的大队长，和干部们说：

"同志们，党给我们平反，为了啥？社员们又把我们拥上台，为了啥？想想吧！合作化那阵，咱罗村干部和社员中间关系怎样？即便是三年困难时期，生活困苦，咱罗村干部和群众之间关系怎样？大家心里都清白！这十多年来，罗村七扭八裂，干部和干部、社员和社员、干部和社员、这一帮和那一帮、这一派和那一派，沟沟渠渠划了多少？这个事不解决，罗村这一摊子谁也不好收拾！想发展生产吗？想实现机械化吗？难！人的心不是操在正事上，劲儿不是鼓在生产上，都花到钩心斗角、你防备我我怀疑你上头去了嘛！

"同志们，我们罗村的内伤不轻！我想，做过错事的人会慢慢接受教训的，我们挨过整的人把心思放远点，不要把这种仇气再传到咱们后代的心里去！

"罗村能有今天，不容易！咱们能有今天，不容易！我六十多了,将来给后辈交班的时候,不光要交给他们一个富足的罗村,更该交给他们一个团结的罗村……"

办公室门里门外,屏声静气,好多人——干部和社员、男人和女人,眼里蓬着泪花,那晶莹的热泪下,透着希望,透着信任……

1979 年 5 月
于小寨

立身篇

一

民政干部薛志良坐在王书记对面的椅子上,眼睛瞅着写得密密麻麻的工作手册,汇报完县上关于招工工作的详尽安排后,抬起头来,看见坐在床铺与办公桌成直角交叉地方的王书记,右手手掌托着腮帮,胳膊肘撑在桌子角上——睡着了。

唔!他大概没听进去几句。老薛轻轻叹口气,心里很不是滋味。就此走掉呢,不好;不走吧,又不好意思叫醒他的领导者。为难的当儿,他无聊地观察起全公社一万多人口的最高领导者来:头上的带耳扇的旧棉布帽歪了;身上的衣服皱褶里,藏着灰尘;两只脚上,黄泥巴糊住了手工制作的棉鞋的多半个鞋面。他睡得挺香,嘴唇噘着,失修的稀稀落落的胡须又乱又长,挨近五十的中年人的长脸上,显示着疲劳和困顿。老薛忽然同情起自己的领导人来:他整天奔跑在公社所属的二十几个大队里、十多个新老社办企业里,帮助他的下属们解决许多棘手的问题,夜里总是熬眼吧!老薛原谅领导者不礼貌的行为了,无可奈何地又叹一口气。

这时候,王书记醒来了。

"嘿呀!"王书记抱歉地笑笑,眼白里罩着一层粉红色丝膜。

老薛也笑笑,表示谅解。

王书记站起身,扯下毛巾,在洗脸盆里蘸上水,狠劲擦拭着脸，一边问：" 主要精神是啥？用三五句话说。"

薛志良沉吟一下，企图把本本上记了六七页的记录高度概括出来：" 县上要求，这次招工，所分配的名额，全部下到队里，公社不许半路拦截扣留一个名额，就是不准任何人以任何借口走后门。粉碎'四人帮'了……"

" 嗯！" 王书记点一下头，又问，" 给咱分了多少名额？"

" 四十。" 薛志良回答，" 知青二十五，农青十五。"

" 县上具体怎样安排？" 王书记问。

" 先用一周时间宣传，做好思想教育工作；第二周把名额下到大队，定下人选报回公社；第三周政审、体检；第四周报县待批。前后一月，不准拖延。" 薛志良说。

" 好！" 王书记说，" 你给咱提一个具体方案，周一晚上开革委会例会时讨论，通过了就办。"

薛志良点点头。

" 多年没招工了，问题肯定多！" 王书记说，" 工作做扎实，争取甭出问题。"

" 县上领导再三叮嘱的，也就是这意思！" 薛志良说，" 就怕各种'关系'干扰……"

" 甭怕！干扰是肯定的。" 王书记说，" 关键是咱俩。我是这儿的一把手，你是具体办事人，矛盾肯定会集中到咱俩头上。咱俩撑硬，把杆杆儿撑端立直，事好办！"

" 我保险！" 薛志良笑着保证说，满有信心地走出了王书记的房子。

二

薛志良用一块红纸写了" 招工办公室 " 几个字，贴在门外的砖墙上,以免来访者乱敲冒推别人的门板,影响其他同志工作。然后坐在办公桌前,摊开纸,起草方案。

一阵汽车轮"轧轧"地响进院子,接着是车门开关的"嘭啪"声;再接着,他的门被推开了。

"玉生在不在?"来人穿着呢大衣,站在门口问。

在薛志良的记忆里,人们对王玉生的习惯称呼是"王书记";他在公社当民政干部五六年里,几乎没有听到过这样直呼王书记名而连姓也不带的声音,这是大人对小孩那种既藐视又亲切的口气。

"在!"薛志良立即站起,走出门,把来客引到王书记房门口,推开门,"王书记,有人找!"

王书记正和办公室的秘书谈什么,转过头,辨认着来人。

"玉生!你在这儿独霸一方!好难找哇!"来人嘻嘻哈哈说。

王书记醒悟似的慌忙站起,迎到门口,惊喜地笑着:"啊呀!老关!想不到是你,到俺这山沟野洼里来……"

"山里有神舍药,求者不远千里……"

薛志良走回自己的房子来,看着小院里蛋青色的小轿车——那玩意儿停在泥土地上,显得特别耀眼;县委和地委领导来公社检查生产和工作时,总是坐吉普;看派势,听口气,来人非同一般。

大约一小时光景,王书记走进门来,坐在老薛对面的椅子上,皱着眉头,一脸难色,抱怨说:"难弄!事情真个难弄!"

薛志良大约能猜摸出几成,问:"咋咧?"

"嗨呀!你猜那是谁?咱的老上级,现在在市里当什么部长。"王书记说,"来干啥?开后门来了!"

"噢!"薛志良证实自己猜得不错。

"老领导一来先翻老账,'我在县上那阵儿,到你们村见你头一面,你小伙儿下雪天穿着单裤,光脚片穿着烂鞋,我当时叫人给你先解决了一身棉衣,记着没?我把你提拔到县团委,头一天,你一顿吃了七个蒸馍……'他这么说话,我开不开口喀……"

"他要给谁办啥事?"薛志良问。

"他们部里一把手的外孙女,在咱东王插队……"

"你应承了没?"

"老领导甩出了老面子,我……"

"算咧!那就留下一个名额吧。"薛志良替领导解围说,"就是不好推。"

"下不为例!"王书记下决心说,口气有点气哄哄。

薛志良笑着,点点头。

"看来,这项工作的麻烦比所能设想到的更多!"王书记走出门后,薛志良这样想。其实,在县上昨天召开关于招工工作会议之前两个多月,早就风传着招工的消息。他是民政干部,经常被关心这件事的人询问着,打探着。对任何人,他都用一句话回答:"没见上级正式通知。"那些穿着各色衣服的人,做出谄媚的、讨好的、巴结的脸色,提出将来一定要帮帮忙。他也用一句话应酬:"等上级传达了,到时候看;不违反政策,尽量帮忙……"有什么办法?在文明的城市和落后的农村之间存在明显差别的当今中国,谁有本事和力量扭转这股强大的进城的洪水?特别是党的传统思想被污染以后,问题更加难以正常处置了。现在看吧,上午刚把招牌一贴出门,他的房子里就拥来许多人。他索性把要起草的文件纸张收拾起来,锁上门,躲到搞计划生育的女干部的房间里写——这儿是人人闻之却步的冷清衙门。

大约还没写两页,老薛就听见有人在院子里呼喊他的名字。

那声音又粗又响,叫得又紧,简直跟叫驴的嗓子一般无二。

薛志良只好合起纸笔,走出门去,见社办砖厂厂长杨谋儿站在院子里,东张西望。此人四十多岁,墩墩个儿,光头发亮,肥眼泡下一双又大又诡的眼珠一瞅见他,就急不可待地喊说:"老薛,快快快!王书记叫你!"

说着,杨厂长跨步过来,一只胳膊搂住薛志良的肩膀了——看去像是亲热的举动,而实际感觉那粗壮的胳膊是在推着他快走。

王书记旁边,坐着一位中年陌生人,从脸上的颜色看,他的营养是很好的,胖乎乎的圆头上,扣着一顶栽绒帽儿,带毛领的列宁式棉袄,脖颈衬着红蓝各半的两色围巾。

"这是一〇二信箱供销科科长老孙!"杨谋儿给老薛介绍。孙科长坐在椅子上未动,胖脸上略略显出一丝有限的微笑,而不像一般申求帮忙者那样过分地殷勤。杨谋儿又向对方介绍说:"这是俺公社民政科科长,老薛。"

薛志良握着客人的手,心里挺别扭:公社分工搞民政工作的,仅仅就他一个人,从来也没有什么"科"!他今日倒被社办砖厂厂长加封为"科长"了!他以为杨谋儿和他开玩笑,回头瞧瞧,杨谋儿脸挺得平平儿,说谎话比说真话的神气还严肃认真。

王书记笑着瞧一眼薛志良,侧过头擦火柴点烟抽,似乎故意把事情留给别人说。

杨谋儿把灵活的眼睛对住老薛,说话像打机关枪:"是这么一回事:孙科长是咱公社孙家湾人,一家人住省城,老常不回来,显起人生,说近了是咱乡党。乡党见了乡党亲,孙科长经常关心咱公社,前年咱砖厂筹办时,大马达到处弄不来,孙科长给咱解决咧!这回给咱支援两部汽车——新出厂的'延河'。要是等上级分配,一年也靠不准能拨来一部……"

老薛听杨谋儿的意思,集中到一点,就是过了这个村,绝对没第二家店了。汽车虽然是奇缺货,与民政干部的工作业务却相距甚远,把他叫来,意思是十分明白的。

"孙科长的侄女在队里,想借这次招工的机会……王书记叫和你一块商量商量……"

薛志良温和地笑着,看着王书记。他用随和的笑脸告诉屋子里所有的人:书记看着办吧!你只要点头,我就再留下一个名额。我不想讨好谁,也不想得罪谁。五十岁的公社民政干部,难道还想靠讨好谁去求得一官半职吗?无聊!

"咱砖厂没汽车不行喀——成天拉煤,光运费就花得挨不起!清除窑渣,把场地都堆占满咧!要是有汽车,一下送到邻近村里去铺路,一举两得。老孙为解决咱的困难,把想不到的办法都想咧——用他们科上的名义先买下了!凭咱,嗨!给人家磕头叫爷也甭想……"

老薛听着杨谋儿的话,心里厌烦!这些话,在他参加革命队伍的多少年里,一直是作为垃圾一样的东西被排弃的。现在可好,"文化大革命"以后,这些垃圾一样的东西被杨谋儿一类人当作蜂蜜一样追逐着,而且敢于在公社党委书记面前大言不惭地高声宣扬……

再看看孙科长吧!稳稳儿靠在椅背上,悠悠然喷出一口口烟雾,轻轻掸掉烟头上的烟灰,一句话也不说。有人替他说话、替他着急、替他办事、替他卖脸!他有两部汽车——物质真正是基础啊!能教孙科长腰硬气壮!

杨谋儿唠啰唆唆说完了,乞求的眼光瞅着王书记。薛志良也等待着书记的裁决。

王书记磕掉旱烟灰,从桌子上拿起几张票卷儿,在空中显示似的晃了晃(那是专叫他薛志良看的),又"啪"的一声压在桌子上，似乎带着某种嘲讽的口气说：

"怎样？老薛！两部汽车，换你一张招工表，这个生意，你划得来呀！"

薛志良对于这样赤裸裸的问话，确实没有精神准备，讷讷地说："你……你看……看吧！"

"我看是划得来的！"王书记说，"'取之于民，用之于民'嘛！"

杨谋儿释然笑着，向书记点头……

孙科长也现出矜持的笑意……

王书记把桌子上的票卷儿交给杨谋儿，吩咐说："一部给你，一部给拖拉机站，不要误了起货期限！"

"那你放心！"杨谋儿小心翼翼地把票卷夹进票夹，装进提兜。

"那个表？"孙科长说了第一句话。

"表？"王书记瞅着薛志良。

薛志良说："表在县上，还没发下来。"

"放心放心！"杨谋儿拍着孙科长的肩膀，"俺王书记说话，是公社的最高指示，你放心！"

杨谋儿和孙科长欢欢喜喜地出了门，先后钻进黑壳轿车，走了。王书记把民政干部留在自己房子，苦笑着说：

"下不为例！"

薛志良依然笑着点点头。

"下不为例！坚决！"王书记重申他的决心，"我现在就走，驻到山岭上的东沟大队去，任谁问，甭透露！除非上级有紧急会议，你给我打电话！你按你的计划办！"

三

王书记下乡逃走以后，郑副书记及肖、何两位主任，也都招架不住没完没了的纠缠，相继逃走，驻到某一个大队里去了。

老薛被围困在兼着寝室的办公室里，床铺上坐着来访者，房子的空当处站着没有凳子可坐的人，火炉边围着人；水喝完了，有人自动打回来，放在炉子上烧……

从公社每个村子来的社员，年轻人、老汉、老婆和一些大小队干部，还有城里来的知识青年的家长，工农商学兵，不论职位多高、知识多少、贫富如何，都一齐向这位瘦瘦的人民公社的民政干部倾诉心里话，恭恭敬敬……

薛志良不时点点头，表示对各种各样的困难和理由都听进去了。的确，有的家长申述的艰难，听了简直令人伤心——我们有许多人生活得并不美好！面对着一张张苦楚抽动的脸、一串一串甩出清鼻眼泪的述说者，他咬住嘴唇，不漏一丝缝儿，不承诺任何要求。他心里明白，上级分给全公社仅仅四十个名额，农业户口的男女青年全公社不下两千，知青也有二三百，照顾也照顾不过来喀！

他不能满足任何人，也不厌烦任何人啰啰唆唆的申述。他的脾气在公社二十多位干部中是头一个称得"待人和气"的。正是因为这一点，公社领导量才使用，分配他做麻烦而又琐碎的民政工作：每年冬季，向最困难户发放有限的救济物资和钱款，检查各村对鳏寡孤独的"五保户"的生活安排，军人烈士家属的抚恤金的发放，每季度一次的民用木材的批发……他的工作虽有许多可指责的尚不周密的纰漏，可他的态度永远是好的，笑嘻嘻……眼前这些挤到他跟前来的人，叙说完了，虽然没有得到确凿的许诺，倒也听了几句暖心热胸的话，擦了眼泪和鼻涕就离开了，一批又一批……

薛志良看出，凡是挤到他的跟前来申述困难而希望得到照顾的人，大都是些不通"眼隙"的人。又有一些人，突然插进来，打断谈话者的话，问"王书记在不在？"或问"肖主任到哪里去了？"他按事先订好的默契，撒谎说不知道。这些人不甘心，眨着并不信任的眼睛，又到其他干部那里去探问了……一向清静的山区公社的小院，现在熙熙攘攘，吉普车和小轿车在狭窄的院道里错不开进出的路……

尽管这样，有人还是把公社领导抓住了。这些人从山坡上解冻的泥路上回来，在老薛的办公桌的桌腿上，毫不客气地蹭着他们粘满泥巴的皮鞋，发着牢骚和叹息。要不是为他们的儿女、他们亲属的儿女，或他们首长的儿女，来讨公社领导者亲笔画下的那一绺纸头儿，他们大约做梦也不会光顾山区泥泞小路的自然风光的。他们把纸头儿掏出来，诡秘地瞧瞧左右，交给薛志良。薛志良看一眼，照例点点头，小心翼翼地放进抽屉。然后，再听申述者被打断了的话头儿……

这当儿，一个老汉走进来，手里拄着拐杖，须发全白了，牙齿也脱落了，干瘦的脸上结着豌豆粒大小的老年斑，抬脚举步相当艰难，看去肯定超过八十大关了，他的左右，走着一男一女两个中年人，男的像是国家职工，女的是生活优裕的农村妇女装束。他们搀着老汉，只防他绊脚跌倒！老薛担心：一旦跌倒，这具棺材瓤子就很难再爬起来！那样的话，他这民政办公室里将会闹出人命来的……这两个男女也真是，有话他们来说不行吗？把这样一个老汉架来干什么嘛！

站在屋子中间和坐在长条凳子上的人，自动让开路。老汉走到薛志良的对面，隔着桌子，张开没牙的嘴巴，问："兔娃子在不在?"老虽老了,说话的口气却又冲又倔。

薛志良一愣——公社干部中,没有叫这个名字的嘛。

身旁那个中年职工抱歉地笑了,解释说:"王书记!是王书记!"

老汉自己也笑了,说:"我叫他小名儿叫得顺口,这崽娃子把名字改咧!他在哪?"

"下队去了。"老薛说。

"哪个队?"老汉问。

"不知道!"

"用他的时光,就跑得不见踪影儿!"老汉气倔倔地说,"他今日回来不?"

薛志良听出,这肯定是王书记的什么亲戚了,就说:"不一定回来。你是——"

"我是他老舅!"

"找他有紧事吗?"

"没事我找他干啥!我七老八十……"

老汉说了半截话,被身旁的中年职工拉一下胳膊,就停住了口,然后狠狠地说:"他妗子病重,快断气咧!想见他一面!"

老汉是被人操纵着说假话——这太明显了。民政干部故意装着吃惊的神气,叹息说:"啊呀呀!这可咋办?他现在在哪个村,我也不清楚哇!"

"我听人说,他给吓跑咧!躲走咧!"老汉依然倔倔的样子,"我今日不走咧!等他三天三夜……"

真是不见兔子不撒鹰啊!老薛心里好笑这个不会撒谎的老汉又倔又稚的脾气,他逗老汉说:"你要是在这儿等上三天三夜,我掏饭票给你管饭!晚上咱俩打对睡觉,十天半月都成喀!可是,你忘了,你老伴正断气呢!"

"你甭耍笑我老汉！"老汉笑说，口气软了，"人说只你知道他的影踪儿，你俩捏得活码号儿……"

薛志良呵呵笑着，走出办公室，走进公社电话总机房，插了东沟大队，又挂了南梁，都说不在；最后，终于在隔河的北滩大队找着了王书记。他把老汉一行三人引进电话室，把话筒交到老汉手里。

这种从国家大机关淘汰下来分发给公社使用的通信工具，虽不先进，拿在清末年间出生的公社王书记的老舅父手里，大约还是新奇的。老汉看看，半天不知怎么用。

薛志良把话筒一头对准老汉的耳朵，一头对准老汉留着长胡须的嘴，坐在一边。那些没完没了的困难申诉听得他脑子压抑而又憋闷，他倒想听听有趣的倔老汉将怎样和"兔娃子"外甥说话。

老汉对着话筒，喊说：

"兔娃子！我是你舅！舅今日求拜到你崽娃子门下咧！"

半自动电话保密性差，话筒里传来王书记"嘿嘿嘿嘿嘿"的笑声。

"柿园村你表姐家那个二货，想当工人，你姐跟你姐夫，硬把我架来，教我给你说。你就给娃办了，权当给舅办哩！成不成？你光笑啥！不成？不成的话，舅没你这外甥，你没我这老舅……"

话筒里传出尴尬的笑声，夹杂着为难的叹息声。老汉接上话：

"你舅一辈子倔豆儿脾气，你还不知道？你妈你爸死到虎列拉瘟疫那阵儿，你大伯、你三大脾气倒瓢和，咋不管你？不是我老汉把你引到舅家，一把屎一把尿，从一尺长个棒槌娃，拉扯得长成七尺汉子……你而今当了官，不认你舅咧……哼！能成？早说能成的话,我都走咧!"

老薛早已笑得流出眼泪,逗笑说:"老先生,俺王书记,充其量也不过五尺半,你咋说七尺?胡吹冒撂!"

孩子似的老汉笑着,喘着气。

那一对中年男女达到目的了,满意地笑着,扶老汉出门。

老薛继续逗:"快回!老先生!老伴在家大半断了气咧!"

老汉呵呵一笑,爽快地坦白说:"他妗子的骨殖,怕是早都化成水咧……"

四

薛志良一个又一个劝退来访者,收拾好被拉乱了的家具,清扫了地面,屋子里清静了。从窗玻璃上看出去,一轮明月托上山岭,清冷的月光照进屋子来。

他拉亮电灯,坐下来,浑身困倦,从抽屉里取出起草的方案稿本,着实作起难来:明天,要在全公社基层干部会上下达招工指标,分配方案还没定下来,公社王书记,郑副书记,肖、何两位主任,嘱咐他"考虑"的数字已经相当可观,名额实在不好分配了。特别是县上转回两三封群众来信,揭露了"汽车换人"的秘密,民政干部确实为难了。

"王书记今晚回公社,等他定点吧!"老薛拿定不算办法的办法,"咱是具体办事人,领导咋说咱咋办!"

王书记从乡村回来了。他端直走进薛志良的屋子,顺手丢下挎包,在火炉上烤火,搓着手脸,侧过头问:"你这几天日子不好过吧?哈,保险热闹!"

薛志良苦笑一下,没有说话,拉开抽屉,取出那两三封群众来信,默默地递到王书记手里。王书记一脚踏在火炉边沿上,仔细地阅读着信件，时而把带棉布帽儿的头侧过去，又歪过来，辨认着信纸上难以识别的草字。看完之后，王书记把信交回老薛手里，淡淡地一笑，似乎早有所料，沉静地说："社员的议论，比这信上写的还多！话更难听！"

老薛瞧着王书记，仍然没有说话，等他最后表态。王书记从火炉上取下腿脚，踱到屋子中间，抬起脸问："我给你开了多少条子？"

"十张。"

"其他人呢？"

"十二张。"

"一共二十二张。"王书记说，"超过了全部名额的一半！余下十八个，你给二十四个大队怎么分配、下达？"

"确实不好办！"薛志良正好借机道出自己的难处，"如果群众问，那二十二个名额跑到哪里去了，我不好答复！"

"好答复！"王书记嘲讽地说，"就说王书记给他的老上级、老亲戚走了后门咧！"

"那……"老薛不好意思地笑了。

"你把我给你开的那些条子，让我看看！"王书记说。

老薛又拉开抽屉，取出一沓用别针扎在一起的纸条，交给王书记。

王书记接到手里，一眼也不看，顺手就扔到火炉里去了——腾起一股黄色的火焰。他说："四十个名额，全部分配到大队。公社一个也不要留。"

薛志良瞧着王书记的举动，吃惊地说："那你给人家答应过了的……"

"让他们骂我好了！"王书记铁下心说，"他们骂，不过十来个人！社员骂起来，一万多人呢！"

"别人都好说。"老薛说，"那个孙科长咋办？咱砖厂把人家的汽车已经开回来了……"

"开回来了好！"王书记说，"咱们社办企业要买一辆汽车，多难！现在有人送上门来，还不好吗？"

"就怕孙科长不肯罢休……"

"不罢休能怎样？"王书记动了气，使劲磕一下烟锅，"国家生产的汽车，本来就有支援农业的一份，尽叫他们搞去以物易物，以车换人，该用汽车的部门倒分配不来！"

听到这里，一向拘谨的民政干部从迷蒙当中醒悟过来，忍不住哈哈畅笑起来："哈呀！我明白了！你原来给他们布置了个迷魂阵……哄他们……哈呀！"

"不！不是！"王书记不笑，摇摇头，认真地纠正说，"我当初确实是同意了的！你把我的思想看得太纯了！"

薛志良收敛了笑容，心里一震。领导者在下级面前的坦诚，使他感动了——本来嘛！这是领导者掩饰自己思想污点的最好机会！他在有点心慌意乱的情况下，倒不知该说什么好了。

"我最近在几个队里，听到的议论不少！"王书记说，"社员们拿眼睛瞪着我们，看我们咋办！要是把好事、有利的事都让我们占了，那么以后社员谁还听我们说话呀！"

薛志良心头一阵阵发热，庄重地点点头。

"我们党丢掉的东西太多咧！"王书记感慨地说，"'文化大革命'前，哪有这么多乱七八糟的鬼门道！如果不能立身于党的原则，社员怎会跟你走！如果不能尽快恢复群众对党的信任，就会影响我们的整个事业……"

"放心吧！这样，事情就好办！"薛志良增长了信心，"名额分配，好办得很！"

"通知委员们开会吧！"王书记说。

"好！"老薛趴在桌子上，摊开一沓表格，"我把方案一定就去。"

老薛在表格里填上一个一个大队的名字，又填上分配的数字。当他抬起头，准备出门去通知委员们的时候，看见王书记靠在床头的被卷上，睡着了；糊着黄泥巴的棉鞋搭在炉盘上，冒着蒸气；他太累了，轻轻地响着鼾声。

薛志良放轻手脚，取来自己的大衣，盖在领导者的身上，蹑手蹑脚出了门，拉上门板，心头轻松而又畅快，跑去通知其他委员去了。

1979 年 12 月
于小寨

尤代表轶事

鸡冠岭下，小河岸边，有个尤家村。这儿的村民有句俗话：人过一百，形形色色；有的爱穿红，有的爱穿黑；有的爱唱戏，有的爱做贼；有的爱守寡，有的爱拉客；有的心善，有的缺德；有的白日里正经八百儿，半夜却偷着和儿媳妇掏灰……尤家村是个人过千口的大村庄，这形形色色的人物自然都不乏实例；只是在出了"尤代表"这位人物之后，才使所有奇人异事相形见绌，黯然失色。

来到尤家村，在田野上劳动休息的闲聊中，社员们谈论尤代表，笑声解除了劳作的疲倦；在东邻西舍互相串门的火炕上，尤代表很自然地又成为开心的话题；父母训示儿女的时候，也习惯拿出尤家村的这位人物来做鉴戒。

尤代表几乎无所不在！

这是个人物……

东沟"猿人"

"四清"工作组组长老安同志，从炕上跳下来，在炕和桌子之间狭窄的空当里踱步。他刚从一户社员家吃罢早饭回来，等候着两名组员，约定中午去访问一户至今没有照过面的贫农。

老安同志踱着步，心里发急，进村快一个月了，揭露尤家村党支部书记尤志茂及大队小队所有干部的政治、经济问题的各种形式的会议，开了几十场，还是没有抓到什么大问题——这是怎么搞的呢?

工作是够细致、够扎实的了。他和组员们对尤家村所有贫农和下中农社员,挨家挨户访问过了,进门先问寒问暖,忆苦思甜;扫地担水,搭手做活;坐在炕头上,一点不怕虱子钻到裤腰里去。可是,一谈及大小队干部的问题,那些正在诚恳地憨笑着的男人和女人,立刻变得拘谨起来,吭吭巴巴,话不成串……

第一次下乡的这位城区的文教局长,几天来心里很不安,夜里常常失眠。县"四清"总团每周一期的"四清战报",登载着多少显赫的战果!相比之下,尤家村的工作进展是迟缓的,只能算是下游了。这儿——尤家村——的干部真没有问题吗?不会!因为绝对不会存在一个风平浪静的世外桃源。那么,是工作方法不入窍?还是群众落后?还是像"战报"上一再警告的"某些同志"思想右倾?他的脑皮发麻了……

政治上和经济上出不了战果的局面,无论如何,是不能再继续下去了。他从昨晚到今天早晨,连着开了工作组全体干部会,分析了原因,决定进一步发动群众……

就在早晨的会议上,一户一户分析了所有贫农和下中农社员的情况以后,他忽然发现,访问中漏掉了一户贫农。是谁呢?经过认真查问,才打听到村子东边沟里居住着一户居民。他决定带两个组员亲自去访问,以弥补工作上不该有的粗疏。

两个组员相继到来:一个是热情高、干劲大、文化程度低的小马,从外县农村抽调出来的积极分子;另一个是城里来的大学生小郭。

三个人出了村,沿着一条窄窄的小路,顺着东沟往上走。五月天,沟里一派鲜绿,桃树上结满一串一串毛茸茸的桃子,柿树上的方形花蕾含苞待放,野花点点,蜂蝶嗡嘤。老安和两位小将无心赏景,他们一路走着,一路瞧着,寻觅那位独居东沟的阶级兄弟的住室。

走上一道坡梁,在沟西岸的崖坎下,有柱青烟袅袅升起——那儿有一孔窑洞。三人相对一看,加快了脚步。

老安和两个组员走进窑洞,看见脚地铺着一窝麦秸,胡乱堆着一疙瘩棉花套子。三个大块礓石上支着一口小铁锅,烧过的柴灰一直铺到窑洞口。一个衣着褴褛的人,跪在地上,对着小铁锅下的火堆,吹着火,洞里弥漫着呛人的柴烟,三个人同时咳嗽起来。

那个人从锅下抬起头来,烟火熏得满脸油腻,抹着一道一道烟灰,只是那一双白仁多黑仁少的眼睛扑闪着灵光。他从地上站起来,看见这么多穿制服的工作人员,吓得瑟瑟抖着,站在原地一动不动,狐疑地打量着站在面前的来人。

老安笑着,和蔼地问:"你叫什么名字?"

"尤喜明。"声音也有点颤抖。

"啥成分?"老安更加和气地问。

"贫贫儿的贫农哇!"尤喜明带着感情回答。

"你在这儿住了几年了?"

"七八年了。"尤喜明叹一口气。

"大小队干部没有人过问你吗?"

"唉……"尤喜明不知如何回答,欲言又止。

"你不要怕!"老安说。

尤喜明眼里转过一缕亮光,摆出一副难言的苦楚神情:"人家谁管咱嘛!"

"你怎么弄成这光景?"老安十分动情地问,"你说说你的身世,让俺们受受教育。"

"唉!一言难尽!"尤喜明流下泪来,"我少年丧父母,地主尤葫芦霸占了我的地,国民党几次拉我当壮丁。解放了,翻了身,媳妇可跟咱离了婚,干部尽欺侮咱……"

这无疑是一个苦大仇深的贫农了！老安和两个组员不约而同交换了一下眼色，心里沉重起来。

老安压抑着感情，感慨地说："看吧！在社会主义的尤家大队，生活着一个原始人！尤喜明同志过的是猿人一样的生活。"

小马气愤地说："当权派尤志茂，新房旧房四大间。对比太强烈了！"

小郭感触更深："农村阶级分化，想不到严重到这种地步！"

窑里的柴烟散去了，明亮起来，老安揭开小铁锅，锅里正煮着半锅苞谷糁子。窑里仅有的一只小瓷瓮里，装着半瓮苞谷——这就是全部家当了。他反过身来，对两个青年组员说："你去找尤志茂，叫他先给尤喜明弄些粮食！"说着，庄重地解开裤带，把套在外面的一条裤子脱下来，送到尤喜明手里，蓬蓬泪花，颤颤声音："把你那条破裤子换了……阶级兄弟……"

尤喜明"哇"的一声哭了，"扑通"跪倒在地，紧紧抓住安同志皮肤细腻的双手，泣不成声："你们……真是救命……恩人……"

"快起来！快！"老安双手把尤喜明拉起来，坐到麦草上，"你有苦，就诉说吧……"

"天不灭尤"

一直把工作组三位同志送到沟底，再送到尤家村东头的村口，尤喜明被六只手一齐挡住，他才难舍难分地停住脚。看着三位同志的背影被村巷里的柴禾垛子遮住了，他才转过头，顺沟走上来，回到被安组长称为原始人穴居的窑洞。

"天不灭尤！"

站在洞门口，他几乎脱口喊出从心底涌出的这一句感叹来。

"哈呀！我以为今生永世出不了东沟呢！"尤喜明欣喜难抑。想到工作组要他第二天上台揭发控诉尤志茂，他的心里失掉了平衡，总是稳不住，总想往上蹦，"我尤某，要上尤家村的高台上说话了！嗬呀……"

他突然明显地感觉到窑洞太窄小了，进洞出洞要低头弯腰；奇怪，从腰际到脖颈，似乎插进去了一根硬棍，头低不下去了，腰也弯不下去了；窑洞里太寂寞、太曲卡了；站在窑洞外面的小坪场上，眼底的东沟，似乎一下子也变得丑陋而又窄狭，难以容置老尤的五尺之躯了！

明天要开尤家村运动以来的第一场群众大会，斗争党支书尤志茂，尤喜明第一个发言、控诉——老安说是"打头一炮"！轰开局面！怎么讲呢？老安对他抱着多大的热情和希望呀！

尤喜明坐下来，心里有点发虚。老安人生地不熟，一身知识分子的天真气儿，好哄骗；可是明天一上台，台下尽是尤家村男女，谁不知道他尤喜明的根根筋筋？

他简直抑制不住自己已经花白的头发下面的思维的潮水，那些被人嘲笑了多少年的很不光彩的往事，此刻却顽固地翻上心来……

大约是解放那一年，二十三四岁的尤喜明已经卖过五六次壮丁了。每一回，他把卖得的身价钱往腰里一揣，连着在小镇上的饭馆里饱餐几天，然后听候命令开拔到任何地方去，不难受也不流泪。不出半月，尤喜明又活脱脱地出现在尤家村，向愚陋笨拙的庄稼汉们讲述他逃离壮丁队伍的惊险经历……

"那是拿小命换得一口饭吃……"尤喜明对土改工作队队长哭诉，眼泪鼻涕交加，"我孤儿喜明，没一丁点办法……"

这是实情。富于同情心的尤家村父老向穿灰制服的老八路干部证实了这一点。农会主任尤志茂也证明同龄人尤喜明说的是实情。于是，在分配地主财产的时候，尤喜明得到两间厢房。积极得令庄稼人眼花缭乱的尤喜明，拍着胸膛："共产党，工作组，是我的再生父母！我老尤……为革命，刀山敢上，火海敢跳……"

"喜明，该收心过日子了。"土改工作队撤离后，农会主任尤志茂好心劝说，"岭上沟岔村有个女人，结婚没过一年，痨病男人死了。你要是中意，让你嫂子给说说……"

"能成能成！"尤喜明迫不及待，"只要人家不弹嫌咱，咱弹嫌人家啥哩！"

农会主任的女人拉线做媒了。起初，那女人畅畅快快同意了；过了两天，大约打听到尤喜明的某些根底，又不大满意了。尤喜明急了，他恳求农会主任亲自去，用农会主任在小河两岸所拥有的威望去说服那个动摇不定的女人。尤志茂去了，稳住了那个女人的心；女人最后拉个把把儿，说要"再尺谋尺谋"！

尤喜明还是不放心——"再尺谋"下去，怕是麻烦。趁天黑，他上了岭，亲自找那个小寡妇去了。满嘴喷泉一样涌出的新鲜而又进步的名词，热诚而又动人的保证，加之二十多岁时那张曾经也青春焕发的脸膛吧，尤喜明居然征服了小寡妇的心；以至在小寡妇送他出门的时候，他敢于一下把小寡妇压倒在门外的麦草垛子旁……

"我老尤……"尤喜明结了婚，喜气洋洋，拍着胸膛。

在西安大兴土木的建设热潮中，尤喜明是尤家村第一个表现出对新分得的土地并不那么眷恋的农民——他进城做民工了。他能说，能跑，好活跃！不出一年，被建筑单位吸收为正式工人，领起民工施工了。

"离婚！"穿上一身蓝制服，上身的口袋里插着两支明晃晃的钢笔帽儿的尤喜明，瞪着眼，嘴硬牙更硬，对搂着已经三岁的儿子的媳妇说,"你是个寡妇!我和你没感情!"

离婚以后,尤喜明把土改分得的两间厢房拆了,木料和砖瓦全部变卖干净,出了尤家村,再没回来。

也不知什么地方走了岔儿,尤喜明牵扯进一桩贪污案,被解职了,背着铺盖卷儿回到尤家村,去向尤志茂报到。

"你看你,弄下这事!"已经是农业社主任的尤志茂惋惜地说,"当年你离婚,我劝你,你不听;你拆房卖房,我劝你,你还不听。现在咋办?吃的社里可以先给你分些粮食,住处呢?"

"我老尤,能享得福,也能受得罪!"尤喜明似乎并不像尤志茂那样忧心忡忡,反而想得开,"住处,我看好了一个地方——社里东沟那个看守庄稼的窑洞,平时空闲着,让我先住下……"

"唔!那个……"尤志茂记起来了,"那窑太小,离村庄又远……"

尤喜明在东沟住下了,一住就住了七八年。每年冬季到来的时候,人民政府的民政部门发下救济款和棉花棉布来,尤志茂在开会研究救济对象的时候,照例先给东沟的居民留过一份,然后再一家一家评议。

"喜明,有一份棉布棉花,社里给你缝成棉衣了,你到妇女主任那儿去领。"尤志茂说。

"我算着也该来咧!"尤喜明一点不愧。

在"瓜菜代"的年月,尤喜明倒庆幸东沟这个绝好的住所了:甭说黑夜,大白天偷豆挖薯,也不会担心有谁发觉;他是尤家村少数几个没有浮肿的人中的一个……

现在,尤喜明坐在窑洞口,想着多半生的不平凡的经历。他从来是个只瞻前不顾后的汉子,过去了的事从来不回想。在尤家村的人看来,尤喜明睡在烂窑洞里,要是想起卖掉的房子,想到撵出门的媳妇和儿子,该是后悔死了吧?其实,尤喜明本人从来是不吃后悔药的。要不是工作组老安叫他明天上台"轰头一炮",他才不会想起那些已经无法挽回的往事呢!回想,是为了如何说得合体些,让老安信以为真!

"绝对不能提那些最不光彩的事!"尤喜明想,可是,尤志茂是个不错的支书呢!单是对他本人,也没啥过不去的事喀!真正回想起来,在尤家村体贴照顾他尤喜明的,还要算尤志茂呢!想到这些,尤喜明的热情和勇气往下降——凭啥斗争尤志茂支书呢?安组长说尤志茂是走资本主义道路的当权派!那段很长的话他记不住,而意思是说,尤志茂就是当今尤家村的尤葫芦、新地主!

"怕是要搞二回土改!"尤喜明这样估计当前的运动,"要是这回事的话,我老尤就不客气了!"

....

尤家村村当中,有一幢戏楼,这是1956年合作化后头一个好年成里盖的。

尤喜明坐在台上,和老安肩膀贴着肩膀,他的心里热乎乎的。平时,尤家村的男女们谁拿正眼瞧一眼自己呢?看着站在台角的尤志茂,他心里好笑:你把戏楼盖起来,怕是只知道自己站在台上传达上级决议的吧?没料到今日吧?好!现在你站端!立直!手顺裤缝垂下……台下那么多惊奇的眼光在瞅自己,瞅吧瞅吧!尤喜明是在台子上坐的人物,不是在东沟烂窑洞窝蜷的……

宣布开会以后,老安同志走到台前,沉痛中带着义愤:"在社会主义的尤家村大队,至今生活着一个原始人!尤喜明同志过着什么样的生活?惨不忍睹!走资派把贫农社员迫害到什么程度了!简直跟猿人一般……"

安组长动了感情,说不下去了:"现在,请尤喜明同志控诉……"

尤喜明忽地站起，走到台前，瞧一眼老安，用凄楚而委屈的声音喊说："贫下中农阶级兄弟们……"一语未了，"哇"的一声哭了，凄惨震人。在擦眼泪的时候，他看见老安的脸上露出满意的表情——这一声哭到要紧处了。

尤喜明刚要说话，台下却传来一片笑声，他有点慌。安组长立即走到台前："笑什么？这是阶级感情问题！"

笑声反而更大更响了，从台子的前边到后边、左边到右边，卷起一阵阵笑的声浪。尤喜明感到笑声太刺耳了，却不知道为什么。

工作组组员小马从台下跑上来，在工作组组长老安跟前说悄悄话，老安立时脸变了，愠怒地瞅着尤喜明。尤喜明不知出了什么事，只看见安组长死死盯着自己的下身，他一低头——天啊！多少年没有穿过制服裤子了，今天穿上老安昨日送给他的制服裤子，却忘记了关前门……

尤喜明毕竟是尤喜明，他急中生智，猛地转过身，扑到尤志茂当面，挥起拳头，照准支书的胸膛就是一记顶心捶："你害得我好苦啊！"

台下的笑声戛然而止，没有人笑得出来了；上千双男人和女人的眼睛离开尤喜明的裤裆，一齐转向在台口挣扎着爬起来的尤志茂。尤喜明扣好裤子的扣子了，只见老安眼里向他射来生气的目光。停了好一阵，老安重新宣布说："现在，由尤喜明同志继续控诉……"

"我要革命"

尤喜明的行为又得到报偿，他再次分得了两间厦房——这是原尤家村党支部书记，运动后期被补定为"漏划地主分子"尤志茂的两间西厢房。

实在想不到，做梦也梦不到的嬿事啊，果真来了"二次土改"！尤喜明从东沟的"猿人洞穴"里搬进这间新房的时候，简直跟幻梦一般——不过多费了几星唾沫儿，甩了几串眼泪水水……

晚上，尤喜明钻进软和的被窝，美美儿睡了一觉；第二天，再到他居住过七八年的东沟的窑洞去上班。那被安组长称作"原始人的洞穴"的门口，现在挂着一个白底黑字的木牌，成了阶级教育展览馆了，每天接待着一批又一批前来接受教育的学生、干部、工人和战士。尤喜明现身说法，成了专职讲解员了。

尤喜明站在洞里，面对着拥挤在洞里洞外的观众，背诵着大学生小郭给他编好的台词："革命的工农兵同志们！这就是走资派尤志茂残害我的罪证……"

那身又破又脏的衫子和裤子，那床烂得分不清里子和面子的棉被，现在都顺窑壁挂着，用塑料膜儿严严地罩起来；支着小铁锅的三块礓石也按原样摆着，只是把铺散在脚地上的柴灰清除干净了。尤喜明指着那一件一件展品，哭溜着腔调儿："我过的是原始人的生活。我今天才获得解放。"接着，他就挥动胳膊，呼两声口号，完了，由观众自由看去。

寂寞了不知多少世代的东沟，一下子红火起来：长蛇似的队伍，从洞口一直排到沟底；激昂慷慨的口号声迎接太阳照进东沟，又送着太阳落下西边的塬坡。好多善男信女，架不住这现场实物的强烈刺激，用手绢抹着眼泪，慷慨地在窑洞里丢下钱、粮票和衣物，表示对阶级兄弟真诚的同情……

直到最后一批参观者下了山坡，尤喜明这才坐在洞门口的石墩上，从腰里摸出八分钱一包的"经济牌"烟卷来，美美抽上一口，心里好笑：人都知道串村走巷的野大夫卖的是假药，可偏偏人都爱买！管毬它！咱只要一天挣十分工就对咧！不推车，不捉把儿，在凉窑里说几句话，比公家的干部少操心多咧！嫽！

东沟里寂静下来，尤喜明的耳边也清静了；清静了，反倒觉得无聊了，几天来不愉快的心事又翻腾起来。

尤志茂的成分一定秤，财产一分过，老安就给尤家村重新安置干部呢。大小队原来的四五十个干部，差不多是一杆子打净了，可是给大队重新安排的干部中，没有尤喜明的名字；盼到给他所在的四小队安排干部时，又没有提到他尤喜明！新发展的第一批党员，已经报到县"四清"总团待批，还是没有尤喜明的名字啊！他起初伤心，继而气愤。现在在东沟里想起来，简直要骂出来："他妈的！跟土改那阵儿一毬样儿！烘场面的时光用得上我，选干部的时光一脚踢远！"

这着实令尤喜明伤心、生气。土改时，他头一个冲进地主尤葫芦的房里去，抽了尤葫芦两个耳光……临到土改结束，他只落下个空有其名的"贫农代表"。这回"四清"运动——"二次土改"，眼看又是啥干部也当不上了。现在只剩下贫协组织的干部没有定点，他想，许是给他留着一个位位吧？难说！老安对他越来越冷淡了，那次斗争尤志茂的大会刚一结束，老安神情严肃地批评他，怎么能动手打人呢？又是当着全村社员的面！此后，他越积极老安对他越冷淡，再没有头一次到东沟那么热乎了。好多天了，他连老安一次面也见不上……

"得找他谈谈意见！"尤喜明站起来，下了沟，进了村，端直走进老安所驻的农家小院。老安被几个人围着，回答着询问，眼睛熬得红红的，头发蓬乱了，人也瘦了，黑了。"四清"运动要收尾了，安组长忙着收摊……

询问事情的人走完以后，老安才走到尤喜明跟前，事务式地问："喜明，你有什么事？"

没有事就不能来了吗？尤喜明一听那冷淡的口气就想躁，他拿出一副激烈的架势，大声说："我要革命！"

安组长一愣，扑闪着近视镜片下面的眼皮，半晌，才说："你要革命——那好啊！没有人阻挡你革命嘛！"

"我要干革命工作！"尤喜明的声音更响了。

"你在东沟当讲解员，这就是革命工作嘛！"

"我要……"尤喜明说不出心里要说的话。

"哎哎！老尤！"安组长开始耐下心来，"具体说，你到底要什么？"

尤喜明这才坐下来，紧紧盯住安组长的眼睛，问："安组长，你说，我的斗争性咋样？"

安组长有点窘迫，说："不错……不错！"

尤喜明步步紧逼："立场坚定不坚定？"

"没有人说你不坚定嘛！"安组长说，"你要说什么事，有什么要求，直说吧！"

"为啥安排大小干部，没有我的份？"尤喜明干脆亮出底儿。

"唔……"安组长近视镜片下面的眼睛瞪得老大，半张着厚厚的嘴唇说不出话来，他大概能料事万千，却料不到尤喜明会明目张胆地提出要当干部的要求！

"当不当干部，一样革命嘛！"安组长从迷茫中醒悟过来，应付说，"不能人人都当干部……"

"好我的安组长哩！"尤喜明忽然变了腔调，难受地说，"我为革命打响了头一炮，轰倒了尤志茂；我回回开会发言，揭发问题；我不害怕得罪人。运动结束了，我要是不挂个干部的名号，旁人愣烧臊我，'积极了一来回，也没……'你看，在贫协组织里头，能不能给我挂个名号……"

"啊！贫协？贫协的干部今天下午刚刚选好。"安组长已经厌烦了，口气中很明显地表示出对尤喜明的轻蔑，说，"再不要争了……"

完咧！毕咧！尤喜明从头凉到脚——和土改走的一道辙，他被甩开了，像甩开什么讨厌的东西一样。他想再乞求，门口走进一个社员，叫老安去吃晚饭。尤喜明叹一口气，站起来，像什么事也没有发生似的，畅快地说："老安，没有啥！我随便和你聊聊，没事！你放心，革命，咱照样干……"他已经走到尤家村的街巷里了。

前沿阵地

一场连一场干霜，打落了小院里那棵大柿树的叶子，入冬了。尤喜明再不必担心冬季里忍饥受寒了。天一黑，他就躺进软和的被窝里，炕上铺的、下头垫的，全是尤志茂给儿子结婚准备下的三面新的褥子被子；小厢房的顶棚，用新苇秆和新苇席绑扎得严严实实，炕上的三面墙壁，贴着花纸围。躺在这样舒适的为迎接新娘子造的新屋里，尤喜明一根连着一根，抽着"经济牌"纸烟，要是能把这间新屋那个未来的女主人也分配给他，最好此刻就躺在他的身边，那……尤喜明鼻腔里痒痒儿的，打了两个冲天揭地的喷嚏。

他睡不稳实了，索性坐起来，靠着窗户。对面的厢房里的人这会儿干什么呢？他拉开了小窗子的木栓。

小院里很静，风吹着地上的落叶，"沙沙沙"响。

运动刚结束后，这个小院里呈现的混乱和悲怆的气氛，似乎很快被一种无言的和谐所代替。地主分子尤志茂，一个人在柿树下吃饭，吃罢，女人从地上收拾空碗空碟，他就一袋接着一袋抽旱烟。天冷了，还是这样。现在他还不睡觉，一炷烟锅的火光在柿树下闪亮，是他当干部形成了熬眼迟睡的习性，还是他对倒台、家产的被分心怀仇恨？准是后头这一条！"难受你就难受吧！也该让我老尤享享福；甭光恨我吧，是'四清'运动——'二次土改'给我带来了幸福……"

尤志茂的大儿子尤年从兼做伙房的厢房里出来，钻进那间搭着麦草顶子的柴禾棚棚去了。房产被分了，屋里睡不下，他在柴禾棚棚里过夜。这小子平日进进出出，嘴噘脸吊，从早到晚不说一句话；看见尤喜明的时候，立即把头扭到一边去。眼看着快要过门的新媳妇因为成分的变化而断然退了婚，尤年不恨死他尤代表才怪呢！恨不要紧，只怕这愣娃想媳妇想急了，一旦动起手脚，还不把他尤喜明拆卸了零件！得避着点！

尤喜明奇怪，这一家人为啥不吵架闹仗呢？原大队会计在"四清"中挨整垮台了，退赔了七八百块钱，成分还没有改变，比尤志茂挨得挫轻多了，会计的婆娘整天和男人闹仗，跳井呀，上吊呀，扯到公社离婚呀……这个小院里要是吵架干仗多好，尤喜明隔着窗子就会有好戏看……全是因为尤志茂有个好女人。她一天三晌照样出工挣工分，回到屋里喂猪喂鸡；她不弹嫌男人变成地主分子了，照样一日三顿，把饭食端到柿树下，双手递到尤志茂手上，给他说宽心话，在屋子里又规劝毛手毛躁的儿女……

尤志茂的好女人洗刷过锅碗，从门里出来了，解下围腰，在台阶下拍打前胸和后襟的灰尘，"噼噼啪啪"响着……四十出头了，胖胖儿的身材，墩墩儿的个子，胸膛高高儿，屁股蛋圆圆儿……她拍打干净，领着女儿莲莲到后边的窑里去了，此后就不再出来……和这样贤惠而又温存的女人睡一辈子，尤志茂前世给神烧过碌碡粗的香吗……和这么好的女人在一起，就是流落街头，头垫佛脚睡庙台，大约心里都是甜蜜蜜的吧……尤喜明想着，触景生情，一种无法摆脱的空虚和孤独袭上心头。即使睡到金銮殿里，他心里能有人间的温暖吗？唉唉！运动过去了，尤家村不开会了；社员们又是白天上工，晚上睡觉；运动后人事关系复杂，很少有人串门谝闲话了。尤代表现在住在村子中间，出出进进街巷，大人小孩都不理他；年轻女人们见他过来，故意转过脊背去……运动完了，革命凉了，尤代表也不时兴了……

尤志茂从柿树下站起来，背着双手，缓缓走过院子，进入对面的厢房，"咣当"一声关了门。夜更静了。尤喜明叹一口气，从窗口上转过脸，溜进被窝，眼皮发困发涩，一切美妙的想象只有托梦了……

窗下一阵轻轻的脚步声。夜深了，是谁在走动？尤喜明睡意全消，爬起身来，从窗缝看出去。

一丝朦朦的月光，影影绰绰看得见小院里的柿树和柴火堆的轮廓。有个人朝院里走进去，肩上扛着半口袋粮食，轻手轻脚走到窑门口，把口袋放下来，靠放在门框上，转身又走出来。走过窗口的时候，尤喜明认出来了，竟是贫协主任尤福来。

"贫协主任，你干的好事！阶级立场跑到什么地方去了！"尤喜明早已气从心起。这个抢占了他的干部位置的尤福来算什么东西！斗争尤志茂的时候，尤福来出过什么力，能比得上尤喜明吗？结果却把贫协主任的位位占去了！尤喜明在心里骂，"怪道在没收财产时，尤志茂被分了个盆干瓮净，现在还有得吃的，原来有人偷偷儿相赠呀！"

尤喜明轻轻拉开门，从对面厢房里传来尤志茂沉重的鼾声。他走到窑门口，窑里寂然无声——那个好女人和她女儿正在梦中。他提起那半口袋粮食，一摸，是碎颗子——麦！他提着粮袋子蹑手蹑脚走回屋子，关上门，解开来，只见那黄亮亮的麦粒里夹着一个纸条——

分得你的粮食，我吃不下去。"

"丧失立场！"尤喜明在心里喊，"你贫协主任给地主分子退回胜利果实，是什么立场？和谁穿连裆裤？和谁坐在一条板凳上？"

"应该把粮食放回原处，保持现场，立即把治安主任、党支部书记叫来，看你尤志茂咋说？看你尤年小子，见了我还敢瞪眼不瞪？看你贫协主任尤福来怎么下台？"

尤喜明抓住口袋，想重新结口的时候，那黄亮亮的麦粒却从眼睛里拔不出来了。何必呢？神不知，鬼不觉，凭空里拾得七八十斤麦子，不是美事吗？细粮仅够磨一套了，今冬明春，年下节下，光喝苞谷糁子怎么受得了！他提起口袋，朝装麦子的那个已经空空的柜子走过去，心里的火气早已烟消云散了。"你尤福来吃不下去，我尤喜明能吃下去！天天晚上有人来送，我就能过个好年了。"

走到柜子跟前，尤喜明又犹豫了：如果把这半口袋麦子扛到公社去，放到安书记面前，他会怎么说呢？尤喜明和尤福来，谁是革命的，不就对比明白了吗？说不定贫协主任这个位位得让给我尤喜明呢！也许还会受到奖励，说不准还会在报上扬名哩！傻瓜傻瓜，怎么能贪图半口袋麦子而失此良机呢！

尤喜明主意铁定，重新扎好口袋，忽地一下扛到肩上，反身锁上门，扯开大步，走过沉睡的街巷，出了尤家村，踏上通公社的大路。他走着，格外有劲："在睡梦里的尤家村人，明天早晨，你们一揉眼起来的时候，就会听到一个爆炸性的消息……"

……

"好吧，你把粮食放到这儿，回去休息吧！"安书记听完尤喜明的汇报，平静地说。

尤喜明心里凉了。安书记为啥不惊奇呢？自己苦心费力从尤家村跑到公社,半夜三更,十几里路,安书记连一句赞扬的话都没有!"阶级斗争被我抓住,送到你安书记面前,你却冷冰冰地不起兴儿!"尤喜明好气馁!忽而一想,他明白了:安书记从尤家村撤走以后,被上级留在公社当党委书记,尤福来是他亲手安排下的干部;现在尤福来投降了地主尤志茂,揭发出来,于他有什么光彩呢?噢噢,明白了!出门时只朝一边想,没想到另一边有丝丝蔓蔓的瓜葛呢!尤喜明后悔不该白白损失了送到口边的粮食。

"好吧!你回去休息吧!"安书记催促说。

"那好,这事咋办呢?"尤喜明不甘心,"阶级斗争,尤家村特别复杂;我住在尤志茂对面,是前沿阵地。安书记,我睡觉都睁着一只眼睛!"

"问题由组织处理。"安书记仍不起兴,"处理以后再告诉你。"

"我也要参加这场斗争!"尤喜明说。

"需要你参加时,再通知你。"

尤喜明听得出来,安书记厌烦他,不过想快点哄他走开了事。他反而更热情地说:"我等着!你啥时通知,我啥时来!阶级斗争咱不马虎!"

尤喜明回到家中,等了一周,又等了十天,眼看半个月过去了,没见安书记的通知,也没见开斗争尤志茂的大会,也没见撤换尤福来的贫协主任职务。他急了,实在急了!得去问问安书记,阶级斗争还要不要天天抓?

尤喜明真的去公社了。走在十字路口,他碰见了安书记。安书记正骑着车子,到坡岭上几个大队去检查生产呀!

"安书记,那个案件怎么处理?"

"什么案件?"

"尤福来给地主分子送粮的案件。"

"那事……不是案件。"安书记淡淡地说，"我已经处理过了。"

"我一点不知道！"

"你为什么一定要知道呢？"

尤喜明难受了——安书记和他说话这么难听。他咬住问："咋样处理的？"

"批评教育。我和尤福来谈了，他认识了。"安书记平静地说着，舌头一转，反而批评教育起尤喜明来，"喜明同志，你也要注意参加生产劳动哩！"

"我接待参观的群众，从早到晚……"

"要是人少了，有空到地里去，参加劳动。"安书记说，"要注意群众影响，我听到不少意见呢！"

听着安书记肯定的口气，看着安书记那讨厌的神态，尤喜明什么也不想说了，转身走了。

参观的人也少了，寂寞的日子又开始了。

这天早晨，尤喜明突然从隔壁的半导体收音机里听到，什么"文化大革命"开始了！他的心猛烈一跳，不由得把胳膊抡起来，走路也有劲了。他暂时还弄不清，这场运动弄啥呢？又要收拾谁呢？"文化大革命"，那是文化人的事，农村搞不搞呢？他想着，走着，走到街巷中心的十字口了。"最好农村也搞，有运动才热闹！最好搞成……分得的尤志茂的麦子已经吃完了……这回真的搞起来，该吃谁的呢……"

1980 年 11 月

于灞桥

猪的喜剧

一

在正街背后，一家县办工厂的土围墙的墙根下，是猪羊市场。泡桐树浓密的枝叶搭成的阴凉下，摆着一摊一摊被缚着前腿还在活蹦乱跳的猪娃，"吱吱"乱叫；水渠边的白杨树上，拴着一头一头克郎猪，在水里躺，在地上拱。戴草帽背竹笼的岭上庄稼人和推着自行车的川道里的庄稼人，同时从狭窄的巷道拥进猪市来……

田坊三队的来福老汉，腰里缠着一条麻绳，背着手，把矮墩墩的身材也挤进猪市来了。他戴着一顶发黄的蘑菇帽儿，倭瓜脸上，有一双耷拉着眼皮的毫无光彩的眼睛，细小的鼻梁下，长着个瓢儿嘴，嘴角贴着两撮淡淡的胡须，长相实在是平凡到有点丑陋的程度；可并无狡诡的气味，给任何人的印象，都是老实巴交的。

他从猪市这头挤到那头，间或在吵吵闹闹的人堆前站一站，瞧一瞧正在争议着价钱的猪娃，听一听成交的行情，就毫不留恋地走开了。啊呀！猪娃好价钱！最好的仔猪娃卖到十八块，最次的比老鼠大不了多少的毛疙瘩货，出口也要十二块——这是今年最好的价钱了！灵啊！今年麦子稍微比去年收成好些，忙后猪就涨价！口粮稍稍宽敞点，庄稼人就想给圈里添一头猪娃！

了解了猪娃的行情，那些拴在树上的克郎猪，架格好的，毛色润的，来福老汉不用打问，也能估摸出价钱来。

来福转到最西头，在一棵白杨树下，瞧见了一个令他动心的对象——这是一头母猪，肚皮紧紧夹在一起，经过几代仔猪咀嚼的奶头滴溜得老长，嘴巴又长又弯；拱起的脊梁，骨头崚嶒；背部和臀部，毛已磨脱净光，而脖下长的毛倒有一拃多长。拴在那里，无人问津。主人蹲在一边，无聊地抽烟，真是张飞卖柿子——人硬货软！

来福老汉走上前，主人苦情地解释说，他家口粮短，人凭买高价粮过活，猪是更受罪了！他长得身高体壮，满口热诚地保证说："你尽量看！保没麻达（方言：没毛病）！货卖识家！只要搭一把粮食，还是一头好母猪，保生哩！"

来福把猪摸了一周，信了主人的话。病是没病，就是一身癞癣——这好治！

"价咋说哩？"来福仰起倭瓜脸。

"我看你老哥也是实在人，咱不说诓，按这相——"卖主伸出两个粗硬的指头。

"不值！"来福笑着摇摇头，"不值！"其实，他心里踏实了，这个价是要得不旷外的。

"值多少？你说！"卖主说，"漫天要，就地还！"

"这——"来福先伸一个食指，又伸出五个指头。

"啊呀！十五块能不能买个猪娃？"卖主说。

"金猪娃，银克郎，仨钱一木锨的老母猪。你这还是个病货！"来福说，"好咧，添一块，十六！"

"我降一块，十九！"卖主叹一口气。

"我再添五毛——足顶喽！"来福也叹一口气。

"我再少赚五毛——到底喽！"

来福停住口——接近成交了，又在猪身上察看起来。他觉得，急于腾手的卖主肯定要着急。果然，那个急性的人喊说：

"算咧！算咧！你甭看咧！咱当腰一斧两头齐——十七块！算你的猪！让猪跟你享福去！"

把十七块钱交给卖主，来福从腰里解下麻绳，拴在猪的后腿上，瓢儿嘴咧一咧，向卖主笑一笑，算是礼节性的告别。他顺手从树上折下一股杨树枝儿，轻轻拍着母猪的耳朵，指挥它按自己选择的路径，避开正街拥挤的人窝儿，绕到后街，上了宽敞的公路。

来福赶着猪，任那可怜的畜牲一摇三晃往前走。猪走得快了，他也快了；猪走得慢了，他也慢了；遇见一坑洼水，猪滚进去了，他就蹲下抽烟等待……回到田坊村的时候，日头已经压着西塬的平顶了……

二

听到来福在街上拾合茬买回母猪的事，邻近的社员纷纷前来，挤在猪圈旁边看稀罕。庄稼人对广播上从早到晚吵吵的事情冷漠得很，对猪呀羊呀兴致蛮高。好多人跨着急步而来，探身朝圈里盯，脸上马上失望了。

"骨架美着哩！"这是极勉强的赞扬。

"吃食也美！"这是很现实的评价。

"要填起这空架子，怕得二百苞谷！"有人说起鼓励话。

来福蹲在碌碡上，绷着倭瓜脸，装着旱烟，不表示得意或后悔。他心里有数：等着瞧吧！等我喂出一头引着十来个小猪娃的大母猪的时光，看你们说啥吧！

女人家心里没底！来福对经不住众人的议论而埋怨他的老伴算起细账来："十五块钱买个猪娃，一年长到百五，卖七八十块钱，得喂二百苞谷，而这么多粮食家里是无论如何也拿不出来的。这头母猪,换过那身瘦皮,末伏配上种,正好在秋后出一槽猪娃。春秋两季,是社员养猪娃的两大季节。按十个算吧,少说一个卖十三四块,会有多少收入?"他乐观地说:"你放心,我喂了一辈子猪,看不来货色吗?"

看着老伴噘得高高的嘴轻轻地舒出一口气,他知道老伴的担心解除了,喝了老伴端来的凉面汤,背上草笼,提着草镰,前脚就跨出了门槛。

背后传来老伴的声音:"你做啥去?"

来福回转身:"给猪挖一笼草去!天还没黑哩!又没事喀!"

"你跑了一天,也不歇歇腿……"老伴说。

"嘿!咱庄稼汉,那么值钱!"

钻进村子背后的坡沟,从沟下挖到半坡,肥嫩的青草就把竹条笼塞得满满的了。天色暗下来了。来福老汉把草镰往地上一丢,长长嘘出一口气,两腿酸困得在草坡上一蹲,习惯地摸出旱烟袋。

来福老汉是田坊村最老好不过的老好人。生活只教给他一种本领——靠双手出笨力吃饭。他只能从颜色的差别上辨认人民币,解放初在冬学夜校识得几个字,长年不见面,早已谁也认不得谁了。农业社好!灵人一个劳动日分八毛,咱笨来福也分俩四毛!想想农业社初建立那几年的红火光景,看看这几年乱混混的景象,他庆幸紧亏那年盖了三间厦房,要是这几年,年年二三毛钱的工分价值,他还得钻在那个祖先传下来的土窑洞里。

来福老汉想不来,那年为啥要吃大锅饭!大锅里吃光了,关了门,叫社员受了三年罪!刚刚还过阳来,又搞社教,一棍子齐刷刷把书记、队长(净是从合作化闯出来的好人)打下去,换上来一班新人。没干下一年,"文化大革命"开火喽,这些人又被另一帮人攥下台!田坊村人事关系复杂得谁也理不清了!

更值得庆幸的是，咱来福老汉社教从没给人提过啥意见，"文化大革命"胳膊上也没套过红套套儿！他不会说话，更不会咬人，谁也不需要他这样的笨佬儿做累赘！这倒好！"咱没朋友，也没敌人！嫽！咱过咱的穷光景。"

穷光景也实在难过。三队今年上来的队长，是众人硬说得拧不过脖子才应承下来的。他只保证自个按时出工，按时下工，至于社员干多干少、迟来早走，他是连看一眼也不看！他在社教运动中挨整挨得怯咧！决心再不得罪一个乡党！笨人来福看得出来，队里乱得一窝麻，年底能盼来什么好分配吗？

既然队里靠不住，老汉就得想办法，总得要吃要穿喀！这头母猪啊！盐要从你身上出来，醋要从你身上出来，炭也要从你身上出来呀！……

这一切都能出来！来福满怀信心——凭他养猪的经验，凭他的勤苦经营照料，能成！

拾起草镰，背上草笼，跨开有点僵硬的腿脚，来福老汉从坡上走下来。暮色苍茫了。

三

一月以后，来福老汉猪圈的栅栏门口，又围着一堆人；一个个把头从矮墙上探进去，就惊奇地叫起来了。

这母猪变得叫人难以置信：老毛老皮蜕掉了，长出一身黑油油的新毛；平直的脊梁下，吊着刚吃饱食而鼓起的肚子；四蹄粗壮有力，在圈里悠闲地散步，让众人欣赏它已经恢复起来的姿容。

来福被挤在旁侧，听着众人的议论，心里该是一种胜利者的骄傲吧？没有。想想吧，老汉一天三晌，在别人工间休息抽烟聊天的时光,他爬到沟坎里挖一抱草;要是在河川,他就钻到苞谷地里拔草,苞谷叶子把老汉的脸皮划得一道道印儿,汗水浸渍得烧疼烧疼。天天有嫩草,母猪能不长吗?他又拔来了几样草药,熬成汤水,连着给猪洗刷了七八天,癞癣也除治了。老汉自己却累瘦了。

一天三顿饭,来福都是蹲在圈口的半截碌碡上吃的。猪在圈里吃食,他在圈口装着吃饭。当饭碗里的苞谷糁的温度凉到可以伸进手指的时候,他就一揭碗底倒给心爱的畜牲了。然后,再去舀第二碗,那才是他真正下肚的食物。

有一天,老汉刚把饭倒进猪盆,转过身,呆住了——呀!老伴正站在身后。

这样浪费粮食,对于他们这个买着高价粮的家庭,意味着什么?老汉惊恐地瞧着老伴,准备承受勤俭的女人理所当然的数落。他看见的是一双贤明而又严峻的眼睛。

"你为啥要瞒着我?"

那音调是痛苦的。来福答不上话来。

"你不能一顿吃一碗饭!"

像一条热乎乎的东西贴在心口,来福老汉感动了,给老伴诚诚恳恳赔笑说:"我只说,从我碗里省出点……一点……"

"要省,从咱锅里省!怎能从你碗里……"她的声音颤抖了,没有说出那个"省"字。

来福老汉闪一下眼,顺着围墙就势蹲下去,抬不起头来了。

于是,他的老伴每一顿给锅里多添两瓢水——饭稀固然是都稀了点,给猪从锅里省出细料来……

来福的母猪能不改换容颜吗?

这一天,早饭后,来福喂完猪,走进门,高兴地给老伴下命令:"给我装俩馍!"

"做啥?"老伴正在洗碗,头不抬,问。

"到县里去!"来福动手取布兜儿。

"上县做啥?"老伴抬起头。

"好事!"来福笨虽笨,高兴时也会卖关子。

老伴低下头,又"叮叮咣咣"洗刷着碗筷,一副并不会意的老成持重的神气。

来福弯下腰,压低声儿,对着老伴耳朵说:"引咱那宝贝寻'男人'去……"

老伴听了,几十岁的乡村老婆的脸红了,说:"老不死的!"

四

眼看着母猪的肚皮一天比一天鼓胀,奶头擦着地面,肚子表皮明显能看出新的生命在跳动,来福老汉心里又喜又怕,只怕出什么意外。这天后晌,看见母猪在圈里不停地拨拉柴草,他知道,这是临产的征兆。

为了防止母猪压死刚生下的猪娃,来福把架子车拉到圈边,铺上被子,守睡了一夜。夜里的露水把被子打湿了,母猪却没分娩。

连着三夜,来福毫不气馁,反倒更小心了。

第四天半夜里,一声又尖又脆的猪娃啼叫,带着欢乐,带着希望,也带着对勤俭劳苦的主人的安慰,扑到来福的心怀里来了……

"啊呀!到底能生!"来福老汉心里最后一层担心的迷雾清除了。

从此,圈里有了十条新的生命在欢蹦乱跳。来福老汉上工一回来,就在圈里清除粪便,垫上干黄土,喂食喂水。

他做完这一切,就蹲在一旁,看那些小家伙在母亲的奶头下乱拱,在铺着干土的圈里撒欢——那叫声比音乐更动听,欢蹦的姿势是最优美的舞蹈,越看越令人心花怒放。

这天,来福突然发现母猪蔫头耷脑,烦躁地躲避着追逐乳头的猪娃。他一愣,抓住母猪耳朵一摸——啊呀!不好!要是有个三长两短,这里将会出现不堪设想的惨景!

他借了十块钱,蹚过已经冰凉的河水,到小镇兽医院买回来兽用青霉素。只有这药退烧好!也快……花得那十块票儿剩不下几毛,母猪总算渡过了劫难。来福老汉好一场虚惊,照管得更加小心了。

老汉的倭瓜脸更显得干瘪了。他自己却丝毫觉察不出,仍然喜滋滋地忙碌着。

"猪离母,四十五。"

三十天刚过,来福老汉看着这些小家伙长得一样姿身:尖耳朵,和县良种站那头公猪——它们的父亲——一模一样;腰身修长,腿杆粗实,像它们的母亲。杂交货真不赖!

连续有五六个乡党来订货了,来福笑脸相迎,满口答应——不敢窝了乡党的兴头儿!

喝汤时分,最早提出订货的克贤老汉代表买猪户议价来了。

"好说!好说!"来福慷慨地说,"都是好乡党,给几个算几个!"

克贤笑着,说他们在一块私下商量了一下,参考比照集市上的行情:前日县集上最好的猪娃卖十五六块,来福的猪娃值得这个价……

"好说好说!"来福仍然笑着,"乡党情谊要紧!"

"俺们不亏你。"克贤仗义地说,"伢猪娃十六块,母猪娃十五块!"

来福明白，由于秋粮普遍减产，本来是涨价的季节，猪娃倒比他忙后买母猪那阵儿跌价了，十六块实实在在是顶高的价了。他的倭瓜脸显出激动的神色，说："是这，伢猪十五，母猪十四。你回去给大伙说清。"

克贤笑了："没见过卖猪的倒自己削价！你老哥真是好人！"说着又问，"啥时候捉呀？"

"四十五是老话，咱给乡党保险养足四十天。"来福说，"母猪多领一天，到底好！叫乡党捉回去，保养保活！咱多受一天麻烦，没啥！"

克贤老汉带着满意的笑容，客客气气地走了。

再过三五天，猪娃就要出槽了，一百四十多块钱就是实实在在的了。这一笔收入，对于来福是非同小可的。

老两口开始计议，如何把这一笔钱，花在最需要办的事情上——不敢乱花！

来福提议：先买三百苞谷，明年春三月，粮食肯定要涨价！

老伴同意这个结实的提议，重申庄稼人只要有一把苞谷吃就能活下去的道理；她又提议，再买几串箔子，把房顶修补修补，阴天下雨漏得太凶。

"对对对！再不敢拖迟！"来福说。

俩人计议着，商量着，和谐而又合拍。

小孙女爬上奶奶膝头，叫着"奶奶！"撕扯着带补丁的衣衫。

老伴向来福神秘地一瞥："孙女要衫子哩，你看见没？"她又指着孙女的额头，嗔声说："你也看见你爷爷的猪娃咧？还不是你妈的鬼心眼教的！"

来福呵呵笑了："买买买！给娃扯件花衫衫！"

"我不要花衫衫！我要雨鞋！"孙女说，"下雨上学没雨鞋，光脚片，钉子把俺脚扎烂咧……"

老伴收敛了笑容——一双雨鞋又得四块多！

来福想，已经跟自己分家出去住的儿子，教书十多年了，只挣三十八块钱，欠下队里二三百，孩子们连双雨鞋也没有。他拍着孙女蓬蓬的头发，决然说："买！雨鞋买下，花衫衫也扯！"

孙女高兴地笑着，跑出门去了。

老两口心里是少有的欢乐。来福长长地打了一个呵欠，几个月来的劳累一齐涌上来，倭瓜脸上带着幸福的微笑，钻进被窝，拉起了鼾声……

一阵敲门声传来，来福被惊醒，迷迷瞪瞪下了炕，队长正一脚踏进门来。他一眼看出，队长神色不对窍！这个中年汉子，自打社教挨了整，平时对一切人和事，永是一副冷漠的面孔，今日倒有什么事显得神色紧张？怕没好事吧？

果然，队长告诉他，公社天黑时召集紧急会议，公布了公社制定的"关于发展养猪事业的十条规定"。其中两条涉及来福的现实利益：社员养的母猪一律不准卖掉。母猪生下的猪娃，不许上市，交生产队分配给社员，价值统一定为七角一斤……

"啊呀！我的天！"来福简直不敢相信自己的耳朵，似乎是在做梦。这怎么办？

"老天爷！制度光治咱命苦人！"老伴也慌了。

"是这，"队长说，"咱队就你一家养母猪，你受的难场，我知道。我想，你明天一早把猪挑出咱县，到邻县集市去卖了……"

"那人家查问你时咋说？"来福急忙问。

"我先不传达！他问时，我说我病咧！推说过去！我明天传达时，你早走了。走在传达之前——不知不为过喀！"队长早想好了逃避的办法，胸有成竹地说，"顶多韩主任批评我几句，没啥，比你损失一半收入强！"

来福老两口简直感谢得不知说啥是好。这个平时冷漠的队长，有这样热心体贴人的好心肠啊！还能说什么呢！

"你快准备，早点走！"队长出门时叮嘱说。

来福的瞌睡早已跑光。事不宜迟！他命令老伴："寻草绳，捆猪娃！快！"

五

鸡啼出村，过河，翻过塬坡，天明时分，来福的双脚已经踏在另一个县属的土地上了。庄稼人吃罢早饭的时光，来福在陌生的集市上找到了猪羊市场，在一个偏僻的角落里，放下装猪娃的担笼，双脚已经疲倦得站不住了。

集市刚开，那些买主们背着小笼，问问价，摸摸揣揣猪娃，并不还价，就走开了。他们刚来，还要看看行情……

刚刚换上夹衣的庄稼人蜂拥进猪市以后，"嗡嗡"的市声在空中盘旋。来福周围蹲着一堆堆陌生的庄稼人。这份在市面上拔尖的猪娃尽管放在偏僻的角落，还是逃不过庄稼汉们的眼睛。好几个实心的买主，早已把挑中的猪娃压在手下，合伙向来福进攻，交涉价钱。他让价已让到十六，买主也添到十四，接近了……

这当儿，伸过来一只手，压住了竹条笼的木梁。那手区别于所有劳动过的粗糙的庄稼人的手，细长而又干净。来福抬起头，看见公社韩主任的脸，那脸正得意地冷笑着。

"这窝猪娃我全买下咧！要啥价，给啥价！"庄稼汉们一齐扭过头，看这个出口说出这大口气话的人。一看见那身政府工作人员的装束穿戴和神气，大家伙都不再吭声；有人预感到什么纠葛将要发生,悄悄儿溜走了。

"往那边担!"韩主任命令他的社员。

来福一看,那边正停着一辆汽车。

"韩主……任……"来福的倭瓜脸上堆起求饶巴结的笑容,"俺只这一回……"

"少说废话!"韩主任往后一退,就有两位青年走上前,一人提起一只笼,朝汽车走去。

汽车上,靠车厢坐着五六个人,全是从几个集镇上抓获的来福他们公社的社员,他们装猪娃的笼担一齐放在车厢里。

"自发势力真鬼!"韩主任手叉着腰,对着车上低头耷脑的那些社员讽刺说,"我早料到这一招!跑吧!你能跑出中国?"说罢,跳上司机台,"砰"的一声关上门,汽车开动了。真威风!

来福脑子里木了。过分紧张的神经刺激和长途负载跋涉耗尽了他的精力,那已到晚年的庄稼人瘦小的躯体里,现在只有酸困和疲倦。他靠在车帮上,迷糊了。

当韩主任的吼声把来福惊醒的时候,他睁眼瞅见的竟是田坊村熟悉的村街和房舍,车上的人都不见了。

村里的人闻声围过来,大队和小队的干部也被传来,汽车是临时讲台,韩主任向社员和干部讲了"十条规定"和抓获来福的经过。讲毕,要来福做检讨。

来福低着倭瓜脸——一辈子没上过高台的人呀,现时站在这么高的汽车上,面对着那么多的眼睛,来福说不出一句话。

"钱要紧,还是社会主义要紧?"韩主任问。

"唔!"来福含含糊糊点点头。

"唔什么?问你哪个要紧?"

"都要紧!"他如实说。

"胡说!社会主义!"

"唔！社会主义！"他赶忙纠正自己的糊涂。

"现在要对小生产全面专政！"韩主任说。

"啊……"来福一听"专政"俩字就慌了神，腰都几乎弯下来。

他终于被允许从车上爬下来，从背巷里回家去，倒在炕上……

当生命和力量又支撑起来福小小躯体的时候，他从梦里回到现实。屋梁上的电灯亮着，克贤和老伴在说闲话。

他被告知，那天他从汽车上下来之后，韩主任当众把十头猪娃分配给田坊村的社员了，七毛一斤。

老婆劝他："算咧！算咧！人平平安安，就谢天谢地了！"

"甭难受！人要紧！"克贤劝慰说，"权当没养母猪！"

来福强装笑着。

"现时政策变化大！"克贤说，"比咱高一头大一膀的人，挨挫的还少吗？咱一个普通百姓，死一个还不如死个蚂蚁！想开点，好自为之！"念过几天书的人，给没念过书的来福讲宽心话。

来福敬重这个识字知礼的开明庄稼人，诚服地点点头。

"虽则一切归了公，政府还不放心！"克贤说，"怕咱庄稼人思想不归公！"

来福佩服这种看法，又不明白，问："也把世事治得太死咧！咱吃盐吃醋都……"

克贤摇摇头，笑了。牵扯到对政府的是非话，他是守口如瓶的，避开话题，说："分配得到猪娃的乡党，心里过不去，叫我给你把钱送来，补个差数！"

"啊呀！"来福吃惊了，感动了，一下从炕上溜下来，压住克贤正在怀里摸揣的手说，"贵贱不敢！韩主任逮住风了，我还能活吗？"

"不怎！"克贤小声说，"乡党们都说，咋也不能昧着良心，拾你的合茬喀！"

"乡亲心意我领咧！"来福死死压住对方的手，"我寻着挨挫呀？快给乡党说，不敢胡来！"

"你留下……"克贤说。

"不敢！"来福推。

"留下……"

"不敢……"

两双手推来推去，最后都推不动了。来福瞧见克贤开明的眼睛里浸出一股湿溜溜的东西，他的眼睛也模糊得什么都看不清了！

六

像什么事也没发生一样，来福老汉一天三次扛上工具，走出小院去上工。他不向任何人叙述自己的不幸，平静地对待已经发生并且过去了的一切。休息时，年老人坐在地畔抽烟，他也坐下抽烟，再无兴趣和热情去挖草了。

回到家，来福蹲在院里吃饭，压根没有去猪圈的心思。一天三顿，只供给母猪三盆纯粹的粗饲料，再也舍不得一把麸皮咧。

不管来福的感情发生了什么变化，母猪仍然按照自己的生理规律在运动。看，围圈上的石头被拱塌了，栅栏门的小木柱也被拱歪了，来福抄起一根木棍，打得那疯狂乱蹿的家伙钻到窝棚里去。他发现，这贼又发情了……

后晌放工回来，栅栏门倒在圈口，那畜牲早已不见踪影。

"找去吧！"老伴催他，"一条命哩！"

"让狼吃掉好了！"来福冷冷地说，不是赌气，是说实话，"我正熬煎腾不了圈哩！"

他没有找。

第二天后响,当他要去上工的时候,那畜牲却蹿进小院的土门楼,从倒在地上的栅栏上踏过去,吞食昨日剩下的料食。

不久,来福老汉就看出,母猪的肚皮开始鼓胀起来,一摸,又有新的生命在母体里搏动——这个不知羞耻的东西,不知和哪里的公猪私通过一番,已经怀孕了。

来福心软了,怪猪的什么呢?

他开始给粗饲料里掺进麸皮,继之又每顿倒进一碗饭去——可别净生出些小老鼠似的猪仔来啊!

春节一过,母猪生下八胎小猪——尖嘴,细腰,个头小。来福怎么也提不起精神来。

已经超过了四十天,村里没有一个人来过问来福老汉的猪娃。老汉心里明白,春二月高价苞谷涨到三毛钱一斤,猪价大跌,市场上最好的猪娃只要五块钱……

他却庆幸:咱不必上市场!咱按公社十条规定里说的,七毛一斤卖给队里,倒比市场强。

来福找到队长,说明来意。

队长很作难,说:"按理说应该给队里。可目下市场上,三两块钱就提猪娃,你交给队里,谁逮呢?没人逮的话,我可咋办?"

"那……那上一回市场上猪价大的时候,就按十条办;现时猪价跌咧,就不按十条办咧?"来福说。

"上回那事,前后你明白,由不得我喀!"队长说,"那是韩主任一手做主……"

来福能听明白,队长无坏心,现在的事,要找韩主任做主。

恰好,韩主任因一件公差,从田坊村经过,在禾场边,来福挡住韩主任的自行车:

"我给你交猪娃,韩主任!"

"我要猪娃做啥?交到队里去!"

"队里不要!"

"队里不要,我没办法!我又不养猪!"韩主任摊开双手。

"你有十条规定哩!"来福说,"那还算数吗?"

韩主任这才认真瞧瞧来福,发现这是一张他曾与之交过手的面孔,说:"队里不要,那你自行处理去。"

"那不行!"来福说,"你规定叫交给队里,我就交给队里!"

周围围来一堆人,韩主任说话和气了点,也客气了一点:"算了!队里不要,你到市场上处理去。"

来福摇摇头,说:"你批评我,'钱要紧,还是社会主义要紧?'我现在知道,社会主义要紧!我不上市场那资本道路……"

韩主任看着抓住他把柄的老汉,"呵呵呵"地笑着,说:"我啥时说过这话?"

"在汽车上,有乡党为证!"来福指着大伙。

韩主任仍然笑着:"那阵是那阵,现时是现时!这样吧,我回头给队长谈谈……"说着,推动自行车,"我还有急事!"

来福说不出话,呆呆地望着韩主任远去的背影。几个青年怂恿他:"你把猪娃担上,担到公社去,倒在他韩主任办公室,看他咋说……"

来福想想,这样做确实解气,也有理!不过,他终于没有做出这种英雄的举动来……

1979 年 10 月
于小寨

回首往事

女儿今天领着她的对象要到家里来，这是头一回。刘兰芝把一切收拾停当，就坐下织毛衣，静静地等着。织过多少件毛衣的双手，忽然笨拙了，总是把针戳到岔儿里去。

楼梯上响起女儿的脚步声。

门推开了，刘兰芝仰起头，女儿笑着站在门里，把跟在身后的小伙子让进屋。她站起来，迎上前去。

一眼瞧见那张英气勃勃的脸，刘兰芝不由一愣——这年轻人和吴康长得多像啊！吴康，那是她在女儿这个年龄的时候，曾经热恋过的情人。

女儿羞涩地笑着，介绍说："这是我妈。妈，他是小吴……吴南。"

"坐！坐！"刘兰芝有点慌乱地让着。唔！姓也一样！怎么回事呢？

她几乎不敢正眼看吴南。把客人礼让到椅子上坐下，递茶的时光，她看见一双聪颖的眼睛，那简直就是二十多年来时时在脑际里闪光的吴康的眼睛……不会是幻觉吧？

"大娘，您也坐。"

一口浓重的陕南地方口音，更加深了她的猜疑。陕南，吴康就是下放到陕南山区的。刘兰芝在桌子对面的椅子上坐下，不由得仔细打量起年轻人来：长条瘦脸——像吴康，宽宽的亮堂堂的前额也像，稍微向下撇着的左嘴角——简直像神了！长长的脖颈，蓝条子土布衬衫的衣领……不错，只有吴康家乡那个县的人，才习惯织这种蓝条子土布……

刘兰芝第一次看见这种蓝条子土布衬衫，是进入高中的第一天。排过座次之后，她的同桌——一个从关中农村考进省立重点中学的新同学吴康，上身就穿着这样一件浆得显硬的蓝条子土布衫子。自小在城市长大的裁缝的女儿，总是穿着时兴的服装，看见这样一件土布衣服，多稀奇！在一个尽是城市学生的教室里，这样一件老式衬衫所显示的土气，就特别显眼。她带着嘲笑的口气，问刚刚坐在一条板凳上的同桌："你这衫子，是什么料子做的？"

周围的同学泛起一阵开心的笑声。

刘兰芝得意地看着，吴康眼睛里呈现出一缕窘迫的神情；她忽而有点后悔，深怕这个乡村来的"野孩子"骂出什么不干净的话来。没有，窘迫的神色瞬即从他的眼里消失了，整个长条脸上，是一副坦然的神志，他语气稳重地说："是'乡村呢'料子。"

不出一月，这个乡下学生以他正直的品质和优秀的成绩，获得了同学们的尊重和信任，刘兰芝才真正后悔了。及至他们高中三年期满，一同考入大学历史系，她无法隐瞒自己心底的爱慕之情了。

一个春日的傍晚，校园里的丝丝垂柳下，她对吴康娇嗔地说："给大婶写信时，让她给我剪件'乡村呢'衬衫，行不？"

"蓝条子土布衬衫，你穿？"吴康停住脚，眼里闪着异样的光彩，惊奇地问。

"我喜欢。看顺眼了，挺好！"她说。

他脸红了，抑制不住欣喜的心情，大声憨气地说："行啊！行啊！'乡村呢'要几件也不难！"说着，伸手抓住她的双手。她仓皇地逃开了……

现在，刘兰芝看见坐在桌子对面的吴南，神态和穿着，都活像当年的吴康啊。她问他："家在哪里？"

"陕南。"

"陕南不种棉花，也不织布。"她指着吴南的脖子，笑问，"你穿这衬衫……"

吴南低头笑了。女儿插嘴说："他老家在关中。他父亲被打成右派，下放到陕南，落了户。那土布是老家奶奶给寄的。"

"这布结实，耐磨，我们家大小都喜欢穿。"

果然是吴康的儿子——真是出奇事。刘兰芝至此完全证实了初见时的预感，心情怎么也平静不下来。二十多年了，没有机会见他一面，现在却看见他的儿子，要做自己的女婿了，她的心在胸膛里震颤、抖动……她托词要去备饭，钻进灶房去了。

这儿安静。刘兰芝打开炉门，把早已切好的菜扔进小锅，转身扭开水管，冲洗了热烘烘的脸，又打开了小灶房的窗户。

蓝天，白云。古城春天少有的晴朗透碧的天空。越过一幢幢参差高矮的建筑，刘兰芝看见公园里那座亭台的尖顶。

也是这样一个春光明媚的日子，他们临近毕业了，她和吴康在草坪上谈论毕业论文的提纲，后来又扯到志向、理想、事业，海阔天空……

"史学的价值，就在于真实；没有真实，就不算历史！"吴康在草地上踱着，说着。

她坐在草地上，双手抱着膝，仰着头，听心爱的人儿谈着，附和说："正是史料里夹杂着的许多假的东西，才给后人评价历史造成了困难。"

"科学地评价历史事件和历史人物，唯物史观是最好的武器。我满怀信心……"

"我给你当个助手……"

"你要自己干,我们共同钻!"

春天的傍晚,雾霭笼罩着绿色的柳树,寒气潮起来。她依着他,从公园的小路上慢慢朝大门走去……

……

"饭煳了!妈!"女儿蹦进灶房。

刘兰芝慌忙回转身,提下小锅,一股焦煳味儿直冲鼻孔。

女儿"哧哧"地笑着,封了炉门。

"你去打点酱油来。"

"不是有吗?"

"再去买点好的。那个不好……"

女儿被支使走了。小灶房又恢复了安静,刘兰芝的思绪像小河的流水,斩不断,堵不住……

……

"划清界线!这是个立场问题!"已经被她撕过三次求爱信的同学刘剑,又来找她谈话。他是第一个在班级辩论中揭露出吴康在论文里用秦始皇搞影射的人,进入新成立的反右领导小组了。他很关心刘兰芝,对她在辩论中支持吴康的做法表示出焦虑和担心。他几次和她谈话,全是对她的关心和爱护。"自由辩论结束了,要组织反击……"

"……"她说不出话了。两三天来,校园里和教室里白天黑夜正在进行的热烈的辩论的气氛突然冷却了,刘兰芝心里也冷却了,惶惑了。

"各人的历史要自己来写。态度的转变,是关键的一步。"刘剑分析说。

"……"刘兰芝张张口,还是说不出话,心口不一的话是难以说出来的,但她不能不承认,刘剑说的是实际的情况。她支吾说,"我要再想想,我所坚持的观点,是不是真的错了……"

刘兰芝看着站起来走去的刘剑,头脑里混乱极了。她想哭,又哭不出。

"趁早剪断!"老裁缝对着几天内明显消瘦下去的女儿,挥着剪刀,训诫说,"爸旧社会受苦受气,新社会翻身做人,报恩还报不尽呢!这小子敢攻击……"

"土里土气的庄稼坏子,我早就不中意!"母亲嘟哝着,现在有她说的话了。她早就不中意那个未来的乡村女婿,现在有了最充分的理由,"哼!右派……"

于是,刘兰芝终于走上辩论会(实际已经是一边倒的批判会)的台阶,面对全校师生,痛哭流涕,慷慨陈词:"……在风浪中,我要和左派站在一起……"她的行为,在学校一时传为斗争佳话。

因为运动,毕业分配推迟了。这一天,刘剑悄悄地向她透露,分配她到市内一所中学当历史教员。她有点不平——论学业,刘剑每次考试,成绩从来都在她之下,居然被分配到历史研究所去了。刘剑讨好地解释,说是她本来被分配到县区中学,经他多方力争才把她留在市里……比起偏僻的山区,城里是好多了。她算将就了,准备回家把这个讯息告知老裁缝。

在校门口,她碰见了吴康。

几十个被打成"极右"的学生,肩头扛着被卷,手里提着书兜,排着散乱的队形,默默向学校的大门走去。

吴康夹在这支散乱的队列里,肩膀上挎着被卷……被卷外面包着的蓝条子土布床单,和他身上的蓝条子土布衬衫出于同一架织布机吧?那个为他纺棉织布的关中乡村老大娘,看见这样归来的儿子,会怎么样呢?她放慢了脚步……让他们的队列先出门吧。

吴康随着队列走出校门,转过身,停住脚步,抬起头来,瞧着学校古老的门楼上面刻的校徽，嘴唇紧紧抵闭着，左边的嘴角拉下去了，不动了。刘兰芝再不忍心看他的脸，低下头，闭了眼。她发觉，她和他的界限还是没有划清啊……

当她抬起头来的时候，吴康也瞅见了她。两双眼睛对视的瞬间，吴康那笼罩着痛苦的迷雾的双眼，忽地燃烧起来了，嘴角现出一缕轻蔑的笑——那是怎样居高临下的不屑一顾的嘲笑啊……她无力对视那双眼睛，慌忙偏过脸去。

当她再转过头来的时候，那个熟悉的背影，扯开长步，昂着头，肩头挎着被卷，走远了；萧萧秋风把那蓝条子土布衬衫的下襟扬起来……

……

"妈，酱油。"女儿蹦进门来，说话像唱歌。

"噢噢！买回来了……"她胡乱答应着。

女儿挤到案板前，搭手帮她做饭。她从女儿眼里看出一种期待的神气——希望妈妈说说第一次看见女婿的印象吧？应该满足女儿的要求，她却怎么也说不出口。她能说什么呢？

女儿终于忍不住，说："他爸可好了。"

"你知道？"她深情地问，心想，"我比你清楚多了！"

"他妈妈也好。"女儿说。

"你知道？"她急切地问。吴康找了个什么样的女人呢？

"他给我说的。"女儿骄傲矜持地说，"他爸下放到陕南，落脚在一个山沟的生产队里劳动改造，公社安排让团支部书记暗暗监视他爸的举动。团支书是县上有名的模范团支书，很厉害，管他爸管得可严了，整天冷着脸，生怕他爸干出杀人放火、破坏集体的事儿来，自己也搞得很紧张。半年过去了，她没见这个右派学生胡作非为，倒是看见他爸把长头发剃了，像当地农民一样，光头上缠着一条蓝布帕子。团支书有点泄气。上级告诫她说，这些右派,表面上最会装相,甭看整天不说话,肚里的黑墨水翻浪哩!她再也不敢松懈斗志和敌情观念了。有一天,团支书猛然发现,右派学生正蹲在墙角烧字纸。销赃灭证!好大胆!她气得立时火气直冒,跑到跟前,一把把他爸推开,从火堆里抢出尚未烧尽的材料来。她连拍带打,扑灭了火,坐在地上看起来。看着看着,团支书流下眼泪来了,最后竟然骂起来了……"

"怎么回事?"刘兰芝听得入神,迫不及待地问。

"哪里是什么赃证!"女儿说着笑起来,"是他爸在大学时的一个女同学写给他爸的恋爱信——情书!"

"啊……"刘兰芝倒抽一口气,神色都痴了,心情很紧张,赶紧侧过脸去。

"团支书此后再不对他爸吹胡子瞪眼了,还提出要和他结婚。"

"啊……团支书是个女的?"

"男的还能……嘿嘿嘿……"

"这么快?"

"哪能!他爸不答应,倒吓坏了,说自己今生不结婚!"

"那后来怎么……"

"团支书一心不改!对他爸越来越好!为这事,她被撤销了团支书职务,开除团籍。"

"啊!"

"你'啊'什么呀!"女儿说完这段传奇式的婚事,看着母亲惊奇而又紧张的神色,郑重地评价说,"这个乡村姑娘,比那个女大学生值钱!"

"你说什么?"刘兰芝感到女儿的话像针一样刺进她的心里来了。

"她比她,值——钱!"女儿又重复说。

"唔……"刘兰芝的心颤颤地发疼了。

"人家团支书说,她是从那个女大学生的信里,才真正认识了他爸,说他爸不是右派是好人!"

"你去……收拾……桌子吧!"刘兰芝胸膛里憋得透不过气来,赶紧把女儿支使开了。她再也经不住女儿一句更尖刻的话了。

女儿开始收拾桌子上的东西。那吴康的儿子吴南,从桌子上拿起正在读着的书本,举在空中,眼睛一直不离书页。女儿抹净桌面,那小子还举着书呆呆地看着。女儿嗔怪地从他手中夺过书,又轻轻地摊开在桌子上,妩媚地笑一笑,跑回灶房来。刘兰芝急忙把探出房门的身子收回来。

女儿把菜全部端到桌子上去了。刘兰芝无所事事,在灶房里空撩乱着。她觉得自己没有勇气再坐到小伙子旁边,对视他的眼睛。

"大娘,您也一块儿来吃。"吴南站在灶房门口,拘谨地笑着。

"好……好……"刘兰芝强装笑容,慌乱地支吾说。

"叔叔呢?"

"没下班!"她说。此刻提起她的丈夫,她心里特别龌龊。

"那咱们等等,叔叔回来了一块吃。"

"不等!"刘兰芝断然说,"他今天开会,吃集体灶。"他不回来好;要是他回来了,知道女儿的对象是吴康的儿子,这个场面将会多么尴尬!

三个人坐定,动起筷子。

吴康的儿子吴南,坐在刘兰芝旁边,大大方方地捏着筷子,畅畅快快地吃着——连吃饭也像他爸吴康!吴康跟她头一回去见老裁缝的时候,吃着老裁缝亲手做的饭菜,也是这种畅快样儿——从头吃到尾,筷子连一次也没放下!回学校的路上,她和他说笑,笑他是乡下佬是饿狼!他听了反而哈哈大笑,顽皮地说:"好东西都叫城里人吃咧!乡下人逮住城里人的便宜,客气才是傻熊!"她听着,笑得腰都直不起来……

女儿吃着,不甘寂寞,对妈妈心不在焉的样子大概很不理解,插话说:"他爸平反了。"

"噢!"刘兰芝应着,关心地问,"工作安排了没有?在哪个单位?"

"历史研究所。"吴南回答说。

"噢,挺好。"刘兰芝说。

吴南轻轻一笑,说:"开头,所里有位领导不同意我爸去。这个人是我爸的同学,反右中整过我爸,他怕我爸找他的事儿。"

刘兰芝不由得嘘了一口气。这个整过吴康的同学,她当然明白是谁了。生活对他们三个人开了一个多么认真、多么严峻的玩笑……可是,刘剑怎么一直没有和她谈及此事呢?

"真坏!"女儿气愤地骂。

"其实,我爸哪有心思去想那些事!"吴南说,"他只是急着想有一个安静的环境,还想成点事;他过了五十岁了,只怕想做的事做不完……"

"他爸的两本史学专论,出版社已经定稿了——"女儿钦佩地炫耀说,"七十万字。"

"是吗?"刘兰芝着实吃惊了。吴康被下放以后,她和他的信息完全断绝,她能想到他肯定受了许多磨难,却想不到他竟然还在写史学论文;而她自己早已心死如灰,只安于完成中学历史教学的任务了。她惊异地问,"他在农村几十年,还没丢弃对历史的爱好?"

"他丢不下。他叫我也读史书,还给我妈讲历史故事,我们家成了历史研究所了。"吴南笑着，风趣地说："一九六三年，上级安排他当中学教师，他又写起了书。'文化大革命'中，这成了他的反党罪行，他被打断了一条胳膊，押送回家。当天晚上，他叫我把笔纸取出来。我以为他要写交代材料，没料到他说，来，从头开始。又写起书来！"

刘兰芝的脑海里，展开一幅这样的图画——

青青的山坡下，淙淙的泉水边，一幢稻草苫顶的农舍前，青石桌旁围坐着吴康和他的妻子儿女，他们听他讲述着千百年前的历史往事，半圆的月亮贴在山顶的天上……

"不说了，不说了！"女儿说，"吴南，把你那张全家福照片拿出来，让我妈认认你的父母。"

吴南顺从地从提包里取出一个日记本，翻出一张照片，递给刘兰芝。

刘兰芝把照片接过来，手微微抖着，一时不敢把照片放到眼前来……那个她曾经与之山盟海誓的恋人，现在是什么样子呢？

一双严峻的眼睛刺向刘兰芝，像两把利剑！那脱光了头发的前额，更加显得突出而蕴藏丰富；微微向下撇着的左嘴角，有一道深深的折皱，一直勾到下巴后面去，显示着倔强、坚毅和顽强。这就是吴康！

坐在吴康旁边的是一位陕南农村装束的妇女，眼神安详而又庄重。这就是从她给吴康的那许多情书里认识了吴康的那个团支书！她占据了刘兰芝的位置，那么有理气长……

女儿不时瞧瞧吴南，吴南谦和地笑着；女儿又瞧瞧母亲，有一种对幸福的乞求，渴望母亲对她和她的恋人说些祝福的话……

"你们还年轻……"刘兰芝说不顺畅，结结巴巴，"像你……吴伯伯……那样做人……这是最珍贵的……"

女儿果然心满意足地笑了。

吴南庄重地点点头，也幸福地笑着。

　　刘兰芝却更苦楚了。这一双年轻人，看来已经完满地铸成他们幸福的基础了！可是，她将怎样面对吴康？怎样面对那个从她给吴康的信里认识了吴康而与他义无反顾地结成生死之恋的陕南劳动妇女？她和刘剑投在吴康心灵上的阴影，一旦为孩子们所了知，她……

　　孩子们告辞了，要回学校去。他们就在她和吴康读过书的那所古老的大学历史系学习。她不强作挽留，让他们去吧！

　　刘兰芝站在残雪未融的地面上，望着两个孩子的背影在楼房的转角处消失，回过身来，怎么也抑制不住感情的潮水了。她缓缓走上楼梯，脚步十分沉重……

1980 年 3 月
于西蒋村

珍 珠

不用收听广播电台的天气预报,我已确信室内温度超过人体常温了。墙壁是热的,桌椅是热的,窗户敞开着却没有一丝风,刚用新打的凉水洗浸了头脸,短暂的一阵舒适之后,热汗又涌流出来,胸膛里憋得人简直要窒息了。

我关了电灯,锁上门,到河边上去,那儿也许有点夜风。

古老的乡村小镇的街道上,偶尔驶过一辆卡车,雪亮的车灯照出街道两边坐着或躺着纳凉的赤膊裸腿的男女。南街那头儿,传来一阵弦索声。拐过街心十字,声音突然放大了。远远看去,一只大灯泡吊在树杈上,亮光下围挤着黑压压一堆人。我猜定那一户居民有丧事,请来了乐人,为死者奏乐哩。一个沙哑的男声和一个清脆的女声正在对唱:

要斩要斩实要斩!

不能不能万不能!

……

待我走到跟前,一折戏刚刚唱完,从围观者的脸上,我看到了他们得到的满足。古镇上的居民,近年间虽然没有少看传统秦腔剧目,但仍然愿意听这种不化妆、不动作的对唱,主要是品味唱家嗓音里的那一股味儿的。现在,他们交头接耳,议论中带着赞赏,说那女的唱得美,其韵味和西安秦剧团某名旦相比,可以乱真。

我早已不奇怪近年间兴起的埋葬死人请乐人唱戏这样的习俗,却着实没有见过女人搭帮当吹鼓手的。在儿时的记忆里,吹鼓手是属于三教九流一类人物的，即使十分穷苦的庄稼人也不愿将自己的子弟送去挣这种不怎么光彩的钱；吹鼓手活着不能与正经庄稼人通婚，死后不得葬入宗族的官坟。解放后，这些陈规陋俗早已打破，吹鼓手作为一种职业存在不灭；可女人，特别是年轻女人弄这号营生，我还没有亲眼看见过。

被市民、农民和拖着长布的孝子围在中间的，是十数个年龄相差甚远的一班乐人，每人怀里都抱着一件乐器——铙、钹、边鼓、板胡、二胡、梆子等。那位女乐人背对着我，短发，浑实的肩臂，雪白的短袖衫。她正用毛巾擦汗，衣领湿透了。

我的心里微微一动，似乎预感到一点什么，就从人堆的外围转到她的对面，从男人们和女人们的头上看过去。她正好放下毛巾，抬起头来。唔！珍珠，果然是她——我的学生，印象比较深的珍珠！这是实在没有料到的事。

她坐在那里，坦然而又庄重，没有羞怯，大约早已习以为常了。任前后左右围观的男人女人指指点点，议论纷纷，她似乎一概听不见，不予理睬，也不看任何人，只听着班主小声暗示着什么。梆子"嗒嗒"一响，板胡悠扬的音乐跟上来，下一折戏又开始了。

我立即转身走开——许是不愿意在这样的场合听珍珠唱戏，许是怕珍珠偶然看见我会使她难堪——心里却不知是一股什么味儿。

星光灿烂，月色朦胧，小河两岸的杨柳现出山峦一样的轮廓，发出轻微的哗响，稻田里的青蛙在悠悠地叫，萤火虫一闪一闪，微微的河风从河道上吹下来……夜是这样静，陇海路上东来西去的列车"隆隆隆隆"地驶过，夜更显得静谧了。我坐在柳树下，看着星光粼粼的河水，点燃一支烟……

两条又粗又长的黑辫子，胖胖的紫红的脸膛，两只黑乌乌的大眼珠，活脱就是两颗晶莹的宝石，这是田珍珠。她是班长，又兼着学校文艺演出队队长，舞蹈和歌唱，都是学校里拔尖的；尤其是她表演的秦腔清唱，音色纯正，韵味悠长。学校附近村庄喜欢秦腔的农民听过她的演唱，热心地议论，说有这样好的嗓门，应该到剧团去。

我曾试探过，她说她爱念书，不想去做演员。我很赞成她的志向，因为她不光擅长演唱，学业也很好。

记得有一天后晌，放学了，她抱着一摞作文本，走进教研室，放在我的桌案上，敬过礼，就把书包往后一甩，走去了。刚要出门，坐在门口办公桌边的李老师挡住她：

"珍珠，甭走！"

她站住，宝石似的黑眼珠盯着李老师："有什么事呀？"

"唱一段戏！"李老师笑着说。

她不好意思地笑了，又回头看我一眼，似乎在问：唱不唱呢？

李老师是个秦腔迷，自己就会拉板胡，说时已经从墙上取下板胡来，调着弦。

郑老师是刚从师大毕业的青年教师，也笑着凑热闹："已经下班了，该活动活动、娱乐娱乐了。来啊！"

我笑笑："唱吧。"

珍珠放下书包，大大方方的，站得舒畅些，问："唱什么？《山花烂漫》？……"

"唱《游龟山》里《藏舟》那一段！"李老师点出戏名来。

"那是老古董，现在不准唱！"珍珠说。

"没事儿。"李老师坚持说，"放学了，谁也听不见，我们一听就完了。"说罢，已经拉响板胡，开始了悠扬的"过门"音乐。

珍珠唱起来：

耳听得谯楼上起了更点,
小舟内,难坏了胡氏凤莲。
....

我对秦腔没有特殊的爱好,听听也觉得挺合兴味,不听也无不可。珍珠这段唱腔的韵味,我是从李老师入迷的神态里间接感受的。他歪着头,闭着眼,拉着板胡,从脸上的表情看,似乎已经忘记自己是坐在一所乡村中学的语文教研室里了,大约已经随着渔家女儿胡凤莲细腻的心理抒情,进入月光下的河边小舟之上了。

珍珠唱完,弯腰深鞠一躬,背着书包跑了。李老师睁开眼,屋里只有绕梁的余音。他明显带着戏瘾未足的遗憾,快快地松了板胡弦索,挂在身边墙壁的钉子上,感叹着:"这女子她爸她妈都是老实巴交的农民,她却会唱戏,真是天生就的……"

这样的事在我心里本来留不下任何记忆的。可是,随之而来的一场运动把它冲刷出来,竟然成为我终生难忘的一件憾事。

横扫一切牛鬼蛇神。铁帚之下,举世混沌。笔枪舌剑,唾液溅飞。为了生存,就得杀戮。教师们全都失掉了往日里文质彬彬的风度,自相残杀,企图洗清自己,把一切能抓到的脏物秽什抹到别人脸上去。中学生们理论有限,拳头出手比文章出手自然更方便。为了躲避学生的拳头砸到自己的头上,于是就有人给学生把方向和目标指向与自己毗邻的窗户……

我被第一个推到斗争台上。

李老师出面揭发我培养黑苗子,唱才子佳人,到处放毒。似乎不能理解,这却是事实——人在非常的生活环境里,会突然亮出你从来没有见过的那一面。小郑也出来做证,他和他结成同盟了。现在,李老师点出田珍珠,要她揭发。三人证龟龟是鳖了。

珍珠站在班级的混乱的队伍中,我不敢抬头,看不见她的脸,只听见李老师催促了几次仍不见珍珠走上台子来。

学生中有人呼起口号："打倒保皇派！"

我盼她走上台来。因为对我已经是无所谓了。即使珍珠不承认，也不能使我免罪。我倒是盼她尽快解脱。她是学生。

台下一阵骚动，嘘声、骂声轰然而起。我悄悄偷眼一扫，田珍珠从操场上的人窝里挤出来，夺路奔逃向校门口去了。操场上一阵一阵"打倒保皇派"的口号声把她轰走了。

她大约再没有到学校来。

李老师得意的时间也不长久，就被别的老师和学生攻倒了……他和我一样，由学生监押着，在附近农村强迫劳动改造。

翻了一天稻地，我觉得浑身的骨节似乎都松动了，在农民家里喝了一碗苞谷糁，躺在村外打麦场的场房里的麦草地铺上，一动也动不了。李老师比我年龄大，身体更差，仰面躺着，半张着嘴，微弱的灯光（十五瓦灯泡）下，那张脸活像一张死人的脸。他比我更吃不消。

村里的大喇叭传来响声，我听出，是公社文艺队今晚到这个村子来演出。一个一个时兴的节目进行下去，我没有兴趣，却被吵得睡不着。李老师轻轻呻吟着，也是无动于衷地僵死似的躺着，听着——不管愿意不愿意。

刁德一耍的什么鬼花样

…………

这是正在演出的《沙家浜》中《智斗》那一场颇为精彩的选段。阿庆嫂的扮演者是珍珠。这折戏一开场，我就听出珍珠的嗓音，心里一动，静静地听着从仓库式的场房的小窗户流进来的演唱声。又听到田珍珠的嗓音了，我的心里似乎稍为轻松了。她能参加公社文艺队，肯定再不会因为"保皇"的臭名而痛苦了。

我看看李老师，他半张着的嘴早已合紧，也停止了呻吟。听到"鬼花样"这一句对唱唱词，他忽地从地铺上跃起，"噼啪"

两声，关上仅有的两个小窗的木扇。

"这是样板戏！"同铺的郭老师威胁说，站起来，又打开了窗户木扇，"反正睡不着。"

我似乎一下子意识到某些令人快慰的东西——是一种报复的心理活动吧。也许是李老师忌讳"刁德一"这个名字，因为学生早已偷偷给他起了这个外号，而且广为流传；也许田珍珠悠扬刚健的嗓音，现在对于秦腔迷李老师来说，不是一种艺术欣赏的享受，而是一种嘲弄吧！真是自食苦果，此刻谁能为他解脱呢？

等我和李老师都被划成"内部矛盾"，回到学校，又坐在一间办公室里，小郑已经是学校革委会的负责人之一了。我和李老师，整天进出一个门，谁和谁从来不说一句话。

这天晚饭后，李老师走进我的宿舍，笑笑，一点也不难为情："咱们谈谈心。"谈心，本来是同志间一种自觉的交流感情的需要，那时却带有某些令我胆怕的味道，然而又不敢拒绝。不管这场谈心成功与否，我和李老师总算说话了。这对我来说，也觉得稍有宽释，毕竟是在一个办公室进出。

时过两天，李老师又约我到他屋子去坐坐，我去了。刚进门，见屋里坐着一位陌生人。李老师介绍说："我的大哥。"接着告诉我，他的大哥刚刚从县上调到这个公社来当书记了。

他的大哥很客气，早已站起，给我递上一支烟。我受宠若惊。那时节，我是自惭形秽的，能受到公社书记这样客气的礼待，自先诚惶诚恐了。我坐下，对着他划着的打火机，点着烟，却不知说什么好。

李书记问我的家庭状况——儿女、妻子、父母，工资收入，生活状况。我尽可能用最简短的话回说清楚，而且一律都说成"可以凑合"，不需要麻烦打搅别人帮助解决什么困难。

"公社搞了一批机动粮，解决机关里一些同志家庭吃粮的困难。你晚上带一条口袋，到公社会计那儿去。"李书记说，"我给他招呼一声。"

"我家粮食够吃的。"我说，"感谢您关照。"

"我听他说你家吃粮很紧张。"李书记指着他弟弟李老师说，"我听他说你是个好人，你们关系不错，所以……不要客气。"

我不敢再拒绝了，这里头似乎牵扯到我和李老师刚刚经过谈心所取得的感情和关系上的初步弥合……

"要不，是这，"李书记站起来，"我给你弄好，放在我的房子，你回家时从我那儿带走，免得在学校造成影响。"随之给他家老二说，"晚上你把口袋送到公社去。"

也许是李老师对于"《藏舟》事件"果然懊悔了，以此来补救他的良心？李老师去公社给他大哥送口袋去了，我坐在房子里，很不安宁，左猜右想。如果不是良心发现，何以又要给我弄这些粮食，而且是公家牌价？当时的粮食，那是紧张而又紧张的。如果真是这样的话，我可以不必再计较了，就把它作为特殊的社会环境中的不正常现象，予以忘却吧。

"嗒嗒嗒。"

有人敲门。

我拉开门，珍珠站在门口，正在月亮光里锁车子。

"我来请你给我出点主意。"珍珠一坐下就说，似乎很急，气也有点喘。

我给她倒下一杯开水，放在桌上。

她变了，几年不见，已经完全由一个小姑娘长成一位俊秀的大姑娘了。她似乎知道自己长得出众，所以更多一层拘谨，比唱《藏舟》时拘谨多了。

她的丰满的额头上扑散着刘海，两道黑黑的眉毛朝鼻梁上方挤来，眼里现出一丝焦灼的粉红丝膜。什么事难为她了呢？

"公社调来了一位李书记。老师,你认识他吗?"

"见过一面。"

她顿一顿,仰起头,像是下了决心:

"他托人给我提亲……"

"和谁?"我问。

"他儿子。"

"噢!"我问,"你没见过吗?"

"见了。"珍珠说,"是个跛子。"

"噢!"我一惊,又问,"人品怎样?"

"流里流气。都二十八了。"珍珠说,"那天,介绍人把他引到我屋,三句话没说完,就动手动脚……"

我的心失掉了平稳,"怦怦怦"地跳了。可是,婚姻之事,我怎么说呢?想想,我忍住气说:"这是你的事,由你做主。自己做主吧。"暗示是很清楚的。

"我的主意没乱。"珍珠说,"我爸我妈都很害怕,要我答应这桩事呢!"

"你父母都是社员,务庄稼的,怕什么?"我说。

"听人说,李书记原先给儿子强订了一个媳妇,女方不愿意,父母倒霉了,寻缝找岔,开会批斗,老汉气疯了!"

"你要征求我的意见……我说……"我说不顺畅,心里憋得慌,"自己一定要有主意。"

珍珠感激地点点头,流出泪花来,说:"你要有空,到我屋,给我爸我妈开导开导。"

"行。"我说。

珍珠走了。我送她到校门口,看着她在月亮下渐渐模糊的身影,长长嘘出一口恶气。

刚回到屋里,一支烟没抽完,李老师进来了。他笑着,亲热地笑着，活像刁德一。我也知道他和他的书记哥给我粮食的原因，明白他找我"谈心"的真实动机了。果然，他一开口，就说到婚事上来：

"那女子信赖你，你是班主任。给咱侄儿帮帮忙。我和家兄日后给你帮忙……"

我真想说：把口袋给我！立即给我！那样的麦子我能吃下去吗？又想想，这要坏事的。不仅我日后有难以预料的祸事，而且可能给珍珠带来更糟的结局。我装出笑脸，哈哈笑着，欣然应允："只要李老师瞧得起，我跑一步路怕啥？事情办成办不成，我尽心跑路！你放心！"

我在第二天晚上，去到田湾村，狠狠地批评了那一对糊涂胆小的夫妇，又和他们商量出一些可能出现麻烦时的对策：俩老人继续装糊涂，万事由珍珠做主！

"俩老人满心欢喜，珍珠还不通。"我给李老师汇报此行的收获，"慢慢来吧！"

不久，我调走了，到了这个乡村古镇的中学。珍珠的事虽令人惦念，但结果是早就清楚的。

过了两年，我见到田湾村另一个学生，谈到珍珠，说是她结婚了，就和原来班里一位同学刘鸿年结婚了。刘鸿年在我印象里是个很好的学生，他们的结合，该是美满的。我心里释然了。

她怎么干起吹鼓手的营生来了呢？

夜很静，热气渐渐退去了，夜气凉凉的。我走过小镇回家的时候，从那家门里传来弦索和隐隐的唱戏的声音。中夜以后，按习俗该是在死者的灵柩前头奏乐唱戏了，直到天明。

我坐在屋子里看书，有人敲门。

"老师，让我好找！"珍珠进来了，"早都听说你在这儿，总是没机会见你。人埋完了,我也完事了,打听了几个人,才问到这儿来。"

她大约三十多岁了,有一股强悍的气息。脸上淌着汗,扑着黄土,不用我招呼,自己从竹竿上抽下毛巾,在脸盆里洗起手脸。

"我当吹鼓手了,老师!学生给你丢脸了!"她洗毕,坐下,自己这样解嘲说,"人都想门道挣钱。我凭我的嗓子挣钱,不偷不抢,管它名声好听不好听。"

我给她沏下一杯茶,说很想知道我走后她的婚姻问题,倒不在乎她做吹鼓手丢人不丢人。

"李书记给我许愿,说保证给我解决工作问题。我不想要这样的'工作',回绝了。那个跛子又往我屋跑了几次,我一见他来,就从后门溜走,整整一天不回家。这样也不是办法,跛子最后一次来,我把他从门里推了出去,把点心和酒瓶,扔到街巷去了!跛子脚下不稳,在门外滚倒了。他爬起来胡叫乱骂。我关着门,在院子里气得打颤。我村的乡党动了气,小伙子们把他轰出村去了。

"李书记恼了,把我的党员审批表退回支部来。老支书悄悄给我说:'以后再说吧!'我心里清白,李书记在我们公社,我入不了党了。

"第二年,甘肃一家县剧团到西安招收秦腔演员,我去报考,选中了。剧团的人到公社来给我办手续,李书记眼窝一瞪,手一挥,说我这不好,那也坏,把人家撵走了。我念书那时候,还不想当演员呢,这会儿想当却弄不成了。连公社机关的干部也气恨,下乡到俺村来,也骂他,说人家珍珠这不好,那不好,你为啥还想要给你儿子订成媳妇?狐狸吃不着葡萄,就骂葡萄是酸的!

"我和鸿年结婚了,穷是穷,心里踏实。现时有俩娃娃了。"

她叙说着,似乎有点气,却不甚厉害,像是已经很久远的事,没有任何动气的必要了。我就信口说:"还好,没有出大的乱子。我还担心那人给你搜事整人呢!"

"我后来才知道,他先前给儿子逼着订人家一个姑娘,在原先那个公社搞臭了,才调到我们公社来,在我这件婚事上,他不敢像先前那样明目张胆……"

"唔。"我问,"你家里现在生活怎么样?农村政策宽了,好一些了吧?"

"生活好多了。"珍珠说,"我和鸿年包了五亩地,今年夏粮收了三千斤麦子,两年也吃不完。他在家种地,闲时养蜂养鸡,一年收入成千块。我跟上这些人搭班唱戏,一年也能挣成千块钱呢!"

"能挣这么多吗?"我暗暗一惊。

"能。一天一夜,给死人唱七八折戏,挣二三十块钱。一月至少有五六次,冬天丧事更多些,常是从这家唱毕,又赶到那家。"珍珠说,似乎很得意,"人说当吹鼓手丢人,我开头也觉得羞愧;时间长了,惯了。老师,你看,我弄这事丢人吗?"

我回答不了,勉强应付着笑笑。

"我才不管丢人不丢人,反正是凭出力唱戏挣钱。"她自己回答说,"我不偷不抢,不贪污不受贿,我比那些人光荣!现在,不比念书那阵儿了,要养娃娃,要过日子,要挣钱!"

我不想评论吹鼓手比贪污受贿到底光荣多少,却是深深感到,坐在我面前的珍珠,已经不是在我当班主任时候的那个珍珠了。

1982 年冬

蚕 儿

从已经开花的粗布棉袄里撕下一疙瘩棉花，小心地撕开，轻轻地扯大，把那已经板结的棉套儿撕扯得松松软软，摊开，再把铜钱大的一块缀满蚕子儿的黑麻纸铺上，包裹起来，装到贴着胸膛的内衣口袋里，暖着……在老师吹响的哨声里，我慌忙奔进由关帝庙改成的教室，坐在自个从家里搬来的大方桌的一侧，把书本打开。

老师驼着背，从油漆剥落的庙门口走进来，站住，侧过头把小小的教室扫视一周，然后走上搬掉了关老爷泥像的砖台。教室里顿时鸦雀无声，只有我的邻桌小明儿的风葫芦嗓门里，发出"吱吱吱"的出气声。

"一年级写大字，三四年级写小字，二年级上课。"

老师把一张乘法口诀表挂在黑板上，用那根溜光的教鞭指着，领我们读起来：

"六一得六……"

我念着，偷偷摸摸胸口，那软软的棉团儿，已经被身体暖热了。

"六九五十四。"

胸口上似乎有毛毛虫在蠕动，痒痒儿的，我想把那棉团掏出来；瞧瞧老师，那一双眼睛正盯着我，我立即挺直了身子……

难以忍耐的期待中，一节课后，我跑出教室，躲在庙后的房檐下（"风葫芦"说蚕儿见不得太阳），绽开棉团儿——啊呀！出壳了！在那块黑麻纸上，爬着两条蚂蚁一样的小蚕，一动也不动；两颗原是紫黑的蚕子儿变成了白色，旁边开着一个小洞。我取出早已备好的小洋铁盒，用一根鸡毛把小蚕儿粘起来，轻轻放到盒子里的蒲公英叶子上。再一细看，有两条蚕儿刚刚咬开外壳，伸出黑黑的头来，那多半截身子还卡在壳儿里，吃力地蠕动着。

"嚯……"上课的哨儿响了。

"二年级写大字……"

写大字，真好啊！老师给四年级讲课了。我取出仿纸，铺进影格，揭开墨盒……那两条小蚕儿出壳了吧？出壳了，千万可别压死了。

我终于忍不住，掏出棉团儿来。那两条蚕儿果然出壳了，又有三四条咬透了外壳。我取出鸡毛，揭开小洋铁盒；"风葫芦"悄悄蹭过来，给我帮忙；拴牛也把头挤过来了……

"哐"的一声，我的头顶挨了重重的一击，眼里直冒金星，几乎从木凳上翻跌下去，教室里立时腾起一片笑声。我看见了老师，背着的双手里握着教鞭，站在我的身后。慌乱中，铁盒和棉团儿都掉在地上了。我忍着头顶上火烧火燎的疼痛，眼睛仍然偷偷瞄着扣在地上的铁盒。

老师的一只大脚伸过来，从我坐的木凳旁边伸到桌子底下去了。一下，踩扁了那只小洋铁盒；又一脚，踩烂了包着蚕子儿的棉团儿……我立时闭上眼睛，那刚刚出壳的蚕儿啊……

老师又走回四年级那第一排桌子的前头去了。教室里静得像空寂的山谷。

放学了，我回到家里，一进门，母亲就喊："去，给老师送饭去！"

又轮着我们家管饭了。我没动，也没吭声。

"噢！像是受了罚！"母亲看着我的脸，猜测说，"保险又是贪耍，不好好写字！"

我仍然立在炕边，没有说话。

母亲顺手摸摸我额头上的"毛盖儿"，惊奇地睁大了眼睛："啊呀！头上这么大的疙瘩？"她拨开我的头发，看着，叫着，"渗出血了！这先生，打娃打得这样狠！头顶上敢乱打……"

我的眼泪流下来了。

"不打不成材！"父亲在院子里劈柴，高声说，"学生哪有不挨板子的？"

母亲叹口气："给老师送饭去。"

"我不去！"

"去！"父亲威严地命令，"老师在学堂，就是父母，打是为你学好！"

我一手提着装满小米稀饭的陶瓷罐，一手提着竹篮——竹篮里装着雪白的蒸馍、菜碟、辣碟，走出了街门。这样白的馍馍，我大概只有在过年过节时才能尝到的。

进了老师住的那间小房子，我鞠了躬，把罐和竹篮放到桌子上，就退出门来，站在门外的土场上等；待老师吃完，再去取……

"来！"从小房里发出一声传呼，老师吃完了。

我进了小房，去收拾那罐儿碟儿。

老师挡住我的手，指着花碟子，说："把这些东西带回去，不准丢掉……"

我一看，那盛过咸菜的花碟里，扔着一块馍，上面夹着没有揉散的碱面团儿；另有稀饭中的一个米团儿，不过指头大，也被老师挑出来。我立时觉得脸上发烧——这是老师对管饭的家长最不光彩的指责……

母亲看见了，一下子跌落在板凳上，脸色羞愧极了。

父亲瞅着，也气得脸色铁青，一把抓起"展览"着碱团儿和米团儿的花碟子，一扬手，摔到院子里去了。

后晌上学的时候，"风葫芦"在村口拉住我，慷慨地说："我再给你一块蚕子儿！"

我心里冷得很："不要咧。"

"咋咧？"

"我不想……养蚕儿咧！"

没过几天，学校里来了一位新老师，分了班，把一、二年级分给新来的老师教了。

他很年轻，穿一身列宁式制服，胸前两排大纽扣，站在讲台上，笑着给我们介绍自己："我姓蒋……"说着，他又转过身，从粉笔盒儿里捏起一节粉笔，在木头黑板上，端端正正地写下他的名字，说："我叫蒋玉生。"

多新鲜啊！往常，同学们像忌讳祖先的名字一样，谁敢打问老师的姓名呀！四十来个学生的初级小学，只有一位老师，称呼中是不必挂上姓氏的。新老师一来，自报姓名，这种举动，在我的感觉里，无论如何算是一件新奇事。他一开口，就露出两只小虎牙，眼睛老像是在笑："我们先上一节音乐课。你们都会唱什么歌？"

大家你看看我，我看看你，没有人回答。我们啥歌也不会唱，从来没有人教给我们唱歌。我只会哼母亲教给我的那几句《绣荷包》。

蒋老师把词儿抄在黑板上，就领着唱起来：
解放区的天是明朗的天
…………

没有经受过丝毫音乐训练的偏僻山村的孩子，这一句歌词儿，怎么也唱不协调。我急得张不开口，喉咙里像哽着一团什么东西，无端地落下一股泪水。好久，在老师和同学们的歌声中，哽在喉咙里的硬团儿，渐渐溶化了，心里清爽了；我张着嘴，唱起来：

解放区的天是明朗的天

....

我爬上村后那棵老桑树，摘了一抱最鲜最嫩的桑叶，扔给"风葫芦"，就往下溜。慌忙中，松了手，摔到地上，半天爬不起来，嘴里咸腻腻的，一摸，擦出血了，烧疼烧疼。

"你俩干什么去了？"蒋老师吃惊地问。

我俩站在教室门口，低下头，不敢吭声。

"脸上怎么弄破了？"他走到我跟前。

我把头勾得更低了。

他牵着我的胳膊朝他住的小房子走去。"这回该吃一顿教鞭了！"我想，"他不在教室打，关在小房子打起来，没人看见……"

走进小房子，他从桌斗里翻出一团棉花，撕下一块，缠在一根火柴棒上，又在一只小瓶里蘸上红墨水一样的东西，就往我的脸上涂抹。我感到伤口又扎又疼，心里却有一种异样的温暖。他那按着我的头顶的手，使我想到母亲抚按我的头脸的感觉。

"怎么弄破的？"他问。

"上树……摘桑叶。"我怯生生地回答。

"摘桑叶做啥用？"他似乎很感兴趣。

"喂蚕儿。"我也不怕了。

"噢！"他高兴了，"喂蚕儿的同学多吗？"

"小明、拴牛……"我举出几个人来，"多咧！"

"你养了多少？"

"我……"我忽然难受了，"没养。"

"那好。"他不知我的内情,笑眯眯的眼睛里,闪出活泼的好奇的光彩,"你们养蚕儿干什么?"

"给墨盒儿做垫子。"我说着,话又多了,"把蚕儿放在一个空盒里,它们就网出一片薄丝来了。"

"多有意思!"他高兴了,拍着手,"把大家的蚕儿养在一起,搁到我这里;课后咱们去摘桑叶,给同学们每人网一张丝片儿,铺墨盒——你愿意吗?"

"好哇!"我高兴地从椅子上跳下来。

于是,后晌,他领着我们满山满沟跑,采摘桑叶。有时候,他从坡上滑倒了,青草的绿色液汁沾到裤子上,他也不在乎;他说他家在平原上,没走过坡路。

初夏的傍晚,落日的余晖里,霞光把小河的清水染得一片红。蒋老师领着我们,脱了衣服,跳进水里打泼刺,和我们打水仗。我们联合起来,从他的前后左右朝他泼水;他举起双手,闭着眼睛,脸上流下一股股水来,伴装着求饶的声调——投降了……

这天早晨,我和"风葫芦"抱着一抱桑叶,刚走进老师的房子就愣住了。

老师坐在椅子上发呆,一副追悔莫及的神色,看见我俩,轻声说:"我对不起你们!"

我莫名其妙,和"风葫芦"对看一眼。

"老鼠……昨晚……偷吃了……蚕儿!"

我和"风葫芦"奔到竹箩子跟前——蚕儿少了!一指头长的又肥又胖的蚕儿,再过几天该网茧子了……可憎的老鼠!

"风葫芦"表现得很慷慨:"老师,不要紧!我从家里再拿来……"

老师苦笑一下,摇摇头。

我心里很难受。我不愿意看见那张永是笑呵呵的脸膛变得这样苦楚，就急忙给老师宽解："他们家多着哪！有好几竹箩！"

"不是咱们养的，没意思。"他站起来，摇摇头，惋惜地说。

三天之后，有两三条蚕儿爬到竹箩沿儿上来，浑身金黄透亮，仰着头，摇来摆去，斯斯文文地像吟诗。"凤葫芦"高兴地喊："它们要网茧儿咧！"

老师把他装衣服的一个大纸盒拆开，我们帮着剪成小片，又用针线串缀成一个一个小方格，把那已经停食的蚕儿提到方格里。

蚕儿想网茧儿了。我们把蚕儿吐出的丝儿压平；蚕儿再网，我们再压，强迫它们在纸格里网出一张张薄薄的丝片来……

陆续又有一条一条的蚕儿爬上箩沿儿，被我们提上网架。老师和我们，沉浸在喜悦的期待中。

"我的墨盒里，就要铺一张丝片儿了！"老师高兴得按捺不住，像个小孩，"是我教的头一班学生养蚕儿网下的丝片儿，多有意义！我日后不管到什么地方，一揭墨盒，就看见你们了……"

第二天，早饭后，上第一节课了。老师走进教室，讲义夹上搁着书本，书本上搁着粉笔盒，走上讲台，和往常一模一样。我在班长叫响的"起立"声中站起来，一眼看见，老师那双眼睛里有一缕难言的痛楚。

他站在讲台上，却忘了朝我们点头还礼，一只手把粉笔盒儿也碰翻了，情绪慌乱，说话结结巴巴："同学们，我们上音乐课……"

怎么回事啊？昨天下午刚上过音乐课！我心里竟然不安起来，似乎有一股毛躁的情绪从心里蹿起。老师心里有事，太明显了！

老师勉强笑着:"我教,你们跟着唱。"说着,就唱起来——
　　春风,吹遍了原野
　　…………

我突然看见,刚唱完一句,他的眼角淌下一股泪水,立即转过身,用手抹掉了;然后再转过身来,颤着声,又唱起来——
　　春风,吹遍了原野
　　…………

我闭了口,唱不出来了。"风葫芦"竟然"哇"的一声哭了。教室里,没有一个人应着唱。

"我要走了,心想给大家留下一支歌儿……"他说不下去了,眼泪又蹿下来,当着我们的面,用手绢擦着,提高嗓音,"同学们,唱啊!"

他自己也唱不出来了,勉强笑着,突然转过身,走出门去了。

我们一下子拥出教室,挤进老师窄小的房子,全都默默地站着。

他的被卷和书籍早已捆扎整齐。他站在桌边,强笑着,说:"我等不到丝片儿网成了。你们……把蚕箔儿……拿回家去吧!"说罢,他提起网兜,背上被卷。

我们从他手中夺过行李,走出小房。对面三、四年级的小窗台上,露出一个一个小脑袋;一声怕人的斥责声响过,全都缩得无影无踪了。

我的心猛一颤——还得回到"驼背"的那个教室里去吗?

走出庙院了,走过小沟了,眼前展开一片开阔的平地。我终于忍不住,问:"蒋老师,为啥要走呢?"

蒋老师瞧着我,淡淡地说:"上级调动。"

"为啥要调动呢?你刚来!""风葫芦"问。

老师走着,紧紧闭着嘴唇,不说话。

我又问:"为啥不调动"驼背"?"

蒋老师看看我,又看看"风葫芦",说:"有人把我反映到上级那儿,说我把娃娃惯坏了!"

我迷蒙的心里透出一条缝儿,于是就想到村子里许多议论来。乡村人看不惯这个新式先生——整天和娃娃耍闹,没有一点儿先生的架势嘛!自古谁见过先生脱了衣裳,跟学生在河里打水仗?失了体统嘛!我依稀记得,我的父亲说过这些话,在大槐树下和几个老汉一起说;那个现在还不知姓名的盘踞在小庙里的老师,也在村里人中间摇头摆手……他们居然不能容忍孩子喜欢的一位老师!

…………

三十多年后的一个春天,我在县教育系统奖励优秀中小学教师的大会上,意外地握住了蒋老师的手。他的胸前挂着"三十年教龄"纪念章,金光给他多皱的脸上增添了光彩。

他向我讨要我发表过的小说。

我却从日记本里给他取出一张丝片来。

"你真的给我保存了三十年?"他吃惊了。

哪能呢?我告诉他,我在中学毕业以后,回到乡间,也在那个拆掉古庙新盖的小学里教书。第一个春天,我就记起来该暖蚕子儿了。我和我的学生一起养蚕儿,网一张丝片儿,铺到墨盒里,无论走到天涯海角,都带着我踏上社会的第一个春天的情丝……

老人把丝片接到手里,看着那一根一缕有条不紊的金黄的丝片,两滴眼泪滴在上面了……

1982年1月

于灞桥

旅 伴

在同一车厢的同一隔间里，两位旅客同时找到了自己的铺位，都是下铺。他们谁也顾不得瞧对方一眼，忙着把随身带上车来的大包小包塞到货架上去，然后坐到车窗跟前来。火车启动了。

他们先后坐下，掏烟，点火，嘘出一口浓烟，上车时的紧张忙乱情绪舒缓下来，心地踏实地开始旅途生活了，这时才转过头来，打量坐在对面的旅伴。俩人的目光一经相遇，几乎同时惊奇地叫起来：

"啊呀！是你——"

这两个人，是高中读书时的同学和朋友，一个被同学们公认为"数学王子"，一个号称"文学天才"。现在，二十多年以后，"数学王子"已经是国防尖端学科的研究人员了，而"文学天才"也已是当代颇有点名气的工业题材的作家了。二十多年前，他们同时爱上了班里一位名叫东芳的女生，那是个聪明而又动人的窈窕姑娘，大伙叫她"东方美人"，她是他俩心中的女神……这两个朋友也不能超凡脱俗，朋友关系破裂了，结下了怨。而时间的流水似乎可以冲散一切感情的烦忧。现在，当他们在列车上握手、拍肩的时刻，心中虽然还有那么一点不可言状的别扭情绪，却终究为理智所主宰了——都是四十多岁的中年人了哇！

一阵闲聊之后，作家首先从尴尬的情绪里超脱了，豁朗地说："东芳现在好吗？"

"怎么……你？"军事科学工作者惊奇地睁大了眼睛，"她不是嫁给你了吗？"

　　这样——真是哭笑不得——他们才相互闹明白，谁也没有娶到"东方美人"，二十多年的误会，都以为对方和她结合了。

　　"噢！原来如此……"作家感慨起来，动情地说，"我当时感觉出来，她更喜欢你。她说你聪明、冷静。她说她母亲不喜欢搞笔墨文学的人，容易招灾惹祸……二十多年了，我一直以为你们生活在一起……"

　　"嗨！哪能呢……"科学工作者淡淡地笑笑，"我当时判断出她更喜欢你。她常当我的面说你开朗、浪漫，有诗人风度……说我太死板……"

　　火车在宽阔的北方原野上奔驰。大片大片的金黄的油菜点缀在一望无垠的碧绿的麦田里，一排排白杨从窗前掠过去，远处的山峦迷蒙在淡灰色的雾霭里。田野里春的温馨气息灌进敞开的车窗里来了。

　　"我毕业以后，家里太穷了，'瓜菜代'也维持不住，舅舅把我带到青海，进了地质勘探队。我肩上扛着标杆，爬遍青藏高原，兜里总没有忘记装一本稿纸……我的生活就这样开始了，第一次萌动的爱情却同时结束了！"

　　"我毕业后参军了。当了两年兵，从部队上了大学，再回到部队，在戈壁滩上'隐居'了二十年，已经与'尘世'隔绝了。那年回家探望父母，听人说她和'小赖子'结婚了，我坚决不信……"

　　"我也听说过她和'小赖子'结婚的话，也是不信。"作家证实说，"她怎么能嫁给他呢？那么一个猥猥琐琐的侏儒！"

　　"看来是真的嫁给他了。"科学工作者说，"他虽然猥琐，可他当时比你比我都更优越。他当了汽车司机，走南闯北，能弄到别人弄不到手的'进口'物资，别忘了当时是困难时期……不过，我总不愿意这样想。"

　　作家显然激动了，创作的灵感顷刻之间激荡起来了——回味自己经历过的生活，心情往往按捺不住。他拉开手提兜，取出一瓶酒，用牙齿揭掉瓶盖，在两只喝水的杯子里斟上酒。科学工作者也急忙取出罐头和香肠，摆到小桌上。

　　"我们都犯了一个错误——"作家用富于哲理的口气说，"把一个俗不可耐的女人看得太神圣了！"说罢举起酒来。

　　"可笑的是——"科学家冷静地说，"我们之间因此而曾经互相妒恨！"说罢也举起酒来。

　　火车正以风驰电掣般的气魄，在北方的原野上疾进……

1983 年 10 月 20 日
于西安

鬼秧子乐

"鬼秧子"是我一个远门堂叔的绰号,他的注入户籍卡的名字,是一个单字"乐"。村里人提起他来,总是忘不了在名字"乐"前冠以"鬼秧子"的绰号,就唤作"鬼秧子乐"了。这种啰唆的称呼本来并不符合庄稼人说话喜欢简便的习惯,可是人们仍然喜欢这样叫;时日长了,似乎说来顺口,听来也顺耳。

单从这个绰号的字面上直观,就可以肯定我的这位堂叔不属于高大完美的人物了。一个"鬼"字,就使人生出许多联想来。不过,在"鬼秧子"这个"鬼"字里,主要含蕴着"诡"的意味,大致概括了我的堂叔处事和为人的一贯特点:不那么豁达爽直,也不像一般庄稼人那么憨厚实诚;举凡大事小事,家事和外事,与人交手,总显出一副"诡"的样子;实话少,空话多,绝不会显山露水。有人概括说,鬼秧子乐要是说他去西京,实际准是去了东京,你要是按他说的到西京去找他,准会扑空上当了。

许是自幼受到这种民间舆论的蛊惑,我对堂叔自觉保持着一定的距离、一种警惕和戒备;甚至看见他瘦小的身影、轻快的脚步、比一般庄稼人灵活的手势,也无不产生一种诡秘的印象;至于他那奔突的前额,深藏在眉棱下的那两只细小而灵活的眼珠,就更集中地蕴藏着深不可测的诡秘的气象了。庄稼人对于过于精明,精明到诡秘程度的人,就大大减低了信赖的心理依据,自然地表现出敬(鄙?)而远之的保留态度了。我虽不敢鄙视我的长辈,却也不敢与他过往太密。

星期六回到家中,已是上灯时分,一进门我便看见鬼秧子乐叔坐在堂屋的桌旁，正和母亲扯着闲话。他平时极少到我家来串门，于是我就猜想他是有意在等我，大约要说什么话，或者要办什么事。他和母亲闲聊着，完全是一种心不在焉的神气，明显是在消磨时光。

"你咋瘦成这个样子了？"他惊叹地说，似乎不是上一周日刚刚和我见过面，倒像是十年八年未曾见过似的，"嘿呀！我说公家干部这碗饭也真是不好吃！不要看不背不挑，劳心伤脑哩！劳心的事比劳力的事更叫人受不得。你看你劳心劳神瘦成啥样了……"

我知道自己其实并没有明显的变化，百二十斤的体重也没有减少；不过，听了鬼秧子乐叔的话，似乎总比听到谁说"你肥了"要更熨帖些。

"听人说，县城的街道里，有小贩儿摆摊儿了，油糕桌子、凉粉案子都摆出来了。"鬼秧子乐叔说，完全是一种与己无关的闲谈的口气，"政府也不干涉？"

"不。"我说，"政策允许了。"

"政策怎能允许私人开铺面做生意？"鬼秧子乐叔不解地说，"共产党怕是睡迷糊了？"

"正好相反。"我自作聪明地解释说，"中央从几十年的失误中总结教训，清醒过来了——对农民不能卡得太死。"

他的一双眼睛勾得很低，并不看我，只是盯着自己手里那只油腻的黑色羊皮烟包，悠悠地挖着。凭直觉，我觉察出他很专注地听着我的每一句话、每一个字，却摆出并不在意的架势，甚至连盯也不盯我一眼。

"你不是有炸油糕的手艺么？"母亲插嘴说，"几十年没派着用场，现时用得上了。"母亲说着，又问我，"你记得不？你乐叔跟你二爷（乐叔的父亲）在五里镇摆油糕桌子那阵儿，红火得很哩！一街两行七八家油糕桌子，就数你乐叔家的生意好。你乐叔炸出的油糕，黄亮、酥脆，咬在嘴里一包糖……而今吃不上那样好的油糕了。"

我隐约有一点记忆。五里镇街心的水渠边，撑开一座篷帐，一张四方桌子周围，摆着四条长板凳，坐着或站着吃油糕的庄稼汉男女。那位已经去世的二爷在满面笑容地招呼顾客，而正当年轻的乐叔，站在翻滚着油浪的炸锅前，两只手灵巧地捏着面团儿，把一个个扁圆的油糕贴着锅帮溜进油锅里，立时冒起一团儿油浪。炸熟的油糕漂浮在油面上，乐叔用筷子夹出来，架在铁丝网架上……我曾经馋涎欲滴地在那油锅前踅摸过，怎能完全忘记呢！

"哈！那当然，咱们那油糕用的啥佐料嘛！黑白糖掺半、青红丝、核桃仁、桔饼……吃来啥口味？"鬼秧子乐叔自豪地感叹起来，"而今国营食堂里卖的那油糕，只包一撮黑糖。前年我到西安，在东大街一家甜食店买了俩油糕，全是干壳子！皮子硬得像皮带，咬都咬不动——我算是把一两粮票一毛二分钱白撂咧！"

"你而今要是在五里镇摆开炸锅，保准红火。"母亲说，"老人们还都记得的。"

"不！咱可不能再干那号营生了！"鬼秧子乐叔慨然说绝，"投机倒把那营生，咱绝对不能干。"

"那不能说成是投机倒把……"我说。

"纵然不叫投机倒把，也不是正经路嘛！"鬼秧子乐叔摆出一副慨然的面孔，"党教育咱几十年，要共同富裕嘛！咱咋能图自个先……"

看着他激昂慷慨的面孔，听着他冠冕堂皇的话，我的心里立即反射出与此完全相反的意思来。他的声东击西的惯用手法，无法对熟悉他的人隐藏他的真实目的，无非是套出我对此事的看法罢了。

"这些人哪！真是狗改不了吃屎的性儿！上头的手刚松开个缝儿，就混扑瞎飞！"鬼秧子乐叔嘲笑说，"哼！到时候……等着挨挫！"

"不会的。"我说，"你要是想做油糕生意，现在可以干了，政策允许的。"

"咱不干，允许咱也不干。咱要跟全体社员走一条路——吃苦都吃苦，享福都享福。"他仍然说着套话、官话。说到这儿，他眼珠一转，用一种超然的口气说，"其实嘛，我要是想卖油糕，条件谁也比不过。手艺咱自带，不用请把式。俺二女子家在五里镇，正好街面上有两间门面，在街心十字左拐角，人来人往刚适中。前几天女子来，跟我咕叨这事，我把她一顿狠骂，骂她年轻轻的，倒比我老汉思想差池。我骂得她再不敢胡说乱扑了……"

听着他的话，我却在心里这样猜测：鬼秧子乐叔想到五里镇重操旧业炸油糕，已经和二女儿商议过不止一次了；甚至连门面的位置也经过悉心的窥测——街心十字的左拐角，那是五里镇的繁华地带，像西安的钟楼、上海的南京路或北京的王府井，在这儿开设一爿油糕铺面，那是得天独厚的好地盘了。他说他狠骂过二女儿的瞎思想，我却偏偏猜成他在盘算如何利用女儿家的那一块无与伦比的好地盘了。我分明觉察出他想做油糕生意的急切心情，无非是朝我探听刚刚放松的农村经济政策的可靠性如何。像狐狸蹲在农家的鸡舍旁，眼睛偏不瞅鸡窝而瞧着四周，察看是否有主人设下的陷阱，而绝不是对母鸡的肉香无动于衷。

鬼秧子乐叔的这种心理，并不奇怪，我完全可以理解。村子里好多农民，面对刚刚颁布的活跃农村经济的条例，持一种慎重的观望态度——等等再看吧！他们以为我在县上工作，了解政策界限，向我探询这种政策的可靠性和种种挣钱门路的合法性，已不止一人一次。他们都是直率地说出自己的看法、心存的担忧，甚至抬出过去生活中的事实来证明他们的观点。而鬼秧子乐叔却偏偏否认他急于要干的事，真是诡得有窍，也令人好笑。

"咱当咱的老实农民，不走邪道儿。"他表白说，完全是死心踏地的毫不为金钱所动的样子，站起身来，不在乎地问，"听人说，县城那些小摊小铺，县政府给发下营业执照了？"

"对。"我说，"完全是合法的。"

"合法咱也不干。"他像给我做保证一样，懒洋洋地拖长声调，"叔早把世事看开啰！要那么多钱做啥？嘴里有吃的，身上有穿的，成咧！叔早都不想发财好过啰……"他走出门去了。

我却仍然想到那只并不瞅着鸡窝的狐狸，仿佛它说，母鸡肉并不好吃，我根本不想吃……

大约又过了俩月，有一天，鬼秧子乐叔突然走进我的办公室，接过我递给他的茶水，就自报家门："人都说市场开放了，县城里热闹红火，咱始终没来过；今日一逛，真个热闹，真个红火！我闲逛了一圈，吃了一碗泡馍。私人开的泡馍馆，肉肥汤香，比国营食堂泡得好。吃得渴了，就到你这儿来喝茶……"

我在县文化部门工作多年了，鬼秧子乐叔从来没登过我的门槛，今日来肯定不是因为泡馍吃得渴了跑来讨茶喝。我明知他是"王顾左右而言他"，也不好直问，就只顾给他的茶杯里添水倒茶，说些农贸市场里物资交易的行情。

我的屋子里原先坐着的两位朋友告辞以后，鬼秧子乐叔瞧瞧门口——那门板上的弹簧锁子自动扣上了。他从剃刮得干干净净的薄嘴唇里拔出烟袋，忽然提高嗓门，气呼呼地骂起他的二女子来："这个贼女子，我咋劝咋骂都管不下了，非要开油糕铺子不行。我给她说,你卖你的油糕,我务我的庄稼;你发你的洋财,我过我的穷日月。想叫我来给你炸油糕,没门儿!"

我坐在他侧旁,只顾听着。

"唉!"他莫可奈何地吁叹一声,"贼女子说不转我,跑来搬她妈。嗨,娘儿俩哭呀笑呀,喊呀骂呀,缠得我实在没办法……"

我心里暗自想,他大约终于要向我承认那母鸡肉的味道其实是香的。我应该给他垫上台阶,好使他少绕几个弯儿,说实话,走捷径,就说:"二妹的打算没啥风险可担,你的顾虑是多余的。"

"这下惹下麻烦了。她给县工商局递了申请报告,一月多了,营业执照还没见批下来。"鬼秧子乐叔用一种幸灾乐祸的口气说,"三天两头寻我,叫我到县上来探问。我才不管这号事哩!我盼得县上甭批准她的申请,甭给她发营业执照,省得把我搅和进去……"

我现在已经比较清楚地看出他的真实来意了,只是他还在绕弯子,转圈圈。我想开他一个玩笑,看他怎么办,就说:"叔啊!我听说现在申请办营业执照的个体户特多,县工商局倒比开初卡得严了。"

他的细小的眼珠一转,迅如闪光似的掠过一丝惶然的神色,随即消失了,勉强继续用幸灾乐祸的虚假口气说:"好……好!我盼县上甭批准她的申请,我也省得跟她冒险……"

"听说工商局赶'五一'节前要批准一批。"我说,"回头我问问,看你的那个营业执照批准了没。"

"不是我的,是我二女子的。"鬼秧子乐叔仍不忘纠正我的言语中的差错,用轻描淡写的口吻说,"那也好,你到工商局去给问一下,要是批准了,算一回事;要是不批准,也好。咱早一点弄明白，也叫那女子死了这条心，免得成天麻缠我。也不知……你去打问……方便不方便？"

"方便。"我说，并不敢怠慢长辈堂叔，"我问出结果后，给你回话。"

"这就给你惹下麻烦了。"他仍然用轻淡的口气说，而且继续埋怨他的二女子，"她早就催我来寻你，说是要你帮忙，办下了营业执照，她记你一辈子好处。我给她说，我不给人家添麻烦，你哥在县上工作忙得很，哪有闲工夫操心这些闲杂事……"

真是滴水不漏！我的诡秘的鬼秧子乐叔，我真服了他的高超的谈话艺术了。

……

鬼秧子乐叔和他二女儿合股经营的油糕铺子正式开张营业了。我因事到五里镇文化站去，远远地看见他腰缠白布围裙，在油锅跟前忙活着，手里捏着面团，不时抓起筷子翻捣锅里的油糕。他的二女儿忙着收钱，付油糕，忙得目不暇接。镇上逢集日，又恰值夏收前夕，庄稼人忙着添置杈把扫帚、扯夏季衣服布料，即使纯粹为着浪集逛会的人，也都赶在紧张的夏收之前这有限的集日了。鬼秧子乐叔的油糕生意特别兴隆，油锅里炸熟的油糕供不上那些捏着票子的手的索要，人就围堵在桌前锅旁了。相形之下，另外两家油糕摊子的生意，就显得冷清了。没有办法，老人们对鬼秧子乐叔的家传的油糕手艺记忆深刻，年轻人的舌头也是十分灵敏的，专拣好吃的买。我驻足看了看，就到文化站去了。

当我再一次回到家里的时候，母亲告诉我，鬼秧子乐叔早已给我送来一瓶好酒、一条好烟，说是感谢我给他女儿办理下营业执照了。我是空里受人感谢。其实在我向工商局打问此事时，他们刚刚开过会，一次批准了一百五十多家个体户，其中就包括鬼秧子乐叔的油糕铺店。鬼秧子乐叔弄错了，还以为我给他帮了忙呢！我已经早在批准后几日给他说过，他却绝然不信，坚信肯定是我帮了忙——不然为啥会这样灵？鬼人总多一层诡计，我倒无法说得他相信我的话。

鬼秧子乐叔生意兴隆，时间自然更加忙迫，晚上要烧水烫面，揉好，窝在蒲篮里；天不明就得爬起来，点火烧油锅。一大早，好些社办工厂的工人、小镇市民、教师和过往行人，已经等候在铺店门口要吃早点了。老汉忙得团团转，平时连回家的空儿也抽不出。我和老叔不大见面，时光匆匆，近乎两年了。

这一天，县委宣传部干事老杨找我，说县委准备在元旦那天给万元户披红戴花，以鼓励农民放开手脚发财致富。县委把这项工作落实到宣传部和工商局头上了，让他们先调查摸底，然后确定表彰对象。在第一批被相中的万元户名单中，就有鬼秧子乐叔。老杨说他已经和老汉接触过一回，老汉顾虑重重，不说真话，不露实底儿。老杨不知从哪儿得知我与老汉是乡党，又有过密的交往，于是就拉上我一起来做老汉的工作。

我和老杨从县委出发，乘吉普车到五里镇时，镇上的庄稼人刚刚吃早饭。五里镇不逢集日，人迹寥寥，其余几家油糕铺店熄火停灶，只有鬼秧子乐叔的门面开张，稀稀落落的几个顾客在店门口徜徉。

鬼秧子乐叔一看见吉普车停在他的门前，眼里就罩上一层厌烦的神色，我从车窗里瞅见他把头扭到一边去了。及至看见我和老杨走进他的店门，老汉才做出慌慌张张的热情的表示，让我们到店里坐下。他的二女儿凤子似乎不在意，笑吟吟地端上一盘刚炸出的油糕，又盛上两碗红豆稀饭，摆在我和老杨面前，然后接替父亲站在油锅前去操作。鬼秧子乐叔擦着油渍渍的手指，坐到桌旁来陪我和老杨说话。

"你俩还是为寻万元户来的吧？"鬼秧子乐叔率先开口，直奔主题，一语中的，"你老杨同志把俺侄子拉来也不顶啥！我没挣下一万块嘛！咱的县长亲身来也不顶啥，我不能哄咱县上的领导人嘛！披红戴花——多光荣多体面的事嘛，可惜咱不够格！咱而今要实事求是说话哩……"

我和老杨不约而同地对视一下，他的眼镜片后的眼睛示意我开口，我更觉为难了。鬼秧子乐叔一开口，不仅堵死了老杨的嘴，把我也给毫不留情地冷冻起来了。我知道他的为人，就尽可能做些解释疑虑的工作。老杨当然不肯就此宣告失败，态度更加诚恳殷切了。当时形成的局面是，县委的两位文职干部几乎是在巴结一个卖油糕的个体致富户，甚至有几分乞求的意味，盼得他能应承自己挣下了一万元人民币。

"你们看嘛！平时不逢集，这街道上稀稀落落没有几个人，一天卖不下十斤面的油糕，能净落几块钱？三六九逢集，不过卖下三五十斤面，能挣多少钱？刮风下雨没人赶集，秋夏两季咱还要停业收庄稼……一年能卖多少钱，大略能算出来嘛！"鬼秧子乐叔数说起生意状况，甚至有点不耐烦了，"挣是挣下了几个钱，也不能说赔本儿；可是离一万块……老天爷，八年以后看咋样！"

看看再说下去也无用，老杨灰心丧气地告辞回县了。我正好顺路借便，回一趟家。

待老杨乘坐的吉普车驶出五里镇狭窄的街巷，鬼秧子乐叔把我叫进里屋，拉进他的凌乱而油污的住室，睁着惊疑不定的眼睛，压低声，一派严肃而又神秘的气色："好老侄儿，你给叔打实处说，他老杨来做啥？"

我向他证实，老杨没有坏心，确实是要表扬他，不仅披红戴花，还有奖品和奖金。

"胡毬糟践人哩！"他大概基本信下了我的话，疑神疑鬼的惊恐心情消除了，悻悻地说，"只要你县上不要变来变去，按而今的政策往下行，老百姓就给你县长磕头叫爷哩！何必要你披毬啥红，戴毬啥花哩！"

"给万元户披红戴花，这也是解除农民心头疑虑的……一种形式。"我说，"比如你自己……顾虑就不少……"

"你记得不？六〇年上级发下'六十条'，鼓励农民开荒种地度荒年。好，咱开了荒地，刚收了三四料，碗里稠了，跟着就来'四清'运动，算账呀，批判呀，还要退赔！'六十条'上的政策又不算数了！"鬼秧子乐叔撇着薄薄的嘴唇，讥诮地说，"翻来倒去，只有咱农民没理！我怎能不顾虑？那个戴眼镜的老杨前日一来，就跟我算账，算我挣下挣不下一万元。我心里毛了，直是怕怕。我的爷！'四清'又要来了吗？"

我再次向他解释，老杨可能一时急于完成县委交代的工作任务，急了点。他苦笑一下表示理解。这些历史的负担真是太沉重了。

"老侄儿，不瞒你说，我准备收摊了。"鬼秧子乐叔神情黯然，"真的。把余下的百十斤面粉卖完，收摊！"

"怎么回事呢？"我不解地问。

"自打老杨那日一来，我几夜睡不着觉了。"老汉有点难受，"没钱用时发恓惶，挣下俩钱心里又怕怕。钱挣得越多，心里越发慌慌。我老是心里不瓷实，老觉得祸事快来了。老杨前日来了，我后来跟俺二女子的老阿公一商量，你猜老亲家咋说？'趁共产党而今迷糊了，挣几个钱赶紧撒手！共产党醒来，小心再来运动！'我就下狠心收摊……"

鬼秧子乐叔说着，竟然动了感情——六十岁的老汉，居然流下眼泪，我才更深一层体察到过去的生活在他心里的沉积太厚太重了。我觉得我以往对他的某些卑而远之的心理，真是太不应该,完全是不了解他的愚蠢而鲁莽的举动。我喝着茶水,这才郑重其事地给他阐述党的方针政策、时局和未来,企图让他明白:由一个人随心所欲地改变国家体制和政策的时代已经结束了,中央是人民的中央,按照全体劳动者的意愿制定党政国策,完全可以信赖。

他苦笑一下,说他听听广播心眼就开了;要是听些杂言碎语,又不由得担心。我深知要彻底瓦解他心中的沉积层,还需要时间和生活的进一步发展。不过,他笑着说他可以改变前几天做出的收摊的打算,算是对我的宣传工作的令人鼓舞的兑现。农民啊!极"左"的政策造成的这一代如惊弓之鸟一样的农民啊!

县政府在元旦那天召开了表彰大会,十五个首先达到万元家当的农民,接受县委书记和县长按照关中农村传统习俗给予他们的褒奖,在肩上披挂了红绸带,胸前戴上了斗大的红纸花,打扮得新郎似的,乘十多辆彩车,在县城游了一圈。鬼秧子乐叔也被通知来开会,我和他在会场匆匆一见,他的脸上有了光彩,有点愧疚地对我笑着,我也不便再说什么,料定对他不无好的感染吧?

大约又过了大半年,又一个周日,我回到乡下老家,听到我们这个远离县城的偏僻山村的头条新闻,就是鬼秧子乐叔从五里镇扯旗拔寨,回到自家屋里,洗手不干了。我被一种好奇心所驱使,就找到他家去打问。

深秋的冷月洒满庭院,落光了叶子的葡萄藤架下,鬼秧子乐叔正坐在一只小竹椅上喝茶。他的神色十分沉静,言语缓慢而凝重,手势也沉稳了。

"听说……你从五里镇回来了?"

"回来了——不干咧。"

"怎么回事呢?"

"……你先喝茶。"

我坐下喝茶。

"老侄呀！你总说叔顾虑多，心数多……"他像打赌赢了似的口气，"现时看，叔顾虑的事，没错！"

"到底是怎么回事呢？"

"五里镇公社书记在广播上讲话，说乡村里耍神闹鬼，投机倒把，强奸妇女，偷人抢人，都是啥……污染！还说所有污染的根子是'一切向钱看'……"

"这与你卖油糕有啥关系呢？"

"卖油糕是不是为挣钱？挣钱是不是'向钱看'？'向钱看'当然就是污染嘛！我给自己也会上纲挂线了。"鬼秧子乐叔说得很认真，"公社书记在广播上连说带喊，嗓子都喊哑了！你看看，县长刚给万元户戴花没过半年，公社书记又这样说……"

"没你的事！只是文艺和教育界……"

"老侄儿，叔已经安置妥当了。"鬼秧子乐叔给我压着指头，说他早已谋划好了的措施，"我干了三年多，确确实实挣了一点子钱。我把这钱全数存着，房不盖一间，家具也没添一件。我给娃们交代：日后要是来运动，要退赔，那好，咱把钱交给工作组；要是真的不来运动，那当然好，就算是爸给你们留下的家当，你们兄弟俩一人一半。这钱是我揉面团挣下的，我现时不敢花，你们也不要花；等我死了，随你们的便！我活着，你们甭想动它一张……"

话说到这样的程度，可见心死如铁了。五里镇公社那位书记怎样慷慨激昂地发表了一通演说，吓得鬼秧子乐叔缩手蜷足，关了油糕铺店，从五里镇回到自己的老窝里来了，而且把挣下的一笔款子，分文不花，准备着将来某场"运动"中退赔出去……我实在没有想到，我的远门堂叔给我留下这样曲曲拐拐的心的轨迹！即使五里镇公社书记在广播演说中喊哑了嗓子，我看县城和五里镇的农贸市场依然熙熙攘攘，小铺小店里的个体户的生意也照样兴隆，唯有鬼秧子乐叔……大约太诡秘了吧？太精明的人，有时也往往失算，倒比那些头脑简单一些的人更多一层忧虑吧？

……

今年春天，我从南方归来，到五里镇下汽车，走进街巷，看见鬼秧子乐叔和他的二女儿家的那片铺店地址上，已经竖起两层六间的楼房，外观十分漂亮，楼楣上书写着一排潇洒飘逸的行书字——"一字歌饺子馆"。

鬼秧子乐叔在门口看见我，连拽带拉，就把我拉上楼去了。下层三间，两间做饭厅，一间为作坊，二楼上开了一间雅座，供那些比较讲究的小镇上的"上层"人物莅临就餐。五六个青年男女，一律白衫白帽，很有气魄。坐下后，鬼秧子乐叔弄来几碟小菜，定要和我喝几盅。

"老侄儿呀！我这回豁出来啰！"鬼秧子乐叔呷下一口酒，"啃个鸡爪子也算动了荤，咥（吃，方言，音 dié）个全鸡也是动了荤，我宁愿咥个全鸡！"

我惊异他的变化。不用问，他就告诉我，油糕铺熄火灭灶的时月里，他心里其实很痒痒；看着那么多票子别人挣，心里那个味儿是很难忍受的。直到春节，两个女儿和女婿们来拜年，向他声明，他不干，他们可要干了，而且要大干大闹，只是资金欠缺，要老汉把那一笔款子借给他们兴建楼房。老汉阴沉着脸，说三天以后给他们回话。后来……他和两个女儿家合股……

"嗨！一号文件一下达，我就在心里骂五里镇公社书记：这回，你把嗓子吼出血，也吓不住我了！"鬼秧子乐叔畅快地笑着，"人都说我诡，这回不诡啰！我把全部家当拿出来，摆在五里镇上了。咱一生担惊受怕，心里多刻了几道渠儿，而今，我要耍一回大胆啰!"

鬼秧子乐叔几口酒下肚,脸像猪肝一样红了,话多了,声壮了,简直没有我插言的缝隙。他自嘲地摆摆花白的脑袋,感慨地说:"叔这多年里,就像在月亮地里走路,把自个的影子当作鬼了,自己吓自己……哈呀!"

"你这个饭馆的名字起得好!"我也受了他的情绪的感染,心情很畅快,"'一字歌',很雅致,也有意思!"

"我请了几位中学教员,摆了一桌酒席,请他们给我的新饭馆起名。"鬼秧子乐叔十分得意,"那些文墨人,起下二十多个名字,我就选中了这个——它合咱的心。"

我很畅快,起身告辞。鬼秧子乐叔却兴致正高涨,死活不让走:"我还跟你没说完哩!"

我又坐下。他告诉我,前几天,五里镇公社开会,动员大家给小学校捐款,多少不拒,一块两块欢迎,千元百元更好。鬼秧子乐叔当场站起,报了一万元,全场立时响起掌声。那个在广播上把一切乱七八糟的怪事都引申为"污染"的公社书记,带头站起来,当着千余人的面,代表五里镇几千名小学生向鬼秧子乐叔鞠躬致礼,感动得老汉热泪扑洒。

"人家领导问我有啥要求,我说,修好学校以后,把我的名字刻上,就这话。"鬼秧子乐叔说,"我跟朱举人平排坐着了!"

我在五里镇读小学的时候,老师讲校史,说五里镇小学的前身,是朱家寨在清末中了举的一位朱举人捐款兴建的。正堂上的一块青石碑上,记载着这位举人给家乡文化建设所做的义举,在世世代代的庄稼人中传为美谈。"文革"中,那块碑石给搬掉了,不知被扔到什么角落里去了;前年,又被谁从庄稼人打土坯的土壕里发现了,抬回五里镇小学,重新栽在花园里。鬼秧子乐叔也想在五里镇这个小小的社会里，留名青史，我可没有料到。

"公社答应了！"鬼秧子乐叔有点得意，"公社书记亲自给我说，'你的碑子跟朱举人的碑子并排栽着'。"

"叔呀！你给咱家乡的子孙后代做下一件好事，群众不会忘记你的。"我喝了几口酒，对鬼秧子乐叔的进步大加称颂，"你而今心里踏实了吧？再不……"

鬼秧子乐叔灌下一杯酒，撇着嘴唇，讥诮地瞥我一眼，不以为然地摇摇头，打断我的话，眼里又露出那种诡秘的气象，说："好老侄儿，不瞒你说，我捐出一万元来，权当这几年没挣。捐出去，让五里镇公社的每一户庄稼人都得一点好处，免得日后来了运动，乱口纷纷咬我；二来呢，我把一万块票子捐给你公社书记，你书记在成千人面前跟我握了手，亲口答应给我立碑，青石上刻下我的名字，看你日后还抓不抓我的'污染'？"

鬼秧子乐叔得意地剖白他的诡秘的打算，又使我意料不及了。我正在心里琢磨着他的义举里所包含的新的意义、新的进步、新的心理变化……却想不到他竟是出于这样的动机。

"我不能不考虑留下退路！"鬼秧子乐叔仰起头，瞪着眼瞅着我，"傻瓜才只知朝前跑而不想退路哩！我捐出一万块，把上下左右的嘴都堵住，日后万一政策变卦了，看你咋好开口整我？"

他很得意地笑起来。

我喝不下去了，愉快的心情又转为沉重起来，点燃了一支烟……

……

小说写到这里，本可告一段落；又一回想，觉得不免有图解政策之嫌；再想想，却无法完全回避。鬼秧子乐叔的所有诡秘的言行举措里，无一不折射着我们施行过的政策的余光。也许在世界上所有的不同肤色的农业人口中，鬼秧子乐叔的诡秘的心理算是一种独有的怪癖。因为世界上不同地域不同社会制度下的农民，毕竟有着职业上的共同之处，譬如丰年的欢乐和灾年的忧愁，譬如对于粮食价格的升跌的担忧；独有鬼秧子乐叔除了抵御自然灾害之外，又多了一层奇特的又是根深蒂固的变态心理，使人难以揣摸准确……令人可喜的是，而今刚刚成年的一代农民，譬如鬼秧子乐叔的二女儿凤子和她的丈夫，将不会循着鬼秧子乐叔曲里拐弯的心的轨迹思谋筹划他们的前程了！

　　无论如何，我仍然虔诚地祝愿，鬼秧子乐叔开张不久的"一字歌饺子馆"生意兴隆……

1984 年 10 月 21 日
于西安东郊

毛茸茸的酸杏儿

整整十年过去了，姜莉一想到吃过的那一次酸杏儿，嘴里就会有酸水泌出来。

十九点整，中央电视台的《新闻联播》节目准时开始。姜莉坐在沙发上，右腿压着左腿，左手握着茶几上的细瓷茶杯，看着中央电视台那位熟悉的男播音员开始介绍今晚的节目内容。她的儿子正趴在隔间的小桌上赶做作业。厨房里传来碗盘勺的碰撞声，那是她的丈夫在收拾洗刷晚饭用过的餐具。读者不要以为这又是什么"妻管严"造成的家庭内部的谁怕谁的乏味的笑料，其实是爱好和兴趣造成的这种格局。姜莉每天必看不辍的是《新闻联播》，而对那些装腔作势的电影或电视剧简直不能容忍。一当《新闻联播》结束，她就回到隔间的办公桌前开始工作，批改学生作业或者备课。她的丈夫和儿子，正好相反，对国际国内的新闻时事毫无兴趣，任何低劣的故事片却可以耐着性子看到电视小姐向观众致"晚安"的时候。

这是一天里最恬静的半个小时。电视机前静静地坐着她一个人，手握一杯清茶，看一天来在这个世界上发生的重要事件。学校和家庭、公事和私事、顺心事带来的欢乐和琐屑事惹起的忧烦，此刻都排除到心胸以外的空间里去了。

头条新闻是政协的一个首脑会议。这个会议上，集中了那么多老人——这些曾经震惊过世界、影响过中国历史进程的文才武将，现在都老了。姜莉的父亲也老了，退休在家休养着。姜莉的父亲原是市上的一个中层领导干部，对姜莉生活着的这个古老而优美的城市的生活发展,也产生过一定的影响。姜莉每每看见一位老态龙钟的老人,就会想到成熟了的杏子。成熟了的杏子把儿松了,即使没有自然的风吹或人为的摇撼,迟早还是要从杏树枝条上落下来。成熟是胜利,也是悲哀。成熟了,生命的活力也就宣告结束了。

又一条新闻。首都机场,多漂亮的建筑物。中国正在变化,北京尤其显著。一位首长即将登机出访,正在和送行的国家领导人握手告别。电视录像机一直跟着那位首长,直到他走进飞机的舱门,然后录像机极迅速地掠过正沿着舷梯爬上去的随行人员。这时候,她瞥见一张熟悉的面孔自信而又顽皮地笑了一下……电视录像机切断了。

她的心里轰然一响,闭上了眼睛。

他穿着一身粗格子布料的西装,似乎是无意间转过头来,那么顽皮地笑了一下……

灿烂的夕阳给黄土塬坡涂上了一层绚丽的色彩,即使那些寸草不生的丑陋的断崖和石梁,此刻也现出壮丽的气势。姜莉在公社开完知青会议,坐了三站公共汽车,在河川的一个小站下了车,把草绿色的军用挎包搭上肩头,就开始爬坡了。一条弯弯曲曲的小路在夕阳里闪晃,在山坡的秃梁和茅草间蜿蜒,把塬坡上的村庄和河川里的世界联结沟通起来。

爬上山梁,又走下沟底,跨过沟底那一道浅浅的泉水,再爬上对过那面阴坡,就可以看见姜莉他们下乡锻炼的村庄了。沟底下好凉快哟!夕阳的红光还在坡顶的树梢上闪晃,沟底已经显得有点幽暗了。同一条沟道,朝南的阳坡上只有稀稀落落的几株榆树,干焦萎靡,像贫血的半大娃子。朝北的阴坡上,却是一片茂密的山林。刺槐密密层层,毛白杨干粗冠阔,椿树和楸树夹杂其中，竞争拔高，争取在天空占领一块更加宽大的空间，领受阳光。蓑衣草和刺蓟、野蒿……铺满了地皮。五月里，乡村最媚人的季节。姜莉真是奇怪，这个干巴巴的黄土高原的山野之中，竟然有这样幽雅的一块绿地。

她蹲下身来，想在泉水里洗洗手脸，甚至想扒掉长衫长裤，痛痛快快洗一洗爬坡时渗出的黏汗。她刚刚撩起水来，一个人从树后蹿了出来，她吓坏了。

原来是他——正在仰头哈哈大笑。

她浑身都吓得酸软了，瘫坐在地上，流出眼泪来。开这样的玩笑，简直是恶作剧！她气恼地瞅着他，噘着嘴。

他大约意识到玩笑开得过分了，就赔着笑脸，走到她跟前，弯下腰，动手扶她站起来。

她坐在地上，一把抓住他的胳膊，在他的脊背上擂起拳头。她使足劲儿打，真打，打得那宽宽的脊背"嘭嘭"响。他不躲避，也不叫疼，反而哈哈笑着，扬着手说："打呀！砸呀！使上劲呀！看你有多大劲儿吧！打得我……好舒服哟！"

她泄气了，终于忍不住笑了——和这个活宝在一起，你永远也难憋住什么气呀！他能把人惹恼，又能把你逗乐。她停住手，泄了气儿，这才觉得膝盖上火烧火燎地疼。她低头拉起裤腿，膝盖上渗出血来了。刚才他吓得她跌扑跪倒的时候，石头蹭破了皮肤。

他看见她腿上流出血来，也愣住了——这个玩笑真是开得太冒失太过火了。

"怎么办呢？感染了会化脓的。"她有点害怕，嘴里直吸冷气。

"我有办法——"他迅即转过身，跑上坡去，在草丛里揪下几片刺蓟的嫩叶，在手心里揉烂，用三个指头捏着，直朝她膝盖的伤口上按下来。

她吓得缩回腿,挡住他的手:"那是什么东西?敢乱涂!"她自小接受的是母亲或者医生给伤口涂抹紫色或红色药水,从来也没见过用这种草汁消炎治伤。

"刺蓟——消毒良药,中药材里的药名叫小蓟;还有大蓟,乡里人叫马刺蓟。"他给她介绍,说这是正儿八经的中药,"我割草割麦时,不小心给刀刃划破了手指,用这绿汁子一涂,就消炎消毒了。好得很哪!"

"没听说过。"她疑疑惑惑。

"乡里人都知道,小娃儿也知道这窍道。"

"我可有点怕。"

"甭怕。涂上包好!"

她伸出了左腿,把伤着的膝盖弓起来,紧张地瞅着他捏着揉烂了的刺蓟叶儿的手指。他用劲一捏,一挤,绿乎乎的叶汁滴在伤口上,凉凉的,刺激得伤口更疼了,真像是涂上了碘酒一样。

他跪在她跟前,用劲地挤着叶汁,轻轻地在伤口上涂抹均匀,使绿色的液汁覆盖了红红的皮肤。尽管他努力做到小心翼翼,而整个动作和姿势却是笨拙的,笨拙得可爱又可笑。他抬起头来,认真地问:"还疼吗?"

她不忍心使他失望,就笑笑说:"真的不疼了呢!"

他的医术得到验证,得意地笑了,说:"要是一时找不到刺蓟,还有更方便的办法,同样也能消毒。"

"还有什么好办法呢?"她盯着他问,看着他的样子,觉得很有趣,"你能当外科大夫了。"

"要是找不到刺蓟——"他说,"那就给割伤的手指上浇一泡尿。"

她的嘴里随即"噢哟"一声,脸颊腾地红了,双手捂住脸,低下头:"真不害臊!你——"

他似乎这才意识到她是一位姑娘,一个和他有严格禁忌的异性;在他得意地向她夸耀医疗技能的时候,竟然忽视了这个重要的忌讳。小时候,他和小伙伴们在坡沟里割草,谁要是不小心割破了手指,立刻就浇上一泡尿,血就止了,日后也不会化脓。可那都是些男孩子呀!现在站在他面前的是一位姑娘,一位从城市里来到乡下的漂亮姑娘。他得意中说漏了嘴,羞红了她的脸,自己也难堪了,不自在了。他忽然转过身,解嘲似的哈哈笑着,向对面的山坡间奔去。

她听着他的笑声和脚步声远了,仰起头,看见他在对面的山坡上跑着,撞得小刺槐和小山杨的树干"哗哗哗"地抖动,叶子"唰唰唰"地响。他奔到一块树木稀少的草地上,跳跃起来,在空中挥一下手臂,又跌落到地上,再跳跃起来,像一头撒欢的小马驹。他奔到一棵大树下,一跃身,双手抓住一根横向的树枝,凌空吊起来,打了几个大摆,又跳到草地上,顺势躺下,绿色的茅草遮住了他的半个身子和头脸。她看得呆了,跨过水渠,朝他走去。

"你狂了吗?"

"我可能会发狂的。"

"你——瞎得很!"她用刚刚学会的乡下话说。

"就是。"他心平气和地应承。

她坐在他旁边。软茸茸的胡须草给坡地铺上一层厚厚的绿毡,幽暗下来的树林里是一股股青草和野花的清香气味。她看见他躺在绿草丛中,闭着眼睛,胸脯一鼓一落。她想唱歌,想在树林间大声呼唤,想像他刚才那样蹦起来跳跃。她觉得胸膛里憋着什么,需得排遣一下——呼唤和跳跃也许是排遣的最好的办法。她终于没有开口,也没有蹦起来,只是双手拘着膝盖,一动不动地坐在草地上。清爽的山风掠过她的面颊,树叶在"哗哗哗"地响。

她随意问:"你到这儿来干啥?"

他毫不含糊地答:"等你。"

她的心忽闪一下,不知该怎么说了——他连一丝弯儿也不绕。

"我一天不见你,心里就慌慌,没有办法抑制。"他说,"最好的办法,就是想法立即找到你,说几句话,哪怕从老远看一眼也好。"

她的脸上烧燥燥的,嘴里有点干涩了。她咬着嘴唇,似乎心儿要从喉咙蹦出来了。她长到十九岁了,第一次听见一个男子说他想她,离不得她。他说得凝重,一板一眼,毫不隐讳,也不拐弯抹角,赤裸裸地说出了他对她的倾慕。她回避不得,也无法隐晦,他的话堵死了她的一切退路。

她无力回避,也不想违拗自己的心愿和感情。她想听他继续说出更多的剖白的话,他已经说透了她同样想说而没有说出口的话。她默默地坐着。

她在东田村的村巷里,在东田村田野里的小路上,在东田村山沟间的泉水旁,在东田村青年集会上,每天都有撞见他的机会。小小的东田村,街巷短浅而天地狭窄,低头不见抬头见。她的心里不知从哪天起,萌生了一种喜欢和他待在一起的永无满足的渴望。一天不见他一面,她就有一种说不清的不自在。也真是巧得很,她去泉水边挑水了,他也挑着水桶走到小沟里来了;他帮她从水潭里提上两桶水来,说几句话,互相瞅瞅,笑笑,然后挑水回家去了。他的母亲曾经给她说过,她儿子现在最喜欢挑水了,比过去勤快多了;过去,常常是铁瓢碰得缸底直响,他也懒得去给母亲挑一担水,得撕着他的耳朵把他从小书桌旁拉出门,把水担架在他的肩上……她明白,他和她一样,总是寻找能凑到一块的机会。可是，她和他，从来也没向对方吐露过一句心里话，更没有传递过纸条或书信。

他今天赶到半道上来等候她，是最明白无误的一次大胆的行为。

他今天赤裸裸地说出他倾慕她的话，是最大胆的举动。

她有一种预感，一种无法摆脱的逼近了的预感——似乎今天要发生什么事了！她有点害怕，却又是一种不可抗违的希冀和渴盼；她似乎意识到某种危险，却又无法拒绝这种危险的诱惑。

他站起来，朝山沟里头走去，回过头来，向她招手。

她也从草地上站起。顺着这面沟坡走上去，离村庄就会越来越远了。她有点犹豫："到哪儿去？"

"回家去也没事，走走，玩玩。"他说。

她走上去了。他在前头等她。他们一前一后走着。

"这是你的家乡，你还稀罕到这坡里来逛景？"她随口问。

"当然，太熟悉了。"他说着，转过身，停住脚，盯着她说，"那会儿没有你。我想和你走走。"

坡路越走越陡了。她从来没有在这个没有路径的山坡上走过，脚下滑滑溜溜，歪着腰，叅着手，时时都有滑倒的可能。

他抓住她的手，拉着牵着，她感到好走多了。那是一只多有劲儿的手啊！走到一面塄坎下，他一跃就跳上去了，猫下腰，伸下胳膊，几乎把她提起来了。她上了塄坎，挣脱卅他牵着的手；四个细长的手指，被他攥得像一把排笔一样粘结在一起了。

山坡愈来愈陡了，光线愈来愈暗了，林子里也愈来愈静了，鸟儿的叫声愈来愈杂了。她跟着他，又走上一面上塄坎，斜插着朝沟里走着。忽然，眼前闪出一个水潭，聚着一汪清凌凌的水。她在水潭边站住，弯下腰，看见水底下有一撮细沙在微微翻滚；那儿肯定是一个极小级细的冒水的泉眼儿。这是一潭活水哩！他也在水潭边站住，弯下腰来了。

　　她把挎包扔到地上，想撩起水洗洗脸——面孔止不住地发烧呀！她伸手撩水的当儿，看见了水中自己的影子，就停住手，呆呆地看着。她想看看此刻自己会是一副什么鬼模样，大约傻乎乎的叫人看了好笑吧？却看不清脸色是红是白，只有一双亮闪闪的眼睛在水里闪光。

　　"你看什么呀？"

　　"鱼。小鱼。"

　　"嘻！哪有什么鱼儿呀！"

　　"不信你看——"

　　他挪脚站到她这一边来，弯下身来了。这个小潭的边沿的地方太窄小了，要站下两个人简直是太拥挤了。他挨着她的肩膀弯下腰，一只手扒着她左边的肩头，煞有介事地瞧着水潭，瞅寻小鱼儿的踪迹。

　　"鱼在哪儿？"

　　"在那儿。"

　　"我怎么看不见？"

　　"那根水草底下。"

　　"那不是小鱼。"

　　"那是什么？"

　　"是小虾。"

　　"山坡上哪来的小虾？"

　　"山坡上哪来的小鱼？"

　　她知道，其实他们谁也不在乎究竟是小鱼还是小虾，水潭里压根儿什么也没有，既没有小鱼，也没有小虾，只有她和他倒映在水中的脸，她和他其实都在瞅着对方的水里的眼睛。她看见的是一双火辣辣的眼睛，一双英武的总像是进攻着什么目标的眼睛,一双说不来好看或不好看的顽皮的眼睛,看一眼就会使人心跳不止的眼睛啊!

她的腿蹲得又酸又麻,从水潭边跷到草地上的时候,就瘫坐下来,双手撑着后边的草地,伸直双腿。真舒服,草枝戳得脚踝痒痒的。

"你饿不?"

"饿也得饿着,这儿没什么吃的。"

"我的挎包里有点心。"

他翻开她的挎包,取出点心,在草地上解开了。他取出一块,递到她手上说:"这是一块甜馅饼。"又拿起一块,填到自己嘴里,口齿不清地说,"这是一块奶酪。"

"洋奴!"她笑着说,"把点心硬要叫……"

"外国人喜欢野餐。"他说,"我们也权当正在野餐。要是再有两瓶汽水,就更妙了。"

她仰头看看,天色已经昏暗了,树林里笼罩下一幕幽深的昏光:"天要黑了,回吧!"

"回吧!"他说。说着就抬脚走了。

"回家怎么走那边?"她说,"那边越走越远了。"

"地球是圆的,从这边走过去,再从那边转回来。"他说着,继续往前走。

"你呀……"她也抬起脚来,跟他走去。

"腿还疼吗?"

"还有点疼。"

"我扶着你。"

"我能走。"

他挽着她的胳膊,她没有拒绝。谁也不知道要走到什么地方去,她却依恋着他漫无目的地走着。他们走到一棵大树下,庞大的树冠下是一块平地,没有别的树木。

她仰起头:"这是啥树?"

"杏树。"他说。

"树上那疙疙瘩瘩的东西,是杏吗?"

"是杏儿。"

"我们在城里买的,全是黄的。"

"没有成熟的杏是绿的,成熟了就变成黄的了。"

"绿杏能吃吗?"

"能啊!"

"好吃吗?"

"好吃极了!"

他话音未落,已经跃身跳起,抓住一根树枝儿,一蜷腿,就翻上去站到树杈之间了;一伸手,摘下几颗绿杏儿来。

她伸出双手去接,等他把杏儿扔下来。

他却笑着,晃着手里的绿杏儿,久久不松开攥着的拳头。

"快呀!丢下来,我能逮住。"

"你张开嘴巴,我给你丢到口里去。"

"你呀!真坏——"

"那……你先叫我一声'哥哥'吧?"

"你……先叫我'姐姐'吧!"

"那……你等着吧!"他把一颗杏儿填到嘴里,"咔嚓咔嚓"啃起来,声音好响,故意撩逗她说,"啊呀!这杏儿多香啊!"

她急得在树下团团转,跳一跳,够不着树枝。她捡起一块石头,朝他打去。他一伸手,却从空里把石头抓住了,开心地笑起来。

"你坏!"

"我坏。"

她又从地上捡起一块石头。

他笑着说:"甭打了,我拉你上来吧!你自己从树上摘下一颗绿杏儿,才好吃哪!"

她扔掉石头,扬起双手。

他一只手抓着树枝,一只手伸下来抓住她的手,她就被提起来,真不知他有多大劲儿啊!她被提起,吊在空中,却不动了,吊得她的胳膊好疼。她乞求地说:"快呀!我的胳膊要断了!"

"叫声'哥哥'!"他在树上说。

"你——"

"叫吧——叫一声,我就有劲拉你了。"

"哥……"

她一句未出口,自己心里先轰然发热了,眼花了。她在迷昏中被他拉上树杈,脚下直打晃——从来也没有爬过树呀!她的脸上燥热难忍,脚下又不稳当,不由得搂住他的肩膀,用一只拳头在他身上砸着。他也张开一只胳膊,搂着她的腰,一任她打他砸他,发狂似的喊:"啊呀!即使从树上栽下去摔死,我也不遗憾,有人叫我'哥哥'了!噢哟!我要狂了……"

她坐在树杈上,羞得想哭了:"你……欺负我!"

"我叫你……"他笑着,颤着声,"姐……"

她一扑抱住他,头枕在他的胸脯上,再也说不出话了。

他把一颗杏儿悄悄塞到她手里。

幽暗的光线里,她看看那颗杏儿,绿莹莹的皮儿上,似乎有一层毛茸茸的细绒。她咬了一口,酸得她不由得挤眯了眼睛,合不上嘴巴,牙齿也不敢再咬了,却又舍不得吐掉,那酸味里有一种无可企及的香味的诱惑。

"啊呀!真酸!"

"酸才有味儿。"

"熟了是甜的。"

"熟了倒没绿着时有味。"他说,"成熟了的杏儿,把儿松了,风一吹就落地了,风不吹也要落掉了。成熟是胜利,也是悲哀。"

"谬论!"

"真理!"

她和他争执起来。其实,她早佩服了他无意间说出的话,却故意和他争执,企图引出他更富于诗意的话来。

他却早不计较自己说过的话是谬论还是真理了。是谬论,她也不会揭发批判;是真理,也不会被谁重视到写进哲学词典。没有任何意义,随口胡诌罢了。他对她说:"我提议——"

她抿着嘴等待着——他要说什么呢?

"看着——"他指着吊在头顶的一嘟噜绿杏儿,说,"最下边这颗,你从那边咬,我从这边咬,看谁咬过谁吧!"

"坏点子真多!"她歪一下头。

"有趣儿!你试试。"他怂恿她,"小时候,我们在山坡上割草,三四个伙伴争着咬一颗杏儿,看谁咬得准……"

她"咯咯咯"地笑着,和他同时站起,用嘴巴去吞咬那颗毛茸茸的绿杏儿。树枝晃着,杏子晃着,谁也咬不着。她开心地笑起来,他也哈哈笑着……

她没咬住绿杏儿,却碰到了他的嘴唇;一刹那间,那双强悍的胳膊搂住了她的肩膀,她也伸出了双手……俩人跌到树下去了。她和他全忘记了自己是站在树上。

跌下去了,俩人跌落在草地上还搂在一起。

绿叶如盖的杏树下,绵软软的草地上,她和他依偎在一起,感觉到了他嘴唇上的绿杏儿的酸味儿……

……

她招工回城了。一年多时间里，母亲给她介绍了七八个对象，她一律拒绝结识。母亲终于打听到她在下乡时交下一个男朋友，经过几次劝解，不得结果，父亲终于出面了。

"我们应该尊重莉莉的自主权。"父亲说，"但总得让我们知道他是谁，了解一下情况嘛！"

母亲憋气地斜眼瞅着她，到底憋不住了："说呀！他是个什么人呢？"

"他是个农民。"她说，"你们明明知道，还要问！"

"农民又怎么样呢？"父亲严肃地反问，"农民是我们国家的根基。我不反对你嫁给一个农民。"

母亲朝父亲撇着嘴角。

她一愣，瞧一眼爸爸，又低下头。看来只有母亲一个投反对票了，父亲毕竟是领导干部。

"爸自小就是农民——放羊的农民。"爸爸颇为动情，"解放后进了城，陕北家乡的农民来到咱家，我总是当上宾招待。我们不能忘记农民父老！"

这是真的，姜莉多少次亲眼看见过父亲和陕北乡亲在家里畅饮畅谈的场面呀！

"问题不在他是不是农民。"父亲说，"干部、军人、医生……无论干什么的，主要要看这个人如何。你说说，你喜欢的那位青年农民是个什么样的人呢？"

她倒慌了神儿。是啊，她和他在一个村子里生活过三四年了，只觉得喜欢他，一天不见他就心烧神乱，却从来没有来得及想过他有什么优点、缺点。他是个什么样儿的人呢？她也说不清白。

"他家啥成分？"母亲急了。

"贫农。"她说。

"是党员不是?"

"不是。"

"那么总该是个团员吧?"

"也……不是。"

"你看看!连个团都人不上,肯定是个落后分子。"母亲很得意,"你怎么能与这号人拉扯呢?"

"他写过申请,团支部老是怀疑他。"她说,"怀疑他想里通外国。"

"怎么会产生这样的怀疑呢?"父亲问。

"他喜欢研究国际关系。"她似乎才找到了话题,可以谈他的独特长处了,"甭看他是个农村青年,才二十出头,他到处搜集资料,把世界各国的政治、历史、地理以及民族风俗都研究了……"

"他研究这些干什么呢?"父亲惊奇了。

"他说他将来在国家需要的时候,准备出任驻国外的外交官。"她说,"他正偷偷跟一个中学老师学英语……"

母亲早已忍俊不禁,大笑起来,胖胖的身体笑得颤抖着,掏出手帕擦眼泪。她不能忍受母亲轻蔑的笑声,看看父亲。父亲冷漠地扭过头去,她看不清他的脸,就急忙解释说:"他对非洲最有兴趣,如果能出任到非洲某个国家,他将来要写一部研究非洲的书……"

"神经病!"母亲挥着胳膊,没有耐心再听下去,"绝对是个神经病!"

"什么'神经病'!"她顶了母亲一句,"我觉得他……"

"起码可以看出他不成熟。"父亲的语气虽不严厉,却是肯定无疑的,"莉莉,甭计较你妈的话,她说得不准确。我看呢,咱们既不嫌弃他是农民，也不要想高攀未来的大使。我觉得关键是他不成熟，二十几岁的人了，有点想入非非吧？我想看见你找一个更稳当更成熟的对象。"

"我只是说他的兴趣和爱好。我压根儿也没指望他当什么外交人员。"莉莉说，"我就是要跟他这个纯粹的农民。"

"你呀……你也更不成熟。"父亲站起来，摇摇头，走出门去了。

随后……她听从了父亲的指导，与父亲的战友介绍来的一个青年结识了——这就是她现在的孩子的父亲。

他是个医生，一个真正成熟的人。他给她做饭，洗衣，做一切家务中的琐屑的事，从来不厌其烦，而且根本无须她开口。他从来也没有和她争论过什么问题，更谈不到吵架拌嘴了。即使她偶然火了，他即刻就默然了，过一会儿又来嘘寒问暖。他从来也不说长道短，出门上班，进门做饭，他从来也不谈及医院里的任何是非，更不会像那个不成熟的乡村青年那样张口东南亚时局，闭口非洲大陆的干旱问题。她和他组成的这个小家庭，经济富裕，关系平静和谐，却也有点寂寞，甚至乏味。她从来也没有过欣喜若狂的一阵儿，从来也没有过心儿震颤的一刻，杏树上的那种疯狂的追逐和如痴如醉的依恋，再也没有重现过。近年来，在这样的家庭环境里，她发觉自己也变化了，变得既不会任性，也不会撒娇了，甚至说话也细声慢气的了……她也成熟了？

他说过，杏子成熟了，把儿也就松了，风一吹就落下来了，风不吹也要落下来。倒是那未成熟的毛茸茸的酸杏儿，那酸得使人不敢合牙而又不忍吐掉的味儿啊，留在心中，永难忘怀，什么时候一想起来，嘴角就会有酸水泌出来！

他在恢复高考制度的头一年，就考进了国际关系学院，而今确实做着驻某国大使馆的秘书工作。母亲鄙视的"绝对的神经病"人，现在正在重要的岗位上，为祖国服务。她现在既没有心思和母亲赌什么输赢，也不过多地遗憾自己丢掉了这样一个体面的丈夫，她现在更多地想着的，是父亲所谓的神秘的"成熟"的含义。

她刚才在电视里看见他在舷梯上回过头来的一笑，笑得自负，笑得顽皮，还是那一股火辣辣的进攻的精神，却依然看不出任何"成熟"的标志。

他大约永远都是个不会"成熟"的人？

她却"成熟"了，不可挽回地"成熟"了！

丈夫心平气和地走过来，坐下了。儿子也完成了作业，在小竹椅上坐下了。晚上有电视连续剧《陈真》，爷儿俩最快活的时光到来了。

她从沙发上站起来，端起茶杯，准备去备课。当她坐在桌前案头的时候，却怎么也集中不起思维来，眼前总有那么一嘟噜毛茸茸的酸杏儿……

1985年5月草成
11月小改于西安

失　重

一

吴玉山老汉悄没声儿地哭了。

老汉蹲在院子围墙西角的猪圈门口的碌碡上，双手撑着花白头发的脑袋，泪水"吧嗒吧嗒"滴落到裤裆下面的青面碌碡上。

玉山老汉今日才瞅住了痛哭流泪的一个好机会。老伴到她妹子家去了，儿子和媳妇也出门去了，他可以舒心地哭一场，让多日来聚积在咽喉下面的苦水畅活地流泻出来了。想到矮矮的围墙西边的东邻和西邻，他控制住自己，不能号出声来，免得他们幸灾乐祸。

老汉太痛苦了。满眼汹涌而出的泪水和同样绵绵不断流出的鼻涕以及嘴角淌出的黏液搅和在一起，擦不干，抹不净，把一张皱皱巴巴的脸弄得十分肮脏。黏液从下巴颏上滴下来，滴在胸襟的棉袄上，也弄得湿乎乎一片，他已经无心顾及了。

两头即将出槽的大白猪，扭着笨重的身子，在圈里蹒跚，不时仰起头来，瞅着它们的主人，鼻腔里发出"哼哼"的响声。笨猪也通人性，他把它们从一尺长的毛崽养成这样两个庞然大物，有了感情了。可它们毕竟不能人言呀！

他老伴的妹妹的丈夫——他的"挑担"，被公安局逮了！

手铐！一双蓝铮铮的钢铁家伙，套在"挑担"的手腕上，寒光凛冽！"挑担"那一双又细又嫩的手腕，怎能招得住那钢铁家伙的箍匝呢？听说那钢铁里头带有锯刺一般的钢刺铁牙，戴的人稍一拧扭，那锯刺就越紧紧地往肉里扣呀！

　　玉山老汉抬起泪花模糊的老眼，就瞅见高高地耸立在小院里的二层阁楼。那被涂饰成天蓝色的门窗、天蓝色的钢棍围栏，也都嘲笑似的瞅着他。这座高高地耸立在两边低矮的庄稼院房屋之上的新式建筑，使邻人羡妒，使他自矜，多漂亮的楼房！现在却对他嘲弄地瞪起眼睛了。

　　他突然心里一横，产生了一个十分恶毒的心计：他盼这阁楼突然坍塌，把他压死，他就再也不会痛苦了！

二

　　"挑担"姓郑，小名碎狗，官名建国，小河下沿郑寺村人。他和他先后娶走了小河北岸张家堡张老五的大姑娘和二姑娘，成了一副"挑担"。

　　姊妹俩只差一岁，个头长得相差无几，模样都俊，胖瘦几乎无差，乍看像一对双生；细看呢，妹妹比姐姐更水色一些。比较起来，吴玉山却更喜欢他娶的老大。他有种感觉，一种不易说清楚的感觉：居家过日子，老大更有心计些，也就更可靠一些；二姑娘的水色虽然浓一层，似乎性子太强，不好抚弄。

　　许是姊妹俩年龄相近，模样不分彼此，于是就形成谁也不服谁的局面。大姑娘能纺一把细线，织一手好布；二姑娘织出的花布、纺下的细线，绝不比姐姐差一分成色。姐妹俩争强好胜，互不服气，少了一般姊妹之间大让小、小敬大的情分。这种微妙的关系，随着姊妹俩一前一后的出嫁，就延伸到吴玉山和郑碎狗两个男人和两个家庭的关系之间来了。

　　吴玉山家道小康，吃穿不愁；郑碎狗家亦属小康人家。谁料婚后一年，碎狗的二弟被抓壮丁，卖地缴款，避了灾难，却没了地。祸不单行，母亲猝然而殁，一个小康家庭急骤衰败为日愁三餐的穷汉人家。老父亲无力挽救，把兄弟三人分开，自奔前程，免得再遭壮丁之苦。

除了一身重债，郑碎狗再没分得什么有价值的家产。他在西安一家鞋铺当学徒，学习抹褙子的手艺，只管饱肚子，没有收入。二姑娘常常在揭不开锅时，挟着小口袋来找姐姐。大姑娘同情妹妹，一升米，三升面，常有周济。时日一长，也就有点厌烦，在把米面装入妹妹张开的口袋时，忍不住奚落："日子泛长了，叫人把你周济到啥时候去？"妹妹一听，倒提起口袋，把装进去的米又倒出来，甩手走掉了；从此，再也没登过姐姐家的门槛。

吴玉山说："看看看，这下把妹子和妹夫得罪下了；既然周济人，就甭说难听话，还能落下个人情。"

妻子却不后悔："在娘家时，连一声姐也没叫过我，好逞能哩！这会儿认得我这个当姐的了！吃了人家的米面，还不领情，倒是我该向她低三下四去赔情？"

姊妹俩就这样绝了情。

吴玉山心里其实倒高兴——再不担心有人来要米讨面了。她是她的亲妹子，如果自己出面干预，妻子肯定不高兴；而妻子自己出面阻断了那个关系，倒好。实在说，"挑担"那一家，真是个填不满的穷坑……

星斗移转，世事大变。没过二年，全国解放。郑碎狗从小小的学徒一下子翻身立起，成了公家干部。碎狗穿一身四个兜的蓝布服装，年节时出现在老丈人家门楼里，和吴玉山面对面称兄道弟的时候，吴玉山一下子觉得自己脸上无光，矮了半截。老丈人再不"碎狗长""碎狗短"地奚落了，也不叫"老二"了，出前撵后叫着"建国"的名字。吴玉山很快明白，郑碎狗已经取下一个官名叫郑建国。

郑建国春风得意，满口泄出一串串新名词，叫老丈人和老农民吴玉山似懂非懂。他说新成立的市政府已经调他当干部了。

二姑娘自然更是扬眉吐气，说话也嗲声嗲气，手也总是塞在裤兜里不往外拿，话中不断地冒出一些乡村女人难以理解的新名词，令老母亲和姐姐吃惊。自然，最尴尬的还是大姑娘——妹妹似乎早憋足了心劲，就等着这一天图得报复，那眼角总是不屑地瞟着姐姐，叫姐姐越看越不自在。

傍晚分手时，矛盾终于公开化了。二姑娘从裤兜里快快地摸出一沓票子，当着父母的面搁到桌子上，对姐姐和姐夫说："前二年受苦时，吃过姐家二斗三升面、八升小米，我都记着，现时，折价一次还清，我也去了心里的疙瘩。"

吴玉山愣住了，连连摆手，烧臊得脸孔赤红，像挨了一记耳光："这算说的哪儿的话……"

妻子煞白着脸，早已不能忍受，抓起票子，一把甩出去，满屋都是飞舞着的人民币："你男人当官了，你当官太太了，俺不眼红！甭在我跟前摆阔耍烧包！我那二斗三升白面、八升小米，权当喂了狗咧！喂给了一条喂不熟的狗……"

姊妹俩当面骂了起来。

从此，姊妹俩绝了往来。遇人说起家道，吴玉山和妻子，谁也不要提起这个"挑担"和妹妹。他只是零零星星听说过，"挑担"在解放后的十几年里，官儿从小到大，不停地往上升；至于升成几品了，他也搞不清。他本来就对城里政府的官职称谓模模糊糊，分不清高低。他和妻子已经有了两儿一女，虽然不易，却还保持着一个小康的状态。他人极忠厚平和，有一个中农成分，也不能在村子里当什么干部。可他凭了勤谨和忠厚，人缘也好。无论谁在吴村当干部，他都是最可靠的社员，从不使奸捣蛋；人叫他"老好玉山"，他欣然领受，不管属褒属贬。一些技术性极严格的活路，譬如撒种，譬如培植稻秧，非他莫属。另有一些脏活累活，干部指派不动气壮声硬的贫下中农，往往就指派吴玉山去干；他不拨不挑，干了，干了也就挣下了大工分。无论技术性很强的农活儿或人人讨厌的脏活，都是生产队的高工分，别人也说不出意见，他的日子倒是混得严严窝窝。这样，两口子憋着气儿，从来也不去求妹妹和妹夫救助什么。

物换星移，江河改道，世事变迁——什么事都不会永远一成不变。

这天晚上，吴玉山被敲门声惊醒，再一听，确实有人敲门。他一动脚，先蹭醒了睡在火炕另一头的老伴。老两口穿戴齐备，先后下炕。为了防备不测，玉山顺手捞起一根木棍，走出里屋，轻步走到街门口，由老伴先发问："谁呀？"

门外传进一声陌生而又颤惊的声音："是我，姐。"

"你是谁？"吴玉山摸不着头脑。

"我是建国。姐夫——"

老伴"哗啦"一声拉开门栓。

老两口拥着妹夫走过院子，进入里屋。电灯光亮里，才真正使吴玉山夫妇吃惊了，不由得同声惊叹出一声"妈呀"来。妹夫郑建国，脸上结着血痂，一条腿跛着，头发蓬乱，形容憔悴，衣服肮脏，邋遢不堪，真是三分像人七分像鬼了。

"我遭难了。"妹夫坐下来，"咕咚咕咚"喝下一碗水，才说了话，"我今黑要是逃不出来，他们就把我打死了！"

无须再细问什么，老两口就知晓了七八成。乡城里外都在闹造反，妹夫在省城当官，大半也是逃不脱。老伴已洗手和面，玉山给妹夫打洗脸水。

妹夫在玉山家后院储存柴火的小房里藏下来。

吴玉山不无担心,他完全深知此种行为的可怕后果,但不能把妹夫撵出去送给那些要收拾他的人。老伴似乎已不计前嫌,尽其所有,用细面给妹夫调养那被摧残得令人伤心的身子。担心是难免的,而当那些胳膊上戴着红袖章的人乘车追寻到吴玉山的门楼下来的时候,他却表现出一种异乎寻常的勇气。

"郑建国,我的'挑担'?不错,有这个阔亲戚。"吴玉山气呼呼地说着,骂了起来,"他当官为宦的时光,从也没踏过我的门槛!我至今也不知人家腰有多粗,官有多大喀!人家看不上咱穷亲戚,咱也不想沾他的光。他这回成了反革命,与我何干?我是有光不沾,有害不受!你们到村里打听一下,看俺村谁见过俺一家和郑建国家有一回亲戚往来?"

郑建国从柴火堆下的红苕窖里爬出来,躲过了这一劫。他住下来了,随之又被姐夫和姐姐转移到他们的大女儿家。

灾难把相违近二十年的姊妹和"挑担"的关系恢复了,真是患难见得姊妹情。

三

似乎是对妹夫经受的灾难的补偿,起初他官复原位,后来又升了,当着什么局长。

郑建国一出马上任,就把吴玉山的小儿子招为国家正式工人;后来小儿子在工厂恋下一个媳妇,小两口在居民楼上有一个虽不宽敞却也安乐的小窝,避免了两个儿子分家争论家产的矛盾,令村人羡妒莫及。

两年分田自耕自收,吴玉山真是如鱼得水,囤里攒下成吨小麦,折子上摞下一笔小小的存款。庄稼人生活中有三件大事——娶媳妇盖房置田地,解放后只余下前两件了;吴玉山是个地道庄稼人，日夜思谋的大事，也不会超脱。不过土地虽分给他耕种，却规定不许买卖；女嫁了，大儿子也娶过媳妇了；他唯一的心愿，就是在闲置多年的小院里撑起三间瓦房来。在盖置新屋的问题上，儿子和他没有异议，甚至显得比他更迫不及待。只是在房子的形式上意见不一：他要盖木料瓦屋，可以搭木板楼，楼上可以扎粮囤，放置杂物，实用一些；儿子却坚持要盖楼板平房，干净，漂亮，能堵死老鼠。父亲很和悦地同意了儿子的意见，因为房子毕竟是为儿子盖的呀。

儿子在西安一家工厂做合同工，吴玉山亲身张罗建筑材料。他找到邻村一家三户联营的水泥预制品厂子，三十来岁的厂长接待了他。

"楼板多少钱一块？"

"得看你用多大尺寸的。"

吴玉山掐一掐自家的地基，厂长替他换算成公制米尺的尺码，正适宜用长度三米三的楼板。

"三米三的楼板，啥价？"

"三十块。"

吴玉山倒吸一口气，窝在肚里——好贵的价钱！他掏出烟锅，点着火，开始盘算：一间用十二块，每块宽一尺八，只有两丈一尺六寸的深度，扎两个小铺，太窄了；用十五块楼板，房子有二丈四尺的宅深，刚好可以扎开两个宽敞的小间；十五块楼板一间，三间需得四十五块，需得一千三百五十块人民币。这账好算。

"这价还能'活动'不能？"吴玉山问。

"能嘛！怎么不能！"三十来岁的厂长仰着头，斜支着一条腿，掂着烟卷，大不咧咧地说，"谁把世事治死了？"

"咋样'活动'呢？"吴玉山探问。

"没个一定哇！"厂长掸掸烟灰，"三十块卖哩！二十块也卖哩！十块八块还卖哩！有时候一分不要白送人哩……"

吴玉山瞪起眼，警惕地瞅着这位中年农民——一身不土不洋的装束，头发比城里人还留得长，说话二里二气，是不是在耍笑他老汉？是不是料就他掏不出买楼板的票子？他心里十分反感这位农民：厂子也不知办得咋样，不过能赚几个钱吧？看你神气得不知该咋样说话了！

"真的！"厂长大约看出他的疑惑，肯定地说，"你老汉要是能给我买来一吨平价钢材，我给你一块按二十块钱算账；你能买来两吨，我给你一块只算十块钱；你能买来三吨，我白送你四十五块楼板；你能再多买来，我给你找钱。咋样？你老汉这回不嫌贵了吧？也不必问我咋样'活动'价了！"

吴玉山还是不大明白这当中的"奥秘"，低着头，抽闷烟，思谋这桩交易之间的关系。

"道理很简单，老汉。"厂长说，"平价钢材八百多块一吨，议价钢材一千二，黑市钢材一千七；我买不到平价货，连议价货也弄不到，按黑市货价折算，一块楼板就是三十块了。你能给我寻下一吨平价货，我就省下一半本钱；你能给我寻下三吨平价货，我权当是议价货，也节约一千多块成本，把你四十五块楼板的代价就折合进去了，所以我白送你。这下明白了吧？"

"噢！噢噢噢。"吴玉山明白过来，豁然开朗——怪道他敢白送给人楼板哩！

"你想想，老叔，看看你有哪个亲戚在政府，在工厂，或者有门道儿，能弄来平价货，议价也行哩！"厂长说，"我是不会亏你的。"

倒是厂长提醒了他，他想到了"挑担"。他又不便一时说破，显得迫不及待，而且还没把握性儿哩！他故意装出莫可奈何的神气说:"这么好的事……只可惜……咱粗笨庄稼人出门去,两眼乌黑,能认识哪位……卖钢材的公家人哩?"

"那你就掏三十块钱的价吧!"厂长说。

吴玉山站起,拍拍屁股上的尘土,慢腾腾地走了。

回到家,吴玉山把这件事给老伴说了,老伴立即怂恿他去找她的亲妹夫。儿子恰好也回来了,同意母亲的意见,必须由父亲亲自出马。由儿子去找姨夫,显得不够郑重,晚辈人嘛!女人去可能说不清楚,贻误大事。

第二天,吴玉山搭车进西安去了。

真是难以想象,郑建国和妻妹表现出的动人热诚,简直使他受不了了。两口子争相说着热诚关照他的热言炙语,争相给他递烟沏茶;软椅子已经够软和了,两口子还是把他拉到沙发上坐下来——更软;一连端到桌子上七八盘菜,还炒;三瓶酒打开了,还从柜子里往出取……

三吨钢材,区区小事,"挑担"把一张亲笔写的纸条交给他,妻妹又给他的背兜里塞满了糕点、糖果、苹果和鸭梨,真是亲得不能再亲了……

吴玉山把那张纸条递给厂长。

他看见,这位腰里像固定着一根钢棍的厂长弯下腰来了,那双喜欢望着天空的眼睛对着他嘻嘻笑着,而且轻声细语地开了口,肯定地说:"老叔哎!你要是再能搞到三四吨平价货,我给你白送两层楼房的楼板。"

吴玉山摇摇头。弄两层?经济力量不行哟!

"两层楼板省多少?两千多!你只需买砖和窗门就行了。"厂长给他谋划,很诚恳,"一层平房,夏天热得撑不住哇!而今都时兴盖两层,够多气派!"

到"挑担"家走了一趟,拿了一张纸条,就换下三间平房的楼板，一分不花。吴玉山无论如何弄不清这里头究竟使着什么神窍，而突然得到的好处却使他高兴，也使他有点不安。他的心里确实有点不踏实，因为这价值一千三百多块钱的楼板得来太容易了，太轻松了，这使一生习惯于以沉重的劳作和廉价的汗水换取极小报酬的老庄稼汉心里失去踏实感了。想想吧！他正月里逮两头猪崽，整整侍喂一年，长得好长到二百五六十斤，卖下二百元，已经高兴得什么似的，村人邻居都说他是"猪命"哩！现在，他乘公共车只花了一块多钱车费，就赚下三间平房的楼板的价值；这样赚钱发财，自然快得叫人不敢再往下想了！拾钱也得弯弯腰哩！

儿子似乎没有这种多余的复杂的负担，一听完父亲的叙说，毫不迟疑，提出要盖两层阁楼，和水泥预制品厂厂长不谋而合。儿子在外面做合同工，经见比父亲要多要广，他说外头（指城里）的人现在都是想着方儿挣钱，抓钱，说挣大钱的人其实并不出大力，而出大力的人其实只能挣小钱；言语之间，对父亲那种笨拙的挣钱办法——譬如养猪——也不无嘲笑的意味了。

吴玉山又进了一次城，找了一回建国，讨回一张纸条……三间两层楼房的九十块楼板全有了。

隔了几天，天擦黑时，一辆半新的吉普车开到吴村来，停在吴玉山家门口，走下水泥预制品厂厂长，硬把吴玉山拉上车，一直开到城里去，一定要吴玉山给他引见郑局长。

其时，夜已黑定，家属住宅楼上一片灯火，泄出电视机和录音机杂混的音乐。厂长和另一位青年，把一台大彩电抬进建国的住房了，吴玉山引着路。

此后，水泥预制品厂厂长就直接和郑建国来往了，再没拉扯吴玉山去当媒介。吴玉山的儿子也辞了合同工，给水泥预制品厂当采购员了，和那个厂长十分亲密……

老汉似乎预感到，事情要坏，就坏在那里头。

四

吴玉山默默地淌了半天眼泪，心里松泛了，头却有点隐隐作痛，四肢软倦，心力和体力都十分疲惫，打不起精神。往昔里，薄雾迷蒙的早春清晨，他背一只破旧的竹条笼，走出村子，走过木板小桥，走进熙熙攘攘的桑树镇的猪羊市场的时候，心劲多高涨啊！为了逮到一头称心的仔猪而又能少出一块价钱，他耐心十足地和卖主磨牙。当他背着小猪崽又精神抖擞地走回自家门楼，把捆禁得麻木的小猪放进土圈的时候，一个伟大而鲜活的希望就在心里跃动了！艰难的生活，使他顽强地去争取；而过分轻易的摘取，反倒使他失掉了那种生活的信心。他想过，如果凭他喂猪挣钱，到死也甭想撑起这样体面的楼房。现在，自家的两层楼房竖立在小院里，十分显眼，异常醒目，唯其来得太容易、太轻易，使他没有经受这个果实奋斗过程中的艰苦，现在也就失掉了得到这个果实时的快乐，使人心里缺那么一点说不清的东西。

现在，当他意识到这种果实是以"挑担"郑建国手腕上那副冷冰冰的钢铁手铐换来的时候，吴玉山简直羞愧得无地自容了。他无脸仰头欣赏那楼房漂亮的外观了，甚至失去对猪的热情了。

掩闭着的街门"嘎吱"一响，老伴走进来了。

吴玉山"噌"地站起，观察老伴的脸色——灰塌塌的，准没好结果。她昨日就去城里妹妹家了，给那个被逮走了男人的妹妹劝慰和宽解，帮助料理家务——一个富裕安乐的家庭，完全乱套了。

"建国而今咋样？"他迫不及待追进屋里。

"还坐闷庭子哩！还没……定下啥……"老伴说，"可怜死了！全是给旁人帮忙，卖给了钢材木材，这下倒把自己的手压死了！"

吴玉山闷住头，不问了。他担心，"挑担"的麻达不会轻松卸掉。虽说有些人是翻脸不认人的角色，可水泥预制品厂厂长给妹夫家抬的那台大彩电，却是他亲眼经见。傻子也能估摸，凡是晚上悄悄摸到妹夫家里去的那些人，谁会空手去呢？空手能弄来钢材吗？旁人不说，自己的儿子一下子被水泥预制品厂厂长拉去，赏以重薪，当采购员，凭什么呢？

"他姨……唉……"过了半天他才吭声。他想问：他姨怎样？怕是该哭成泪人了？临了却说不出口。他觉得自己对不住建国，也对不住娃他姨，弄得人家家里七零八散，自己却住洋楼……唉！

"他姨倒是脏腑硬！"老伴说。

"噢？"吴玉山猛乍一下抬起头。

"人家他姨到底是城里人，经得多了，见得广了，遇事不乱套套儿，心里难受当然也难受，全不像咱乡下人，遇见这号事，只是没头没脑地哭！人家他姨心数不乱——"老伴带着颇敬佩的口气说，"该寻谁就寻谁，叫他们现时站出来说话。我去了两天，只见了她一面，人整日整夜在外头跑着，半夜回来了，天明又走了。我听她说了一句半句，说找'打劲人'哩……"

"噢噢噢！"吴玉山点点头，心里也佩服起娃他姨来了。这号事要是搁在自个身上，老伴早都吓得成了没头的苍蝇——乱扑乱飞了。娃他姨有心计，撑得住，"对对对！哭顶啥哩？哭死又能顶啥哩？倒是娃他姨有主意。"

"那女子自小就有心数……"老伴以姐姐的身份说。

"怕是这多年经见得广……"吴玉山补充说，"在人家家里出出进进的人，哪个是笨佬儿？除非我！"

院里一阵脚步声,他听出来,是儿子友年。

友年走进门,身后跟着水泥预制品厂厂长。

吴玉山急忙立起,简直有点不堪等待之苦,急于要问儿子和厂长:那场官司打得怎么样?结局如何?

五

"案子还没结。现时,全看那些做证人的态度。"儿子说,"做证人要是一口咬定说没那回事,俺姨父就没有啥事了;做证人要是不……"他不说那种可以预料的糟糕结局了。

"法庭怎样问你俩?你俩怎样应答的?"吴玉山忙问。

"法庭甭想从俺俩嘴里掏走一个有用的字!"厂长瞪起眼,轻轻地拍一巴掌桌子,"在郑局长没出事之前,公安局来人寻我,我一口就回绝了——没有!咱没给郑局长一分钱的东西!而今还是这话——没有!挑断牙筋还是没有!"

人怎样说假话?怎样把假话当真话说?就像水泥预制品厂厂长这样说。吴玉山瞧着厂长嘴硬牙硬的神气,心里有点害怕——自己的儿子和这样的人共事,似乎潜伏着某种危险,然而老汉此刻还顾及不到这些。

"老叔哇!我跟你见头一面,就看出你是个实在人,讲信用。"厂长说,"我在俺村活了三十多岁,俺爸只教给我俩字的活人原则——义气。不讲义气的人,那就算不得人!郑局长给咱支援了钢材,咱的厂子才发展了,这是实情,我不昧良心的。咱的厂子办起来,买不下钢材,生产停顿了,工人工资开不出去,我急得想跳井!亏得你给我介绍认识了郑局长,才起死回生了!咱而今挣了钱,不瞒你说,今年真的挣下钱了,咱心里过意不去,给郑局长送一点东西,全是报恩哩!全是心甘情愿喀!现时，郑局长受难，咱挣下那些钱，也觉得寡味哩！要是放在那些小人身上，他才不管哩！只要自个日子过得舒坦！唉……谁要俺爸自小就教我讲义气哩……"

吴玉山老汉连连点头，这些话正投他的脾性。他一生老好，从不和人胡说八道，讲道理，重义气，最瞧不起那些红口白牙耍赖的小人。他在认识厂长至今的一二年时间里，对这个人印象说不上坏，但总觉得和自己是两路人；说好听些，他是老式庄稼人，厂长是新式庄稼人，距离甚远。现在，他发现了这个厂长和自己相通的一点——"义气"，觉得一下子可以通话了，接近了。

"厂长真是一条好汉！"儿子附和说，"人家法院人单独跟俺俩谈话，说厂长的贿赂行为，腐蚀了公家干部，把一些老干部都拉下水了。他不怕，比法院的人口气还硬，'谁腐蚀谁来？公家允许农民办工厂，咱农民感激不尽政府的好政策！可只号召办厂，不给材料，咋能办好？郑局长响应党的号召，扶持农民致富，分给咱一点钢材，咱的厂子才活了！咱心里过不去，给郑局长送点点心、烧酒，这是真的！再说啥彩电啦、票子啦，我敢拿头打赌！'一下子把法院的人堵住了！"

厂长听着，很神气地吐着烟圈。

"现在的情况是这样，郑局长的案子，关键有两宗事：一宗是南郊大塔区建筑公司的麻达，一宗是城里一家街道工厂的麻达。"厂长说，"俺俩跟姨姨商量好了，城里街道工厂的麻达，由她去找人解决；大塔区建筑公司的麻达，我去通融。这两个疙瘩，只要能私下'消化'掉了，郑局长就没一点事了，日后出来还是局长！万一不行，'消化'掉一个，问题就缩小到一万以内了，也就没太大的事咧！"

吴玉山此刻才醒悟了，自己完全是个废物，大笨蛋一个；大家都在积极地替"挑担""消积化食"，拯救受难的人，自己却只会蹲在猪圈边上流眼泪,真是透顶的没出息!他现在明白了大体局势:公家要把建国打入牢狱,而许多人正在想法把他救出来,都在紧张地秘密地斗着心眼。想到要把建国打入大牢的人,他感到害怕,他自小就对法院有一种畏惧心理;想到厂长和娃他姨这一帮要拯救建国的人,他觉得他们厉害;而想到自己,他不仅觉得自己无能无用,实实在在也是摸不着头绪,寻不见眼隙。他一时难得判断出来,究竟谁能斗过谁?

"法院还要找你哩!"儿子说,"这是让我捎回来的传票。"

吴玉山心一抖,瞅着儿子手里那张印着几行字的纸页,竟不敢伸出手去接。年近六十,他一生没动过诉讼之事,而今要接受法院的传票了!

"你啥也甭说。"儿子说,"只说不知道。"

"装糊涂。"厂长说,"你说你是个笨庄稼人,啥也不晓;任他们问啥,都说不知道,叫他们来问我!"

六

天色微明中,吴玉山老汉背着一只破烂不堪的布兜,兜里装着两块锅盔,上路了。他接受法院的传票,要去城里一家法院了。

浓霜蒙地,一片冬天的萧疏景象,干冷干冷,不见鸟雀。

往昔里,这个时光,他该是扛上家伙去田地上工干活,今天却是去打官司。

"啥也甭说,只说不知道。"

"装糊涂。任他问啥,只装糊涂!"

儿子和厂长的话在他心里回旋,在耳畔轰响。

昨日黑夜,他辗转反侧,简直要把火炕踢腾塌了,还是难得入眠。不管怎样痛苦,他最终还是做出了抉择——装糊涂,这是唯一的办法。吴玉山没旁的本事,装起糊涂来,真像个黏黏糊糊啥也不懂的糊涂佬儿。

　　他走着,脚下的土石公路蒙着霜花;虽然主意已定,料也万无一失,而他的脚步仍然感到沉重,提不起抖擞的精神来……

1986 年 1 月
于白鹿园

桥

一

夜里落了一层雪,天明时又放晴了,一片乌蓝的天。雪下得太少了,比浓霜厚不了多少,勉强蒙住地面、道路、河堤、沙滩,冻得僵硬的麦叶露在薄薄的雪被上面,芜芜杂杂的。河岸边的杨树和柳树的枝条也冻僵了,在清晨凛冽的寒风中抖抖索索地颤。寒冷而又干旱的北方,隆冬时节的清晨,常常就是这种景象。

河水小到不能再小,再小就不能称其为河了,再小就该断流了。河滩显得格外开阔,裸露的沙滩和密密实实的河卵石,现在都蒙上一指厚的薄雪,显得柔气了。一弯细流,在沙滩上恣意流淌,曲曲弯弯,时宽时窄,时紧时慢,淌出一条人工难以描摹的曲线。水是蓝极了,也清极了;到狭窄的水道上流得紧了,在河石上就撞击出了水花;撞起的一串串水花,变成了水晶似的透亮,落下水里时,又是蓝色了。

河面上有一座小桥,木板搭成的。河心里栽着一只四条腿的木马架,往南搭一块木板,往北搭一块木板;南边的木板够不到岸上,又在浅水里摞着两只装满沙子的稻草袋子,木板就搭在沙袋上,往南再搭一小块木板,接到南岸的沙滩上,一只木马架,两长一短三块木板,架通了小河,勾连起南岸和北岸被河水阻断的交通。对于小河两岸的人来说,这座小木板桥比南京长江大桥重要得多,实用得多。

二尺宽的桥板上,也落了一层雪。一位中年男人,手握一把稻黍笤帚，弯着腰，一下一下扫着，雪粒纷纷落进桥下的水里。他扫得认真，扫得踏实，扫得木板上不留一星雪粒，干干净净。他从南岸扫到北岸，丢下笤帚，双手抓住木板，摇摇，再摇摇，直到断定它两头都搭得稳当，才放心地松了手，提起笤帚又走回南岸来。照样，把南岸一长一短的两块木板也摇一摇，终于查看出那块短板的一头不大稳当；他用脚踢下一块冻结在沙滩上的石头，支到木板下，木板稳实了。

他拍搓一下手指，从破旧的草绿色军大衣里摸出一根纸烟，划着火柴，双手捂着小小的火苗儿，点着了，一股蓝色的烟气在他眼前飘散。看看再无事可做，他叼起烟卷，双手袖进油渍渍的大衣袖筒里，在桥头的沙地上踱步——停下来脚冻哇！

天色大亮了，乌蓝的天变得蓝格莹莹的了。昨夜那一场小雪，把多日来弥漫的雾气凝结了，降到地面来。天空晴朗洁净，太阳该出山了。

河北岸，堤坝上冒出一个戴着栽绒帽子的脑袋。那人好阔气，穿一件乡间少见的灰色呢大衣，推着一辆自行车，走下河堤斜坡，急急地走过沙滩，踏上木板桥了，小心地推着车子，谨慎地挪着双脚。他猜断，这肯定是一位在西安干事儿的乡里人，派头不小，一定当着什么官儿。那人终于走过小桥，跨上南岸的沙地，轻轻舒了一口气，便推动车子，准备跨上车子赶路。

"慢——"他上前两步，站在自行车轱辘前头。

那人仰起头，脸颊皮肤细柔，眼目和善，然而不无惊疑，问："做什么？"

"往这儿瞅——"他从袖筒里抽出右手，不慌不忙，指着桥头的旁侧。那儿立着一块木牌，不大，用毛笔写着很醒目的一行字——过桥收费壹毛。

那人一看，和善的眼睛立时变得不大和善了，泛起一缕愠怒之色:"过河……怎么还要钱?"

"过河不要钱,过桥要钱。你过的是桥。"他纠正那人语言上的混淆部分,把该强调的关键性词汇强调了一下,语气却平平静静,甚至和颜悦色,耐心十足。

"几辈子过桥也没要过钱!"那人说。

"是啊!几辈子没要过,今辈子可要哩!"他仍然不急不躁,"老皇历用不上啰!"

那人脸上又泛出不屑于纠缠的鄙夷神色,想说什么而终于没有再张口,缓缓地抬起手,从呢大衣的口袋里摸出一毛票儿,塞到他手里时却带着一股劲儿,鼻腔里"哼"了一下,跨上车子走了。

见得多了!掏一毛钱,就损失掉一毛钱了;凡是掏腰包的人,大都是这种模样、这号神气。他经得多了,不生气也不在乎。他回过头,看见两个推着独轮小车的人走上木板桥了。

独轮小车推过来了。推车的是个小伙子,车上装着两扇冻成冰碴的猪肉;后面跟着一位老汉,胳膊上挂着秤杆。这两位大约是爷儿俩,一早过河来,赶到南工地去卖猪肉的。村子南边,沿着山根,有一家大工厂,居住着几千名工人和他们的家属;门前那条宽阔的水泥路两边,形成了一个农贸市场。工厂兴建之初,称作"南工地";工厂建成二十多年了,当地村民仍然习惯称呼"南工地"而不习惯叫"×××号信箱"。

小伙子推着独轮小车,下了桥,一步不停,反倒加快脚步了;提秤杆的老汉,也匆匆跟上去,似乎谁也没看见桥头插着的那块牌子。

"交费。"他喊。

推车的小伙子仍然不答话,也不停步。老汉回过头来,强装笑着:"兄弟,你看,肉还没开刀哩,没钱交喀!等卖了肉,回来时交双份。"

"不行。"他说,"现时就交清白。"

"真没钱交喀!"老汉摊开双手。

"没钱?那好办——"他走前两步,冷冷地对老汉说,"把车子推回北岸去,从河里过。"

老汉迟疑了,脸色难看了。

他紧走两步,拉住小推车的车把,对小伙子说:"交费。"

小伙子鼓圆眼睛,"哗啦"一声扔下车子,从肉扇下抽出一把尖刀来。那把刀大约刚刚捅死过一头猪,刃上尚存丝丝血迹。小伙子摆开架势,准备拼命了:"要这个不要?"

他似乎早有所料,稍微向后退开半步,并不显得惊慌,嗤笑一声,豁开军大衣,从腰里拔出一把明光锃亮的攮子,阴冷地说:"小兄弟,怕你那玩艺儿,就不守桥了!动手吧——"

许是这阴冷的气势镇住了那小伙子,他没有把尖尖的杀猪刀捅过来。短暂的僵持中,老汉飞奔过来,大惊失色,一把夺下小伙子手里的刀子,"蹭"的一下从肉扇下削下猪尾巴,息事宁人地劝解:"兄弟!拿回去下酒吧!"

他接住了,在手里掂了掂,不少于半斤,横折竖算都绰绰有余了。他装了刀子,转身走了。背后传来小伙子一声气恨地咕哝:"比土匪还可憎!"他权当没听见。他们父子折了一个猪尾巴,当然不会彬彬有礼地辞别了。

河北岸,有一帮男女踽踽走来,七八个人拽拽扯扯走上桥头;从他们不寻常的穿戴看,大约是相亲的一伙男女吧?

太阳从东塬上冒出来,河水红光闪闪。他把猪尾巴丢在木牌下,看好那一帮喜气洋洋的男女走过桥来……

二

他叫王林，小河南岸龟渡王村人。

搞不清汉朝还是唐代，一位太子因为继位问题遭到兄弟的暗杀，仓皇逃出宫来，黑灯瞎火奔窜到此，眼见后面灯笼火把紧追不舍，面对突暴的河水，捶胸顿足，欲逃无路了。太子宁可溺水一死，也不愿落入兄弟之手，于是眼睛一闭，跳进河浪里去。这一跳不打紧，恰好跌落在河水里一块石头上，竟没有沉。太子清醒过来，不料那石头漂上水面，浮游起来，斜插过河面，掠过屋脊高的排浪，忽悠忽悠漂到北岸。太子跳上沙滩，大惑不解，低头细看，竟是一只碾盘大小的乌龟；正吃惊间，那乌龟已潜入水中，消失了。

这个美妙的传说，仅仅留下一个"龟渡王"的村庄名字供一代一代村民津津有味地咀嚼，再没有什么稍为实惠的遗物传留下来。那位后来继承了皇位的太子，竟然不报神龟救命之恩，想来也是个没良心的昏君吧？不然，在这儿修一座"神龟庙"或是一座"龟渡桥"，至少是应该的吧？又不会花皇帝自己的钱，百姓也可以沾沾光——然而没有。如果那位后来登极的皇子真的修建下一座桥，也就不会生出桥头收费的生财之道来了。王林在无人过桥的空闲时间里，在桥头的沙滩上踱步，常常生出些莫名其妙的想法。

王林的正经营生是在沙滩上采掘砂石，出售给城里那些建筑单位，收取过桥费不过是灵机一动的临时举措。春天一到，河水没了寒渗之气，过往的人就挽起裤管涉水过河了，谁也不想交给他一毛钱了。

王林三十四五年纪，正当庄稼汉身强力壮的黄金年华。他生就一副强悍健壮的身坯，宽肩、细腰、长胳膊长腿，完全一个能够负载任何最粗最重的体力劳动的农民。他耕种着六七亩水旱地，那是人民公社解体时按人口均等分配给他家的口粮田。一年四季，除了秋夏两季收获和播种的繁忙季节之外，有十个月他都趴在沙滩上，挖掘砂石；用铁锨把砂石抛到一个分作两层的罗网上，滤出沙子，留下两种规格的石头，然后卖给那些到河滩来拉运石头的汽车司机。这是乡村里顶笨重的一条挣钱的门路了。三九的西北风在人的手上拉开一道道裂口，三伏的毒日头又烤得人脸上和身上冒油，在河滩干这个营生的村民，大都是龟渡王村里最粗笨的人，再找不到稍微轻松一点儿的挣钱门路，就只好扛起锨头和罗网走下沙滩来，用汗水换取钞票。庄稼人总不能在家里闲吃静坐呀！

　　捞石头这营生还不赖！王林曾经很沉迷于这个被人瞧不上眼的营生——那是从自家的实际出发的考虑。他要种地，平时也少不了一些需他动手的家务活儿，比如买猪崽和交售肥猪、拉粪施肥等，女人家不能胜任。这样，他出不得远门；像有些人出太原走广州贩运药材挣大钱，他不能去，显然离不开。更重要的是，那种营生赚钱容易而赔光烂本儿也容易，说不定就上当了，被人捉弄了，要冒大风险，而他没有底本钱，赚得起十回而烂不起一回呀！他脑子不笨，然而也不是环儿眼儿很多的灵鬼。他平平常常，和龟渡王十之八九的同龄人一样，没有显出太傻或太差的差别。他觉得自己靠捞石头挣钱，顶合宜了：一天捞得一立方砂石，除过必定的税款，可以净得四块钱；除过阴雨和大雪天气，一月可以落下一百多块钱。他的女人借空也来帮忙，一天就能更多一点收入。对于他来说，一月有一百多块钱的进项，已经心地踏实了。

　　在下河滩捞石头之前一年，他给一家私营的建筑队做普工，搬砖、和水泥砂浆、拉车，每月讲定六十元。他干了仨月，头一月高高兴兴领下五十二块（缺工四天）；第二个月暂欠，工头说工程完毕一次开清。到工程完工后，那个黑心的家伙连夜携款逃跑，坑了王林一伙普工的工资。他们四处打听，得到的那位工头的住址全是假的，至今也摸不清工头是哪里人。没有办法，他懊丧地背着被卷回到家里，第二天就下河滩捞砂石了。

我的老天爷！出笨力也招祸受骗，还有笨人捣鬼赚钱的可能吗？他经历了这一次，就对纷纷乱乱的城市生活感到深深的畏怯了。那儿没得咱挣钱的机会，河滩才是咱尽其所能的场合。

他有一个与他一样强悍的老婆，也是轻重活路不避、生冷吃食不计的皮实角色。他和她结婚的时候，曾经有过不太称心的心病，觉得她腰不是腰（太粗）、脸不是脸（太胖）、眼不是眼（太眯），然而还是过在一起，而且超计划生下了三女一男。沉重的生活负担，已不容许他注视老婆的眉眼和腰腿的粗细了；他要挣钱，要攒钱，要积蓄尽可能多的人民币，越多越好，越快越好。土地下户耕种两三年，囤满缸流了，吃穿不愁了，可是缺钱。三个女儿都在中学和小学念书，学费成倍地增加了；儿子上了学前班，也要交钱，而过去却是免费的。况且，女孩长大了，开始注意拣衣服的样式了，女孩比男孩更早爱好穿戴，花钱的路数多了。

他要挣钱攒钱。他要自己的女儿在学校里穿得体面。他心里还谋划着一桩更重要的大事——盖一幢砖木结构的大瓦房。想到在自家窄小破烂的厦屋院里，撑起三间青砖红瓦的大瓦房，那是怎样令人鼓舞的事啊！什么时候一想起来，他就不由得攥紧镢头和铁锨的把柄，刨哇！铲哇！抛起的砂石撞击得铁丝罗网"唰唰"响。那镢头和铁锨的木把儿被他粗糙的手指攥磨得变细了，溜光了。

他的女人，扭着油葫芦似的粗腰，撅着皮鼓似的屁股，和他对面忙活在一张罗网前，挖啊刨啊，手背上攥着一道道被冷风冻裂的口子。他觉得这个皮实的女人可爱极了，比电影上那些粉脸细腰的女人实惠得多。他们起早贪黑干了一年，夫妻俩走进桑树镇的银行分行，才有了那个浸润着两口子臭汗的储蓄本本。又一年，他们在那个小小的储蓄本上再添上了一笔。再干一年，就可以动手盖置新房了！一幢新瓦房，掐紧算计也少不得三千多元哪！

然而他和女人撅着屁股发疯使狠挖砂石的时候，多少忽视了龟渡王村里发生的种种变化。

春节过罢，阳气回升，好多户庄稼人破土动工盖置新房子。破第一镢土和上梁的鞭炮声隔三岔五地爆响起来，传到河滩里。那热烈而喜庆的"噼啪"声，撩拨得中年汉子王林的心里痒痒的；随风弥漫到沙滩里来的幽香的火药气味，刺激着他的鼻膜。终于有一天，当他从河滩里走回村子，惊奇地发现，村子西头高高竖起一幢两层平顶洋楼；再几天，村子当中也冒起一座两层楼房来；又过了几天，一座瓦顶的两层楼房又出现在村子的东头。一月时间里，龟渡王村比赛摆阔似的相继竖起三幢二层楼房，高高地超出在一片低矮的庄稼院的老式旧屋上空，格外惹人眼目。

王林手攥铁锨，在罗网上用功夫，眼睛瞪得鼓鼓圆，不时地在自己心里算计：靠自己这样笨拙地挣钱，要撑起那样一幢两层洋楼来，少说也得十年哪！他开始觉得自己的挣钱方式太笨拙、太缓慢了！

太笨了，也太慢了！和沙滩上那些同样淘沙滤石的人比起来，他可能比他们能多挣一点，因为他比他们更壮实，起得更早也歇得更晚；然而，与村子里那三幢新式楼房的主人比起来，就不仅使人丧气，简直使他嫉妒了，尤其是在他星星点点地听到人们关于三户楼屋主人光彩与不光彩的发财的传闻之后,他简直妒火中烧了。

他紧皱眉头,坐在罗网前,抽得烟锅"吱啦啦"响,心里发狠地想着,谋算着,发誓要找到一个挣钱多而又省力气的生财之道来。想啊谋啊!终于把眼睛死死地盯到闪闪波动着的小河河水里了。

一场西北风,把河川里杨树和柳树残存的黄叶扫荡干净了;河边的水潭里结下一层薄薄的冰,人们无法赤足下水了。王林早就等待着这一场西北风似的,把早已准备停当的四腿马架和三块木板装上架子车,拉到小河边上来。他脱下棉裤,让热乎乎的双腿在冷风里做适应性准备,仰起脖子,把半瓶廉价的劣质烧酒灌下喉咙,就扛起马架下到刺骨钻心的河水里,架起一座稳稳实实的独木桥来……

三

太阳升起在东塬平顶上空碧蓝的天际,该是乡村人吃早饭的时候了。过往木桥的人稀少了,那些急急忙忙赶到城里去上班的工人和进城做工的农民,此刻早已在自己的岗位上开始工作了,把一毛钱的过桥费也该早忘到脑后去了。那些赶到南工地农贸市场的男人和女人,此刻大约正在撕破喉咙招呼买主,出售自己的蔬菜、猪羊鲜肉和鸡蛋。没有关系,小小一毛钱的过桥费,他们稍须掐一下秤杆儿就盈回腰包了。他们大约要到午后才能交易完毕,然后走回小河来,再交给他一毛钱过桥费,走回北岸的某个村庄去。

他的老婆来了,手里提着竹篮和热水瓶。他揭开竹篮上的布巾,取出一只瓷盘,盘里盛着冒尖的炒鸡蛋,焦黄油亮。他不由得瞪起眼来:"炒鸡蛋做啥？"

"河道里冷呀！"她说,"身体也要紧。"

她心疼他。虽然这情分使他不无感动,却毕竟消耗了几个鸡蛋。需知现时正当淡季,鸡蛋卖到五个一块；盘里至少炒下四五个鸡蛋,一块钱没有了。

"反正是自家的鸡下的,又不是掏钱买的。"老婆说,"权当鸡少下了。"

反正已经把生蛋炒成熟的了,再贵再可惜也没用了。他掰开一个热馍,夹进鸡蛋,又抹上红艳艳的辣椒,大嚼起来,瞅着正在给他从水瓶里倒水的老婆。她穿着肥厚的棉裤,头上包着紫色的头巾,愈发显得浑圆粗壮了。其实,这个腰不是腰、脸不是脸的女人心肠很好,对他忠心不贰,过日子扎实得滴水不漏。她给他炒下一盘鸡蛋,她自己肯定连尝也没尝过一口。

他吃着,从大衣口袋里掏出一把钱来,搁在她脚前的沙地上,尽是一毛一毛的零票儿和二分五分的镍质硬币:"整一下,拿回去。"

她蹲下身来,捡着数；把一张张揉得皱巴巴的角票儿抒平,十张一折,装进腰里；然后捡拾那些硬币。

他坐在一块河石上,瞅着她粗糙的手指笨拙地码钱的动作、不慌不忙的神态,心里挺舒服。是的,每次把自己挣回来的钱交给她,看着她专心用意数钱的神态,他心里往往就涌起一股男子汉的自豪。

"这下发财啰！"

一声又冷又重的说话声,惊得两口子同时仰起头来,面前站着他的老丈人——她的亲大（爸,方言,音dá）。

他咽下正在咀嚼的馍馍,连忙站起,招呼老丈人说:"大！快吃馍,趁热。"

"我嫌恶心!"老丈人手一甩,眉眼里满是恶心得简直要呕吐的神色,"还有脸叫我吃!"

他愣住了,怎么回事呢?她也莫名其妙地闪眨着细眯的眼睛,有点生气地质问自己的亲大:"咋咧?大!你有话该是明说!"

"我的脸,给你们丢尽了!"老汉撅着下巴上稀稀拉拉的山羊胡须,"收过——桥——费——!哼!"

王林终于听出老丈人发火的原因了。未及他开口,她已经说了:"收过桥费又怎么了?"

"你不听人家怎么骂哩——土匪,贼娃子!八代祖宗也贴上了!"老汉捏着烟袋的手在抖,向两个晚辈人陈述,说小河北岸的人过桥时被他的女婿收了费,回去愣骂愣骂!爱钱不要脸啊!他被乡党们骂得损得受不了,唾沫星儿简直把他要淹死了。他气恨地训斥女儿和女婿,"这小河一带,自古至今,冬天搭桥,谁见过谁收费来?你们也不想想,怎么拉得下脸来?"

"有啥拉下拉不下脸的!俺们搭桥受了苦,挨了冻,贴赔了木板,旁人白过桥就要脸了吗?"她顶撞说,"谁不想掏钱,就去河里过;俺们也没拉他过桥。"

他也插言劝说:"大呀!公家修条公路,还朝那些有汽车、拖拉机的主户收养路费哩!"

女儿和女婿振振有词,顶得老汉一时回不上话来,他避开女儿和女婿那些为自己遮掩强辩的道理,只管讲自己想说的话:"自古以来,这修桥补路,是积德行善的事。咱有心修桥了,自然好;没力量修桥,也就罢了;可不能……修下桥,收人家的过桥费……这是亏人短寿的缺德事儿……"

他听着丈人的话,简直要笑死了。如若不是他的老丈人,而是某个旁人来给他讲什么积德行善的陈年老话,他早就不耐烦了；唯其因为是老丈人，他才没敢笑出声来，以免冒犯。他不由得瞅一眼女人；她也正瞅他，大约也觉得她大的话太可笑了。

"大！你只管种你的地，过你的日子，甭管俺。"女人说。王林没有吭声。让她和她的亲生老子顶撞，比他出面更方便些。他用眼光鼓励她。

"你是我的女子！人家骂你祖先我脸烧！"老汉火了，"你们挣不下钱猴急了吗？我好心好言劝不下，还说我管闲事了。好呀！我今天来管就要管出个结果！"

老汉说时，抢前两步，抓住那根写着"过桥收费壹毛"字样的木牌的立柱，"噌"的一下从沙窝里拔了起来，一扬手，就扔到桥边的河水里。他和她慢了一步，没有挡住，眼见着那木牌随着流水，穿过桥板，漂悠悠地流走了。他想脱鞋脱袜下河去捞，显然来不及了，只好眼巴巴地看着木牌流走了，漂远了。

他瞅着那块漂走的木牌，在随着流水漂流了大约五六十码远的拐弯的地方，被一块露出水面的石头架住了，停止不动了。他回过头来，老丈人不见了；再一看，唔！老丈人背着双手，已经走过小桥，踏上北岸的河堤了，那只羊皮黑烟包在屁股上抖荡。看来老丈人是专程奔来劝他们的，大约真是被旁人的闲言碎语损得招架不住了——要面子的人啊！老丈人没有说服得下女儿女婿，愤恨地拔了牌子，气倔倔地走了。他看着老丈人渐渐远去的背影，终于没有开口挽留，任老丈人不辞而别。

她也没有挽留自己的亲大，眼角里反而泻出一道不屑于挽留的歪气斜火，嘴里咕哝着："大今日是怎么了？一来就发火！"

"大平日性情很好嘛！"他也觉得莫名其妙，附和妻子说，"自娶回你来，十多年了，大还没说过我一句重话哩！今日……好躁哇！"

"单是为咱们收过桥费这码小事，也不该发这么大的火，失情薄意的。"她说,"大概心里还有啥不顺心的事吧?"

"难说……难说……"他说不清,沉吟半晌,才说,"好像人的脾气都坏了?一点小事就冒火……比如说今日早晨,有个家伙为交一毛钱的过桥费,居然拔出杀猪刀来……我也没客气!"

"可这是咱大呀!不比旁人……"她说。

"咱大也一样,脾气都坏了!"他说。

他说着,站起来,顺着河岸走下去,跷过露在浅水里的列石,把那块木牌从水面捞起来,又扛回桥头来。

他找到被老丈人拔掉木牌的那个沙窝儿,把木牌立柱砍削过的尖头重新插进沙地,再用脚把周围的虚沙踩实。她走过来,用自己穿着棉鞋的肥脚踏踩着,怕他一个人踩不结实似的。浸过水的木牌,又竖立起来啰!

四

北方的冬天,天黑得早,下午四点钟,太阳就压着西边塬坡的平顶了,一眨眼工夫,暮云四合了。河里的风好冷啊!

王林缩着脖子,袖着手,在桥头的沙地上踱步,只有遇见要过桥的人,他才站住,伸出手,接过一毛票儿,塞进口袋,便又袖起手,踱起步来。

他的心里憋闷又别扭,想发牢骚,甚至想骂人。他的老丈人不问青红皂白,劈头盖脑熊了他一顿,骂了他一场,拔掉那个木牌扔到水里,然后一甩手走掉了。他是他的岳父大人,倚老卖老,使他开不得口,咬着牙被奚落,真是窝囊得跟龟孙一样。更重要的是,老岳丈把小河北岸那些村子的闲言碎语传递到他的耳朵里来了;传进来就出不去了,窝在他的心里。

王林有一种直感——小河两岸的人都成了他的敌人!他们很

不痛快地交给他一毛钱,他们把一毛钱的经济损失用尽可能恶毒的咒骂兑换回去了。他虽然明知那些交过钱的人会骂他,终究没有当面骂,耳不听心不烦;老丈人直接传递到他耳中的那些难听话,一下子捣乱了他的心,破坏了他的情绪,使他烦躁而又气恨,却又无处发泄。

一个倒霉鬼自投罗网来了。

来人叫王文涛,龟渡王村人,王林自小的同年伙伴。现在呢?实话说……不过是个乡政府跑腿的小干事。天要黑了,他到河北岸做什么?该不该收他一毛钱的过桥费?

收!王林断然决定,照收不误。收他一毛钱,叫他摆那种大人物的架势去。

"王林哥,恭喜发财!"王文涛嘻嘻笑着打招呼,走到他跟前,却不急于过桥,从口袋里掏出烟来,抽出一支递给他,自己也叼上一支,打起火来。

王林从王文涛手里接过烟,又在他的打火机上点着了。这一瞬间,王林突然改变主意:算了,不收那一毛钱了;人家奉献给自己一根上好的"金丝猴",再难开口伸手要钱了。

王文涛点着烟,还不见上桥,叉开双腿,一只手塞进裤兜里,一只手捻着烟卷,怨怨艾艾地开口说:"王林哥,你发财,让我坐蜡!你真……没良心呀!"

"你当你的乡干部,我当我的农民,咱俩不相干!我碍着你什么路了?"王林嘲笑说。

"是啊!咱俩本来谁也没碍过谁。想不到哇——"王文涛从口袋里掏出一个信封,递过来,眼里滑过一缕难为情的神色,"你先看看这封信吧!"

王林好奇地接过信封,竟是报社的公用信封,愈加奇了,连忙掏出信瓤,从头至尾读下来。他刚读完,突然仰起脖子,仰着头,哈哈大笑起来,一脸幸灾乐祸的神气。

在他给龟渡王村前边的小河上刚刚架起这座木板小桥的时候,王文涛给市里的报社写了一篇稿子,名叫《连心桥》,很快在报纸上刊登出来了。王文涛曾经得意地往后捋着蓄留得很长的头发,把报纸摊开在他的眼前,让他看他写下的杰作。在那篇通讯里,王文涛生动地记述了他架桥的经过,"冒着刺骨的河水"什么的;激情洋溢地赞扬他舍己为人的崇高风格;末了归结为"富裕了的农民的精神追求"等等。现在,报社给王文涛来信追查,说有人给报社写信,反映龟渡王村有人借一座便桥,坑拐群众钱财,要他澄清《连心桥》通讯里所写的事实有无编造,是否失实;如若失实或有编造成分,就要在报纸上公开检讨。这样。王文涛觉得弄下"坐洋蜡"的麻烦事了。

"怎么办呢?"王文涛被他笑得发窘了,"你挣钱,我检讨,你还笑……"

"这怪谁呢?"王林摊开双手,悠然说,"我也没让你在报纸上表扬我,是你自个胡骚情,要写。这怪谁呢?"

"你当初要是说明要收过桥费,我当然就不会写了。"王文涛懊丧地说,"我以为你老哥思想好,风格高……怎么也想不到你是想挣钱才架的桥……"

在刚架起小桥的三五天里,王林急于卖掉他堆积在沙滩上的石头,回种挖过红苕的责任田的小麦,又到中学里参加了一次家长会议……当他处理完这些缠手的家事,腾出身来要到桥头去收费的时候,王文涛的稿子已经上报了。这类稿子登得真快。王林当时看完报纸,送走王文涛,就扛着写着"过桥收费壹毛"的木牌走下河滩了。现在,王文涛抱怨他没有及早说明要收费的事,他更觉得可笑了,不无嘲讽地说:"你想不到吗?哈呀!你大概只想到写稿挣稿费吧!给老哥说说,你写的表扬老哥架桥的稿子,挣得多少钱?"

王文涛腾地红了脸,支吾说:"写稿嘛!主要是为党报反映情况……做党的宣传员……"

"好了好了好了!再甭自吹自夸了!再甭卖狗皮膏药了!想写稿还怕人说想挣钱——酸!"王林连连摆手,又突然梗梗脖子,"我搭桥就是想挣钱。不为挣钱,我才不'冒着刺骨的河水'搭桥哩!不为挣钱,我的这三块木板能任人踩踏吗?我想挣钱,牌子撑在桥头,明码标价,想过桥的交一毛钱;舍不得一毛票儿,那就请你脱袜挽裤下水去……老哥不像你,想挣钱还怕羞了口,丢了面子!"

"你也甭这么理直气壮,好像谁都跟你一样,干什么全都是为挣钱。"王文涛被王林损得脸红耳赤,又不甘服下这种歪理,"总不能说人都是爱钱不要脸吧?总是有很多人还是……"

"谁爱钱要脸呢?我怎么一个也没见到?"王林打断王文涛的话,赌气地说,"你为挣稿费,瞎写一通,胡吹冒撂,这回惹下麻烦了。你爱钱要脸吗?"

一个回马枪直捣王文涛的心窝。王文涛招架不住,羞得脸皮变成煞白色,嘴张了几张,却回不上话来。王林似乎更加不可抑制,从一旁蹦到王文涛当面,对着他的脸,恶声恶气地说:

"就说咱们龟渡王村吧!三户盖起洋楼的阔佬儿,要脸吗?要脸,能盖起洋楼吗?先说西头那家,那人在县物资局干事,管着木材、钢材和水泥的供应分配。就这么一点权力,两层楼房的楼板、砖头、门窗,全是旁人免费给送到家里。人家婆娘品麻死了,白得这些材料不说,给送来砖头、门窗的汽车司机连饭也不管,可司机们照样再送。村中间那家怎么样?男人在西安一家工厂当基建科长,把两幢家属楼应承给大塔区建筑队了。就这一句话,大塔区建筑队给人家盖起一幢二层洋楼,包工包料,一分不取。你说,这号人爱钱要脸吗?还是党员干部哩!

"只有村子东头的王成才老汉盖起的二层洋楼,是凭自己下苦挣下的。老汉一年四季,挑着饸饹担子赶集,晚上压饸饹,起早晚睡,撑起了这幢洋楼,虽说不易,比一般人还方便。咋哩?成才老汉的女婿给公家开汽车,每回去陕北出差,顺便给老丈人拉回荞麦来,价钱便宜,又不掏运费,那运费自然摊到公家账上了。尽管这样,成才老汉还算一个爱钱要脸的。

"可你怎么写的呢?你给报上写的那篇《龟渡王村庄稼人住上了小洋楼》的文章,怎么瞎吹的呢?你听没听到咱村的下苦人怎么骂你?"

一个回马枪,又一串连珠炮,直打得王文涛有口难辩,简直招架不住,彻底败阵。他有点讨饶讨好地说:"你说的都不是空话。好老哥哩!兄弟不过是爱写点小文章,怎么管得了人家行贿受贿的事呢!"

"管不了也不能瞎吹嘛!"王林余气未消,并不宽饶,"你要是敢把他们盖洋楼的底细写出来,登到报纸上,才算本事!才算你兄弟有种!你却反给他们脸上贴金……"

王文涛的脸抽搐着,十分尴尬,只是大口大口吸着烟,吐着雾,悻悻地说:"好老哥,你今日怎么了?对老弟平白无故发这大火做啥?老弟跟你差不多,也是撑不起二层小洋楼……"

王林似乎受到提醒——是的,对王文涛发这一通火,有什么必要呢?他点燃已经熄灭的纸烟,吐出一口混合着浓烟的长气。

"好老哥,你还是给老弟帮忙出个主意——"王文涛友好地说,根本不计较他刚刚发过的牢骚,"你说,老弟该怎么给报社回答呢?"

"你不给他回答,他能吃了你?"王林说,"豁出来日后不写稿子了。"

王文涛苦笑着摇摇头。

"要不你就把责任全推到我头上。你就说，我当初架桥的目的就跟你写的一样，后来我思想变坏了，爱钱不要脸了。"

王文涛还是摇摇头，试探着说："老哥，我有个想法，说出来供你参考；你是不是可以停止……收过桥费？"

"门都没有！"王林一口回绝。

"是这样——"王文涛还不死心，继续说，"乡长也接到报社转来的群众来信，说让乡上调查一下坑拐钱财的事。乡长说，让我先跟你说一下，好给报社回答。让你停止收费，是乡长的意思……"

"乡长的意思也没门儿！"王林一听他传达的是乡长的话，反而更火了，"乡长自己来也没门儿。我收过桥费又不犯法。哼！乡长！乡长也是个爱钱不要脸的货！我早听人说过他不少七长八短的事了，他的爪子也是够长够残火（方言，厉害）的！让他来找我吧！我全都端出来亮给他，叫他吃不了兜着走……"

王文涛再没吭声，铁青着脸，眼里混合着失望、为难和羞愧之色，转过身走了。

王林也不挽留，甚至连瞅他一眼也不瞅，又在河石上坐下来，盯着悠悠的流水，吸着从自己口袋里掏出的低价纸烟。

脚步声消失了。王林站起来，还是忍不住转过身，瞧着王文涛走上河堤，在秃枝光杆的柳林里缓缓走去，缩着脖子。他心里微微一动，忽然可怜起这位龟渡王村的同辈儿兄弟来了。听说他为写《连心桥》，熬了两个晚上，写了改了好几遍，不过挣下十来八块稿费，临了还要被追究。他刚才损他写稿为挣钱的话，有点太过分了吧？

王文涛已经走下河堤，他看不见他的背影了。王林又转过身来，瞧着河水，心里忽然懊恼起自己来了。今日倒是怎么了？王文涛也没碍着自己什么事，为啥把人家劈头盖脑地连损带挖苦一通呢？村里那两家通过不正当手段盖小洋楼的事，又关王文涛的屁事呢？乡长爪子长指甲残又关王文涛的屁事呢？再回头一想，又关自己的屁事呢？

他颓然坐在那块石头上，对于自己刚才一反常态的失控的行为十分丧气、恼火！

一个女人抱着孩子走过来，暮色中看不清她的脸，脚步匆匆。她丢下一毛钱，就踏上小桥，小心翼翼地移动脚步，走向北岸。

他的脚前的沙地上，有一张一毛票的人民币，被冷风吹得翻了两个过儿，卡在一块石头根下了。他久久没有动手拾它。

他瞅着河水、河水上架着的桥，桥板下的洞眼反倒亮了。他忽然想哭，说不清为什么，却想放开喉咙，痛快淋漓地号啕大哭几声……

1986 年 6 月 27 日
于白鹿园

到老白杨树背后去

从二楼的阳台上可以观赏这个城市北半边的夜色。绿的红的蓝的粉色的窗帘,使万千个窗户呈现出五彩缤纷的色彩。夜是安静柔蜜的。夜总是夜。星光在城市的上空显得灰暗。月亮也显得冷寂无光。城市北边横亘西东的那一架山或者说是一道塬坡,逶迤伸展开去,看不见峰峦,看不清豁峪,只是一道模糊的雄伟的轮廓。山就是山,夜色里看不清峰峦和豁峪的轮廓,依然不失其雄伟。

我喜欢浏览异地的夜色。这个黄土高原上的北方小城,三十万男女白天奔忙在大街小巷里,夜晚就在那一孔一孔绿的红的蓝的粉色的窗帘里头蜗居,于是就创造出这个北方小城不同于北京和广州的独特的色彩和氛围。哦!这是金关市的夜色。

我有点寂寞。我白天里观赏了这个小城可资骄傲的古董和现代文明的标志。这儿没有秦俑,没有唐王陵墓,却有瓷窑。这儿的瓷窑可不是一般随随便便的什么破窑,而是唐三彩的发祥之地。举世闻名的唐三彩马和三彩骆驼,首先从这几个坍塌淤塞的破窑里被创造成功,还是世界第一。我在这儿住着金关市最高级的一家宾馆,享受着超越了我应该享用的规格标准。我品尝了这个古老的瓷都风味奇特的传统小吃——辣得冒汗辣得舌根僵硬的荞麦饸饹。我的心里却又怎的滋生寂寞了?我希望见到一位熟人,一位生活在这个城市多年的熟人。和一位朋友、一个同学、一个旧时的同志、一个同乡,聊一聊,谝一谝,或者有幸被邀到他家去坐坐,我对一个陌生之地的陌生隔膜就完全打破了。这是我每到一个新地方的最惬意的事,说来不算奢望,有几回就真的如愿了,有几回只好留下寂寞和最终也未戳透的隔膜。

同行的和在金关城新结识的几个朋友在胡聊乱谝。我转进小屋,烟雾腾腾,空气浑浊。烟把儿从烟灰缸里溢出来,落在茶几上,和橘子皮花生壳混在一起。某个作家第三次结婚了,娶了个年龄相差十多岁的舞蹈新星;某走红的女作家和男人开始分居;某男作家和某女作家公开同居……性和爱和婚姻总是在一切角落里成为最畅通的话题,没听过的总想听,听到了总想说给还没听说过的人。

"咣咣咣!"

有人敲门。

门敲得这样响,完全用不着使那么大的劲儿。要么是急了,要么是个莽撞汉子。四五个人全都转过头盯着那门板,却没有谁打算立即跑过去拉开旋钮。我是觉得那门敲得太响太用劲,反倒不急于去打开它;然而毕竟我坐得离门最近,最终还是我拉开门。

一位女人,中年女人。她看我一眼,旋即就放弃了我,把一双灵活的眼睛扫向屋里,把坐在屋里床上、椅子上和沙发上的每个人扫瞄一遍,最终又把眼光落到我的脸上。我避开脸。

"这屋有个……辛程吗?"

我立即抬起头。一双疑惑不定的眼睛。眼睛的边儿和大角儿小角儿聚着皱纹。那些皱纹又几乎抹平了,像油漆匠在刷漆之前用砂纸打掉木板的沟缝儿,光了也柔了,然而总抹不掉隐藏的沟缝儿。那双眼睛虽无灵光,却很灵活,像淘洗得洁净的两只黑色套着白色的玻璃球儿。我看她看得这样仔细,却仍然认不出她是谁。我问:"你认识辛程不?"

"认识。把他烧成灰我也认识。"

"那好。你就认吧!他肯定在这屋里坐着。"

她朝前走了两步,站到屋子中间,又一次扫瞄起每一位在床上椅子上沙发上坐着的人来,却不显得有任何难为情。她终于把眼光又集中到我的脸上,使我很不舒服,像面对一双汽车灯的强烈照射。她眼睛一眨,带着探试而又几乎肯定的口气说:"你大概就是……"

屋子里的人都笑了。

玩笑至此,也就够了。我却惶惶然问:"你是……哪位?"

"现在……该你认我了!你也好好认认吧!难道把我忘得一干二净了?真是贵人眼高……"

我简直不敢相信这就真的遇上她了……

偏斜的太阳在山坡上闪耀。酸枣棵子繁密的小叶子变黄了。胡须草的长叶晒成了灰白色。好久没有落雨了。铁刷子草顶耐旱,叶子凝聚成乌黑色。马刺蓟花儿像紫色的绣球儿缀在焦枯的满布着小刺儿的茎秆上,无精打采。蚂蚱在声嘶嗓干地叫唱。太阳太刺眼了,那焰光灼得人不敢抬头;稍微溜一眼,就头晕目眩,眼前发黑。

我们躲在沟道里。沟道里有三五十株白杨树,这沟道就叫白杨沟。白杨树抖抖擞擞地冒出黄土坡沟的夹缝儿,把枝枝梢梢伸向蓝色的天空,地上就落下一大片阴凉。春天时沟里流一股水,旱季里就断流了,只有湿漉漉的沙土,津津地渗出水珠儿来。白杨独占这一方风水地,得天独厚,枝叶茂密,树干光滑滋润。沟里有小潭,水不外溢,也不见少,大约渗出来的水正好够挥发的。水潭边的软土湿泥里留着分作两半的硕大的牛蹄印,也隐现着梅花瓣儿似的野兽的足迹——许是狐狸,也许是狼。反正旱季里山坡上的水是稀罕的,放牛娃把牛赶到这里来饮水,狼和狐狸也会嗅到水的气味的。

草笼扔在一边,磨得明光灿亮的草镰也撂在地上。等太阳绕到那道高粱背后,四面山坡上不见阳光的时候,我们才动手到塄坎上去割草。

四个人围坐在白杨树荫下,抓石子儿。七颗五色的小石子,像麻雀蛋一样,褐色的、紫红的、紫黑的、乳白的……全是从沙土里掏出来,洗净泥沙;撒开来,抛起一颗,再抓起地上的,接住空中落下的那颗;有单抓,有双抓,还有"一二三"的抓法。四个人分作两家,对门为朋友。玩起抓石子,我们三个男孩子全敌不过薇薇。轮到薇薇抓的时候,我就一眼不眨地盯着。她抛起一颗石子,再轻巧地抓起撒在地上的两颗,然后翻过手来,接住空中即将落地的那颗石子;灵巧的手翻来覆去,一张一合,石子在手掌心撞得"当当"作响;那眼睛低下来又翻上去,两条小辫子有节奏地跳弹着……我常常看得忘记了轮着我抓。

玩了三回,我就兴味索然,或者说从一开始我就热情不高,我总希望和薇薇做对儿,不光图赢。在开始用手心手背配对家的时候,厚儿和薇薇同出手心,而我恰恰和喜娃都出了手背,我没兴趣了,提议说:"玩'过门'吧!"

喜娃首先响应,厚儿也同意了。薇薇不吱声,却没反对,她无疑爱当新娘子。

喜娃、厚儿和我争执起来,争着要先当女婿。薇薇说还是用"猜崩猜"决赛来确定轮流做女婿的先后顺序。我胜利了。我们三人爬到火样烤晒的山坡上,选择自己喜爱的野花,准备装扮新娘子。野豆荚吊着一串串豌豆花一样的花朵,紫红发蓝,很讨人喜欢;而一想到这种野豆荚又叫狼豆荚,我就放弃了。黏草花粉红粉红,挺好看,可那枝叶上分泌出一种黏汁,碰一碰就会染上黏糊糊的东西,一定会把薇薇的头发给粘在一起。秃子草花黄澄澄的,像去了青的蛋黄,粉嘟嘟的煞是好看,唯其名字不雅,不大吉祥,我也没摘。我爬到坡顶上,在一堆乱石岗上,看见了一片野蔷薇,红的花白的花粉红的花开得一片灿烂,花团锦簇,成疙瘩结串儿。

我捏着一把野蔷薇花儿从坡上跑下来,头上冒着汗,手指被小刺扎破了,火辣辣地疼。薇薇盘腿坐在草地上,羞答答地低着头。我手足无措了。喜娃提醒我快给新娘子插花。我跪在薇薇面前,把一枝一枝红的白的粉红的野蔷薇插到她的小辫上、头顶上。我这才发现,薇薇在我们采花的时候,在水潭里洗过脸了,头发也用水捻抹得平平整整,水津津的了。

喜娃做礼宾先生:"拜天地。跪好!你俩并排跪好——"

我跪在草地上,偷偷扭过头;薇薇也跪下来,有点忸怩,显出羞答答的样子。

"一拜天神——叩首!"

我双手撑地,沙土地凉凉的,点一下头,再点一下头,一共叩了三下。薇薇缀满野蔷薇花枝的头也低下去,又仰起来,磕了三下;红的白的粉红色的花朵摇摇闪闪,甩甩蹦蹦。

"二拜地神——叩首!"

我和薇薇照例认真地叩拜三回。

"三拜祖宗神灵——叩首!"

三拜之后,我挺直跪着,不知下来该怎么举动了。喜娃长我两岁,经见多些,并不慌急,扯着悠悠的嗓门(简直跟村子里的礼宾先生二太爷的调门如出一辙)喊:"奏乐——"

喜娃喊过,把双手卷成圆筒,套在嘴上,吹起喇叭唢呐调儿,"呜——哇——嚓"。厚儿也跟着吹起来,双奏乐。

"入洞房——"

喜娃忙里偷闲,吹着兼喊着。他喊了"入洞房"之后,我却愣着。洞房在哪儿？该往哪里走？

"到老白杨树背后去！"喜娃急嘟嘟地喊。

我还是不明白："到老白杨树背后咋办？"

喜娃不耐烦了："跷尿骚呀——"

我和薇薇悠悠走着，并肩齐排儿，那棵老白杨树变得陌生而又神秘了。跷尿骚，就是说要用一条腿从薇薇的头上跷过去！大人们结婚时，怕新娘子疯长，跷了尿骚就不再长了。我和薇薇走到老白杨树下，默默地站住了。

薇薇低着的头仰起来，头上的花串摇摆着，衬得那脸儿粉嘟嘟的，像一朵粉红色的野蔷薇。那双眼睛已少了羞怯，而涨出一缕难受的惊恐的神色，求饶似地说："哥呀！你甭跷了，我还要往高长哩！"说着，那双眼睛里潮出了泪水来，迅即溢满了眼眶，闪闪颤颤，眼看着要滴流下来。我忽然难受了，忙说："反正是玩哩！你咋就当真了？算了算了，不跷……"

她妩媚地笑了，一甩头，就跑了。

喜娃早等着。薇薇又盘腿坐下。喜娃把他采的一把野花往她头上插。我的那些野蔷薇被取掉了，扔在地上。我站在旁边，看着被扔在草地上的红的白的粉红色的野蔷薇，有一种说不清的冷寂。看着喜娃在她的小辫上和头发里插花儿，我顿然厌恶起他的手来。那手指捏着她的有点黄的辫梢，令我十分反感。我想抢上一步，把他捏弄她小辫的丑陋难看的指头砸断。我情急中终于生出一个借口，把他插到她头发上的花儿拔了，摔到沟底里。

"你……干啥？"喜娃气呼呼地仰起头。

"那黏草花，黏糊糊的，把薇薇的头发会粘成一窝麻！"我说，"你这个笨熊，采的这些烂脏花！"

喜娃傻乎乎地醒悟似的笑了。他自己也扔掉了黏草花，又一心一意把那些乱七八糟的野花插到薇薇头上。他对我说："轮你当礼宾先生了，喊吧！"

我冲口而出："我不会！"其实那几句简单的仪程是难不住我的。想到让他和薇薇拜天地做夫妻，我心里的那种别扭劲儿继续加剧。我喊不出口来。

只好由厚儿做礼宾先生。

在厚儿用双手代替喇叭唢呐的吹奏声中，喜娃和薇薇朝老白杨树走去。我没有吹。厚儿单独的吹奏显得很单调。我跟着喜娃和薇薇到老白杨树下。喜娃说："洞房里不许来。你刚才入洞房，我就没去。"

我知道不该来，然而我要来。

喜娃支不走我，只好忍让了，转脸对薇薇说："你蹲下去，我要跷尿骚呀！"

薇薇难为情地说："甭跷吧！我要长高……"

喜娃说："不跷尿骚，就不算玩'过门'。"

他说着，就用手按压薇薇的肩膀。我早已不能容忍，跳上前去，一拳打在他的耳根上。喜娃恼了，猴急了，转过身，回击一拳，砸在我的脑门上。我眼里金花乱冒，仰八叉跌倒在地。喜娃趁势压在我身上，气呼呼地说："你当新郎时，我给你当礼宾先生，又吹喇叭，又吹唢呐；轮我做新郎了，你啥也不干……"

我自知理亏，心里却不服气。

薇薇把我们拉开了。厚儿喊："轮我做女婿了……"

薇薇笑着哄厚儿："算了算了。你看，为做女婿都打起来咧！这样吧……你们仨把自个采的花儿，全都插到我头上……"

厚儿最小，也最好说话。他把他采的花就往薇薇的头发上插。喜娃也插了。我也把那些野蔷薇花儿捡起来，插到薇薇的头发上。

薇薇的头发上和小辫儿上，缀满了各色各样的花儿。红的白的粉红的野蔷薇、紫红的野豆花、黄色的秃子花、紫色的马刺蓟花儿……山坡上夏季里所有的花儿都被我们三个采来,插到她的头上了。坡地上收割过小麦的塄根下残留着几枝晚熟的麦穗儿,我也掐来了,吊在她的两条辫梢上。她的头上缀满了五彩六色的野花儿,像个花仙,像个花神,像个山野里的花的精灵了……

"没料到你成了作——家！我那时候咋就看不出你会当作家！"

"瞎碰……"

"我那时候只觉得你很犟。'犟牛黄'……"

"沾了一点犟的光,也吃了不少犟的亏。"

"你小时候好强。好强得很哩！"

"沾了好强的光,吃亏也吃在好强上头。"

"犟人,好强人,都有出息,也都遭难特多。"她说,"我看电影,听广播,那些成大事的人,都是些犟人,都是些好强的人,又全都是些倒霉蛋。倒霉得要死,可还是犟……"

"唔！对……那些电影几乎千篇一律。"

"而今该你走运了——知识人儿吃香了。你的工资提了吧？"

"提了。"

"写书听说很挣钱？"

"挣是挣,也不怎么样,不及经商挣得快。"

"一个字多少钱？"

"一二分。"

"啊呀！才一二分！我听人说几毛哩！"

"……"

"家属户口进城了么？"

"进了。"

"城里分房了没？"

"分了。"

"多少平米?"

"二十多……"

"二十多平米? 还算照顾知识分子? 我想你该一百多哩! 那怎么住得开!"

"我还住在乡下。户口进城了,没搬家;只是不种责任田了。"

"啊呀! 你这个人不知打的啥主意! 住在乡下做啥? 离不得那个山沟? 下雨街巷里烂得像猪圈。吃的还是那股泉水,听说上边村子的女人在泉水里洗裤片子……"

"我图清静……"

"噢! 对咧! 你怕人打扰,这倒也是。不过,我看过你写的一篇小说,叫《收获》。你把那个烂山沟写得好美! 我咋就看不出想不起有啥好看的好美的。我就记着那洗过裤子的泉水,一想到喝那水,吃那水做的饭,就恶心,就起鸡皮疙瘩。我从你的小说里看到,还是没毬啥进步,还是人拉独轮车,还是裤子水! 不就是破白杨沟吗? 你可写得诗情画意。怪道人说看景不如听景……"

我有点惭愧,有点惶惶然,有点被揭穿了西洋景后的尴尬。然而,我又有点犟起来。难道我和喜娃和厚儿给你头发上和小辫上插满的香气四溢的野花不能留在心里一点什么吗? 我有所期待,希望她能记得那使我永难忘记的童年在白杨沟里的嬉戏。令我彻底失望的是,她漫不经心地把话题转移了。可见,白杨沟里她插满鲜花的花的精灵、花的神、花的仙的形象已经统统湮没了。她在嘲笑自己家乡的贫穷落后,甚至比一位异乡人还要刻薄。我有点心酸。

"那年我回去,我舅没在家,到渭北买粮去了;我等了两天，半夜里他拉回来几口袋苞谷，像做贼似的。我每年都给舅家寄钱，简直是填不满的穷坑，闹得我的日子老也不得宽展。一想起来我都头疼，怎么也想不到家乡有什么可爱……我十多年没回家了，老也不想回去。"

"我这……纯粹是……文人多情……"

"你也写点城市人的小说嘛！农村小说……谁看！我反正一看见猪呀牛呀穿大襟的女人呀就烦了……"

"当然……城市总是文明……"我想把话引开，不要再说家乡的话了，"你在这儿，生活还好吧？"

"可——以。"她拖出很长的一种调门，像秦腔戏演员起唱之先的一声叫板。这声叫板的调儿，就给将要唱出的大段戏文定下了调子，或是花音慢板，或是二六板，抑或摇滚板。她说："俩娃都工作了，可以养活自个了。老头子跟我的工资吃不清用不完，行啰！只是老头子……不大顺心……"

"有什么不顺心的事呢？"

"按说啥事也没有，全是自生的不自在。这也看不惯，那也听不顺，广播上一句新名词就听得他火冒三丈，电视上一个镜头就惹得他骂爹咒娘。我说，何必呢？人家广播上说要重用知识分子，就用呗！人家电视上演那些搂搂抱抱的戏，让人家搂去抱去，干着你屁事啦！你该拿的工资拿了，该住的房住上了，就吃点好的过个安宁日子行了……"

"他做什么工作？"

"保卫科长，几千人的大厂子的科长。虽然而今时兴文凭，保卫科长的位子还稳当着哩！再说……哎！这老头子也是个犟人，死脑筋，总说自己亏了……"

"怎么会亏了呢？"

"他当兵那阵儿，在青藏高原开车。雪下得半人深，车开不过去,旁的人都钻在驾驶楼不敢出来,这个犟家伙硬是用铁锹把几十里公路铲开了。他立了功,当年国庆就上了天安门观礼台,见了毛主席,照了相。回来就提拔了干部……"

我早就听说过她的丈夫的英雄事迹了。二十多年前,这位英雄司机,因为上过北京,因为受过毛主席的接见,归来后轰动了我们小河两岸的十里八村。亲戚和媒人挤得碰破了脑袋,竞相把自己熟悉的最好的姑娘的照片掏出来,展示在英雄面前,说人如何贤淑,家教多么严格,模样最最疼人了……小镇上的照相馆因此骤然兴隆起来。英雄眼力不错,在纷如花瓣般的照片里,终于瞅中了薇薇。我那时正读中学,城市里的中学离我们的小河川道几十里远,周日我回到家中,就听说了薇薇许配英雄的事。当晚,薇薇来到我家,喜不自胜:"他在青藏高原开车,雪下得半人深……"我却张大嘴巴喘不过气来……

我崇拜英雄,尤其是那些舍生忘死慷慨激昂的悲壮人物。岳飞、牛虻、董存瑞……这些古今中外忠肝烈胆的英雄,常使我心潮激荡。可是,当我听完薇薇以完全佩服倾慕的口吻述说完这位英雄的时候,我心里却怪不是滋味。我闭口不语,低下头,不想看她得意的脸。

"定下阳历年结婚哩!"

"恭喜。"

"到那天,你去送我。"

"我……上学哩!"

"阳历年学校放假!"

"放假……我也不去!"

她似乎这时才意识到我的情绪不好,忽然哑了口,出气粗了。我抬头看了她一眼,她的脸憋得通红,泪水涌出来,慢慢站起,转身走出门去。我没有送她。

我很快就意识到我的毛病又犯了。我想起在白杨沟里玩"过门"时和喜娃打架的事。我稍一冷静下来就想到，其实我和薇薇没有任何契约，婚姻的事连提也不曾提过，我为什么恼怨人家订婚的事呢？我的忌妒心太强了！我真坏！我凭什么给薇薇使性子？我决定元旦到来的时候去送她，也弥补我的无礼。

按我们乡下的风俗，女子结婚时，亲门本族的人要去送嫁女自不必说，整个村子里年龄相仿的男女青年也要去送；在男方家里参加过婚礼，吃一顿丰盛的宴席，也给出嫁的女子壮一壮声威，自然人愈多愈好。薇薇是五叔的外甥女，她的母亲和父亲因为什么可怕的原因，双双喝毒药死了，薇薇就在舅家被抚养长大。因为这个原因，送嫁的人特别多。

五挂马车一溜排开，马头上挽着红绸，车上坐着穿饰一新的男女。我也坐在马车上，听众人嘻嘻哈哈说笑，说薇薇命大，跟下了个好女婿——小河一川十里八村谁家姑娘能嫁一个跟毛主席照过相的女婿呢？

我却想起白杨沟里的游戏来——

"入洞房。"

"洞房在哪儿？"

"到老白杨树背后去。"

"到老白杨树背后咋办呢？"

"跷尿骚。"

……

英雄家住水湾村。马车一进村口，新郎和一帮男女就站在那里迎接。新郎一身军装，好不威武，关公脸，剑眉，五官端正，一派英气，自负而又谦恭地礼让着客人。相形之下，我简直觉得自己太穷酸了。

院里搭着席棚，棚下摆着桌椅，我们一伙送嫁的客人坐定之后，水湾村的一位干部模样的人主持了婚礼，他喊："新郎新娘就位——"

新郎和新娘先后站在主席台前。

"第一项，向毛主席像行鞠躬礼。"

俩人先后转过身，向毛主席致了礼，又转过身来。英雄虽是新郎，仍然腰板挺直，保持着军人英武的姿势。薇薇却一直低头站着，脸膛红扑扑的，羞答答的样子。

"第二项，宣读结婚证书——"

我听不准那位干部念着结婚证书的干巴巴的声音。我又听见了喜娃当礼宾先生的声音。这儿进行的是革命化了的婚礼程序，喜娃却记着乡村里古老的婚典仪程。新式的或旧式的仪程全都无关紧要了，我的耳际只是轰响着一百个喜娃的声音：

到老白杨树背后去……

到老白杨树背后去……

到老白杨树背后去……

……

我忍受不住耳际的轰鸣了。我已经飞快地走出水湾村村巷了。我不知道自己是怎样溜出那个陌生的屋院的。我不敢再想"老白杨树背后"将会发生什么事……我憎恨那个英雄。扫几十里雪有什么了不起！如果扫雪能取得和薇薇"到老白杨树背后去"的资格，我会发誓把世界上的雪扫除干净！然而毫无办法。我那年刚刚十七岁，第一次领受到了空虚的折磨。我虽然自幼备尝生活的艰辛（因此取下笔名"辛程"），痛苦过、难受过、委屈过、屈辱过，却从未感受过空虚的滋味；现在我有了人生的第一次空虚的感受了……薇薇和那位扫雪英雄"到老白杨树背后去"了呀……

"我们这么多年里，还是可——以的。沾老头子的光，我随军当家属了，在军人服务社工作。他后来'支左'，倒是免了灾难；要是在工厂或党政部门，就是'走资派'，非挨斗不可。再后来就复转到工厂当保卫科长……没遭啥大灾横祸。不像你，一个乡村教员，还挨了批斗……"

我虽已过不惑之年，然而老毛病又发作了——我又忌妒起来。几十年来，翻来覆去的名目繁杂花样翻新的政治运动，稍有作为的人乃至毫无作为的庶民百姓，有谁能完好无损呢？我几乎没有听到谁说过他几十年来活得自在。薇薇说她和她的老头子"没遭大灾横祸"而活得基本自在，我又忌妒了！

那年冬天，大约是薇薇随军离开家乡之后第一次回归，为的给舅舅（我的五叔）奔丧。丧事完后，她和她的老头子到我任教的乡村学校来看我。她和他正好看到了我一生最狼狈最悲凉的形态。我的屋子兼办公室里贴满了大字报，门上和窗上贴着像给死人办丧事一样的白纸对联，内容是毛主席送瘟神的诗句："借问瘟君欲何往，纸船明烛照天烧。"窗角上吊着一只用白纸糊成的灯笼，那同样是乡村里给死魂野鬼照路用的丧灯。她来了，他也来了。她有点难受，眼角湿湿的；他却暗暗用眼睛瞅她，有所示意，有所警告。他对我说："你还年轻嘛！大风大浪中难免迷路。犯了错误不要紧嘛！斗私批修嘛！回到革命路线上来嘛……"

她和他走了。我送她和他出了门，走上公路；我连头都抬不起来。我想到了我偷偷逃脱他们的婚礼的举动。我想到我曾经忌妒她和他"到老白杨树背后去"了。生活实际证明她和他"到老白杨树背后去"是走对了脚步；如果和我"到老白杨树背后去"的话，她会有今天的这种风光么？我真切地感到了我忌妒薇薇的阴暗心理。我痛切地感到了我的忌妒行为的卑劣。我真坏！坏得该当"纸船明烛照天烧"！像第一次感受空虚的滋味一样，我又第一次感受到了绝望的滋味。绝望是人生中最大的不自在。她和她的老头子却活得自在!

"我这人容易满足。房子比不上教授标准,可也够住了;吃的虽不是山珍海味,一天总要炒俩菜;彩电洗衣机录音机也有了。我是满足了。我想咋也比在舅家给牛割草的日子好过了。老头子这人犟得很,对目下的新潮流扭不过弯儿,自寻烦恼,自寻的不自在……"

"他做好工厂的保卫工作就行了呀!"我劝解说,"何必……"

"我也这样说哩!"她说,"谁知他……"

她约我到她家去做客。

我谢绝了,为此而想出了许多理由,甚至谎话。

她告辞了。我送她到大门口。她很快就隐入朦胧的灯光和月色里。她一句也没提我们在白杨沟的游戏,是忘了还是根本就当作游戏而不值一顾?这样动我心魄令我空虚令我猴急更使我彻底暴露出忌妒的恶劣天性的游戏,又怎么能完全忘记完全不值一顾啊……

哦!我的白杨沟里的老白杨树哟……

1986 年 11 月 22 日
于白鹿园

打字机"嗒嗒"响

——写给康君

自打我裤带里挂上县百货公司仓库钥匙的那一刻起,我就梦想过或者说预感到我将成为这个紧贴着渭河的躁动着现代文明气息而依然古朴的县城里的一个举足轻重的人物。这个梦想或者说预感果真被证实了,我今天被正式任命为县委宣传部副部长了。

这是一个庄严的时刻。在全县整党工作总结大会之后,县委书记郑重地宣读了一批干部的任免批复,批复是地委下达的。大礼堂里鸦雀无声,县委书记的关中口音缓慢中透出庄重。几百双眼睛受着那缓慢庄重的声音的操控,目光一齐朝我射来。我不由低了头,有点不自在,而心里却感到一种无与伦比的受人重视被人羡慕的愉悦。

就在低头的那一刻,我却忽然想起接过那一串钥匙的情景。

我是装着一肚子窝囊气从部队复员回来的。我在青海高原当了整整七年兵,后几年的超期服役的每一天,都可能发生我被提拔为通讯干事的事。连队把提拔我当干部的报告早已呈报上去了,只等着上级批示下来。这样的等待真是不好受。我等待了整整四个三百六十五个白天和黑夜,却等来了一张复员回乡的通知书。正当的理由是战士不许在驻地内外谈恋爱,不公开的原因是营里一位年轻的参谋正在追她——可爱的女护士。这是我的猜测,无法证实。

我回到家乡了。我无法忍受难以摆脱的寂寞和孤独。从早到晚，是无穷无尽的劳动，土地刚刚分到农户手中，人都像发疯一样往土地里倾洒汗水。最难挨的是仅只有盐而绝少油腥的寡味的饭食，常常使我痛恨自己在部队时倒掉油腻太重的剩菜的行为。我比小时候更渴望父亲的回归。他在县百货公司土产杂货门市部当营业员，每周六推着自行车爬上十里东塬塬坡回家来与一家老少团聚，车架上总是带着两棵白菜或一捆葱，偶尔也有一绺令人眼直的猪肉。夜晚的寂寞更使人无法排遣，我从部队带回的小收音机里播出的世界和中国各个角落里发生的大事和小事、新闻和轶闻，更使我觉得我们村庄与世界的隔膜。

父亲又回来了。他从自行车后架上取下一捆蒜苗，从车头上卸下那个拉链已经生锈而仍然可以看出一个"奖"字的黑色塑料提兜，交给母亲，接过母亲倒下的一杯水，笑着说："主任同意了。"

我和母亲都明白"主任"是指县百货公司张主任，也明白"同意"两字所包含的令人兴奋的内容。星期一，我就到县百货公司去了，穿着一身崭新的绿色军装，自觉很精神。张主任就把那一串"叮啷"作响的钥匙交到我手里。

我很快熟悉了业务，进库和出库的货物搞得一清二楚，库房里收拾得井井有条。我常常帮助营业员把领取的货物从库房搬到柜台里去，也帮助采购组从卡车上把成吨成吨的进货搬进库房。张主任很满意，公司的干部和营业员们也满意，众口一词夸我不愧是从解放军那所大熔炉里锻炼出来的好子弟兵，不愧是"老黄牛""老模范"的儿子。张主任在我三个月的试用期一过，就指派人给我签订下一份为期五年的合同工合同，破例为我高定了一级工资。

我心里却有一种预感：我不会在这个门板很大而窗户极小的

库房里干满五年的，甚至三年也不会；似乎有比这库房更明亮更体面的去处，在等待着我。我不想像父亲那样一辈子只会卖土产杂货，更不想做一辈子"老黄牛"。我的属相是马。

出乎张主任和县百货公司所有职工意料的事发生了——我写的一篇通讯稿在省报上见报了，表扬的是张主任亲自送货到山区水库工地的事。那些神气的营业员小姐们全用一种奇异而不乏柔情的眼光瞅我。张主任平生第一回上了报纸，反而做出不骄不躁的神情压抑内心的兴奋。他私下对我父亲说："没看出你家小子装了一肚子墨水！"

在我发表过五六篇供销社的通讯报道之后，张主任已经考虑要把我从库房里抽调出来，到公司里做宣传干部。他的想法还未实施，县商业局孟局长一把把我从库房里提起来，安置在了他的办公室旁边那个办公房里，让我专门写通讯报道，向报社反映全县商业系统的模范事迹。不过，时日稍一长，我就成为一职多能的干部了——给县委或省商业厅的工作总结汇报，还有孟局长的讲话稿，都由我写。孟局长特别喜欢我给他起草的讲话稿，我自然很受宠。孟局长下基层检查工作，总喜欢带上我和他同行。

我很敬重孟局长。"米脂的婆姨绥德的汉"，他是陕北那个净出俊汉子的绥德县人。他人挺好，文化程度不高，大约也是揽工汉或者是拦羊娃出身而后参加陕北游击队的。他有一种明显的陕北人的憨实而狡黠的既矛盾又和谐的气质，这气质往往给人一种豁达而又平易的极好印象。大伙既尊敬他又喜欢接近他，甚至可以当面说他生吃元宵的故事。那是解放后，孟局长进了西安，第一声感叹是："这狗日西安这么大！"他看见好多人挤在一家小饭铺门口买元宵，他也买了一盒，走到街上，摸出一个就塞到嘴里，越嚼越腥，怎么也咽不下去，还是吐了。回到单位，他见人就骂："西安人真是莫名其妙，那样难吃的元宵还抢着买，白给我也不要！"

孟局长还有一个不同寻常的用人的标准——漂亮，起码也得五官端正。这是我从同志们的闲聊中得知的。我能入选，自觉十分庆幸。有一次下乡，我跟孟局长乘吉普车到秦岭深山一个供销社检查工作。长途行车，有点寂寞。我问孟局长关于用人是不是有"漂亮"这一条。他哈哈大笑，摆手否定，说是干部们瞎说，给他编派的笑话。可他笑毕，又漫不经意地说："在我手下工作的人，要是有几个歪鼻龇牙的人，我就很不舒服。"

不管孟局长承认或否定这个传闻，而我看见的县商业局的二十几个不同年龄不同职务的男女干部，确实没有一个歪瓜裂枣，全都人模人样，或消瘦却俊气，或魁梧而不显臃肿。最漂亮的当数那位女打字员了。我打第一天进商业局大院，就发现了这位出类拔萃的美人；不仅商业局二十多个本来就人模人样的人难以与之相比，整个商业系统千余名职工里也挑不出能与之媲美的姑娘，说她是整个县城里的一枝花，也绝不会是夸张。

她的打字室在后排最西头的那间屋子里。那间屋子最偏僻，想必是为了不让那单调的"嗒嗒嗒"的打字机的响声干扰其他屋子里的干部的工作。然而那屋子却最热闹，客观原因是它距灶房最近，每逢开饭时好多人就端上饭碗和菜盘趸到她的打字室里去用餐，一边吃着，一边聊着，大多数话题是冲着她开玩笑、逗趣。

孟局长也喜欢和她说笑逗趣，那既是一个长辈人对晚辈人的亲近的神情，又是局长对下属的超然的口吻，更具有浓厚的陕北人的憨实和风趣："小凤，我给你瞅下个好女婿。"

她笑说："你给我瞅下个猪八戒。"

"我真的给你瞅下个好人儿了，我们陕北人。"

"陕北净出猪八戒！"

"你这娃！陕北的汉子一个个都赛吕布，女子赛貂蝉……"

我没有向小凤献过殷勤，更没有兴致和她逗趣。好多人端着饭菜到打字室去进餐去讨开心的时候，我端着饭碗和菜盘照直走进自己的办公室。我对那些搜肠刮肚想出来的逗趣话十分反感，觉得乏味无聊，根本不值得一笑，甚至觉得他们纯粹是为了笑而笑。虽然在这一点上我不大合群，我与小凤的接触还是多了起来，当然都是纯工作性质的。

我写下汇报材料、工作总结或会议通知，一经局长或有关科室领导签过字，送回我手上，我就把这些文件送进打字室交给她，说清楚需要打印的份数和完成的时限。她不看我，习惯性地码着页数，然后仰起脸，又认真地点点头，表示接受了。我就说声"好"，走出来。

我正在屋子里看文件或起草材料，听到敲门声，她进来了，也不坐，站在我的桌前，把我刚刚送给她的那份需要打印的材料摊开，一页一页翻过去，找出那些画上了横杠的字，问我那是什么字。我让她坐。她说她整天坐着打字，倒喜欢站着。我把那些草书字一一描清楚，她"噢噢噢"地点头，随之就拿上材料走出门去。时隔一小会儿，后排西头那间打字室里就响起"嗒嗒嗒"的打字机的声音。

这样的时日一长，我和小凤的交往就多了，交往多了也就熟悉了，熟悉了也就自然一些随便一些了。她进我的房间时不再敲门打招呼了，一推开门，就匆匆走进来，娇声怨气地说："哎呀呀康秀才，你这字儿写得越来越好了，好得叫我越来越认不得了！"我喜欢听这种调子，那是一种对人信赖的调子，那声音是极悦耳的。我照例在她用红铅笔画了横杠的字旁边写上工工正正的楷书，甚至故意讥笑她太笨，连这种普通的草书字都不认识。她也不恼，自己也说自己笨，说自己要是不笨就该坐到秀才的位上而不是整天去按打字机了。

我也开始在写得头晕眼花手腕酸麻的时候，踱出屋子，踅到打字室里去；起初托词说要修改一句话或一个字，后来就无须这种自我遮掩，纯粹是去和她闲坐一会儿。她却并不停下手来和我闲聊。倒给我一杯茶后，她就坐到打字机前，右手按着打字机的压键，眼睛瞅着稿纸，把打字机的机头在字盘上推前移后，拉左倒右，发出"嗒嗒嗒"的响声，那脸上是一种安详而又妩媚的神情——那安详的神情是用来弹奏打字机的，而那妩媚的神情是用来听我说话的。

她这样不停手地忙着打字，倒给我提供了专注地看着她的机会。我可以长久地一眼不离地看她侧对着我的脸颊，又可以毫无顾忌地欣赏她细长的手指的灵巧动作。我如果会画画儿，我一定会照她的神情画下一张绝美的油画，那肯定是一幅按着打字机的……维纳斯。尽管我很讨厌浅薄之人在那些乏味的爱情小说里用维纳斯作比喻已经到了烂臭的地步，我现在还真的再找不到更美好的比喻了。真的，那按动打字机的指头像一件精美的工艺品，那眼里像是有两滴永不枯干的晶莹的露珠儿在早春清晨的草叶上滚动，那侧对着我的脸颊更有说不清的巨大的魅力。我只觉得，即使让我从早到晚坐在这儿，我也不会再向往这屋子以外更引人有趣的事。

打字机"嗒嗒嗒"的响声，从后排西头那间屋子敞开的窗户里飞出来，像山间湍流的泉水，"叮叮咚咚"，敲击着我的心；又像是一支轻快舒展的小提琴独奏，奏出了青春的骚动。我打开窗户，让那动人心魄的响声全部倾泻进我的屋子。

她也不再是向我问字才到我的房子里来，在她打字打得困倦的时候，她就到我的房子里来闲坐一会儿。进门的时候，常常用左手揉捏着右手的指头，无疑是向我说明她的手指很乏困了。她走到我的桌前，稚气地问："你看的啥书？这么厚！"

"《斯巴达克思》，刚出版的。"

"写的啥？有意思吗？"

"好极了！一部伟大的史诗！"我正因为书里波澜壮阔的情节激动得无处发泄，需要与谁交流一下，她正好来到了。"斯巴达克思，一位奴隶起义的英雄，推翻了欧洲大陆的奴隶制度。他比一百个神圣的君王要伟大一千倍，因为他把历史推过了一个界碑。可他是一个奴隶，一个伟大的奴隶巨人！"

我突然看见，她端正地坐着，一只手撑着左腮——那是一种专注的神态，听我随口胡诌着的议论。我反倒不敢再说了，因为她太专注了。

"你说呀，再说下去呀。"

我不好意思说了，再说就是卖弄了呢。

"你读过好多书吗？"

"不多。"我说，"好书都禁死了。现在出版界刚开禁，这本书就是开禁的头一批出版物。唔，我前天刚读过《牛虻》。"

"就是刘心武在《班主任》里提到过的那本《牛虻》吗？"

"只有一本《牛虻》。"

"你这儿有吗？"

"有。"

"借我看看。"

我给她从抽屉里取出长篇小说《牛虻》来。

大约过了三四天，她把《牛虻》给我送来，又借去了《斯巴达克思》。她和我热烈地讨论《牛虻》。虽然能看出她对世界史很无知，然而她喜欢牛虻这个人物却是毫无疑义的。这个革命者形象被中国六十年代兴起的动乱隔绝了十多年，一经解禁，又以其强烈的光彩照耀着又一代青年。我和小凤差不多都是刚学会写汉字就挂上了"红小兵"袖章的一代人,然而牛虻还是在我们心里引起强烈的回响了,毫无办法。

"我看你……有点像牛虻。"

"我怎么能比牛虻!我简直是个窝囊废!"

此后,她到我的房子里来,再不叫我老康了,大胆地叫我"牛虻",像是开玩笑,我也不好反对。再后来,她又叫我"亚瑟",还是像开玩笑的样子。尽管是玩笑,我看见她的神情里有了某种异样的东西,令我的心一蹦一蹦。

我确实预感到一种似乎明朗又似乎朦胧的东西朝我逼近了,一伸手就可能准确无误地抓住的自己心里正在热切地期盼着的东西,然而,我又顾虑重重。我不能不随时提醒自己,我是一个合同工,一个农村户籍的人;我时时刻刻都有被解雇的可能,简单到只需要局长挥一下手,咧一咧嘴角,我就得背上被卷滚回东塬上那个令人窒息的毫无生气的小村庄去。想到在部队时与那位可爱的女护士恋爱的教训,我很镇静地约束着我的随时可能放纵的心潮。

"'亚瑟',你这字儿草得好难认呀。"

"'亚瑟',该吃饭了。"

"'亚瑟'……"

她这样"亚瑟""亚瑟"地叫我,其实只是仅有她和我在一起的时候;一当有第三个人在场,她从来也没忘记叫我老康。我愈加明晰地预感到我和她之间有某些需要回避众人的隐秘,令人心悸又令人感到甜蜜的隐秘。

商业局机关小院虽然比不得县政府机关大院深沉肃穆,也不是能任我和小凤浪漫的场所;男干部和女干部,尤其是有了一点年纪的干部,似乎于我和小凤身上特别敏感,一切全躲不过他们敏锐的眼睛。我已有所察觉。然而春天是无所不在的,春色还是把这个幽静的小院染绿了。窗外的柳树复苏了，缀满黄芽的枝条舞姿婀娜；院子里的草坪上冒出一抹嫩绿；两株桃树的花苞也肥胀起来……我打开窗户，窗口扑进微带寒意的清香的春风，后排西头那间打字室里"嗒嗒嗒"的声音和春风一起灌进我的窗户。

局里的二十多名干部全体出动，分头奔赴县属的二十一个公社去——县商业系统要召开总结表彰大会了。我留下来做内务工作准备，小凤也留下来加紧打印会议材料。

我似乎感到完全自由了。

炊事员给大家开过早饭之后，就锁了门去逛大街了，临走时给我说午饭自理。小院里异常安静，我打水时的脚步声竟然在墙壁上引起了回声。我取下一沓红纸，准备写大会用的横幅，这时小凤抱着一摞子油印好的材料走进来。

"'亚瑟'！快帮帮忙，咱们整理一下这些材料，分成一份一份的，装订起来。"小凤唱歌似的嗓音。

我暂且搁下红纸，帮她整理装订材料。

她的手很灵巧，从一摞一摞的材料堆上拣取的动作十分敏捷，倒是我笨手笨脚，动作迟缓。我的手碰了她的手，她的手也碰了我的手，都是无意的碰撞。但我有一种异样的感觉，那是一种碰一下就难以忘记而且诱惑人想再碰一下的奇异感觉。她继续拣取纸页，似乎毫不在意；我也似乎毫不在意，就像只是因为动作紧张而不可避免的碰撞。

"你也帮帮我的忙。"

"做什么？"

"写大字。"

"我可不会写毛笔字。"

我要写横幅，写标语，需得一个人压纸角——通常我是用东西压着的，我现在却想让她干。

她高兴地接受了，用刀子裁纸。

我调好墨汁，攥起大号毛笔，一落笔就龙飞凤舞，超水平发挥。我写字的兴致好极了。

她忠于职守，双手压着两个纸角，很认真地压着。当我写完两个字，她赞叹着："你的毛笔字写得真好。你是自小练的吧？现在咱们这一茬年轻人，钢笔字也没几个写得好的，毛笔就更没有人能提得起来。"

我告诉她，我刚刚在初中念了一年书，就开始了那场席卷中国的"革命"。我想革命，却站错了队，开始时批判别人，后来却被别人批判。我什么好处也没捞到，就从图书馆偷了一捆书，又偷了一捆写大字报的白纸，跑回家去了。我一边读那些"封资修"书籍，一边用偷回来的白纸练习写大字。整整有两三年，我把那些我批判过的"封资修"作品读了不知多少遍，写作能力提高了，毛笔字也练得有点功夫了。我一参军，就显得我的文化水平高。

她听着，点点头，很佩服我的毅力。她小心翼翼地端着墨汁未干的红纸摆到地面上，等待晾干。我的情绪在涌涌波动，就抽两口烟，抽烟可以稳定一下情绪。当她兴致勃勃地转到桌前来，铺开又一张红纸，我就神气活现地再提起毛笔来。

我提笔在墨碗里蘸墨汁时，无意中看到了她的领口。她前倾着身子，双手压着纸的两个上角，领口的衣服就张开来，露出一块三角形的赤裸的皮肤；那皮肤很细很白，那领口里散发出一缕异样的气息。我有点神不守舍，把字儿写错了。我说："扔掉，重写。"

写完横幅和标语，她就收拾扔在地上的那些写错作废的红纸，揉成一团扔进纸篓里。纸上未干的墨汁染得她的手掌黑乎乎的。她张开手指，说："看看，我的手脏成啥样儿了！"

我说:"洗洗吧。"

她说:"你给我洗。"

我的心猛地一跳,似乎轰然作响。我笑着说:"那不费什么事儿。"

她已经在脸盆里倒下凉水,又从热水瓶里倒下热水,说:"你也来洗吧。"

我和她在一个脸盆里洗手。我攥住她的手指,装得若无其事地说:"我给你洗吧!"她挣了两下。我攥得更紧了。她再没有动。我看见她的耳根潮起一缕红晕。我用温热的水搓洗她的手掌和手指。我现在才可以光明正大地欣赏她的手。那手指像细嫩的水葱,柔若无骨。她一任我替她搓洗着墨痕,以一种似怨似嗔的眼神瞅着我,却根本不会使人感到她是真怨真恼了。我受到鼓舞,一把抱住她的脖子。

无言的亲吻。我的脸颊挨着她的脸颊。我的一切顾忌都忘掉了,我已被灼热的火烧烤得晕头晕脑;当我的嘴唇和她的嘴唇久久相吻的时刻,我几乎完全被熔化了。

她终于推开我,草草地擦了脸,跑走了。

我坐在椅子上,点着了一支烟。我一时反应不过来——刚才发生了什么事?真的发生了?我只觉得这房子太空旷了,空旷得一刻也待不住。我要每一分钟都和她待在一起,须臾不离。我朝打字室走去。

我推开打字室的门。她趴在桌子上,双手压在额头下;直到我走到跟前,她也没抬起头来。她后悔了吗?她怨恨我了吗?我正有点不知所措,她忽地跳起来扑到我的怀里,双手搂住我的脖子,箍得我简直透不过气来……

没有月光。星星稠密,河滩上稍见朦胧的星光。我坐在河边,抽烟,等待。她来了。她穿着短袖衬衣和裙子,夜风吹得她披肩的散发一摆一摆的。我站起来,摔了烟头,奔到她跟前,抱住了她的肩;她看见我跑过去,也张开双臂朝我扑来。我们一起摔倒在沙滩上。夜色愈加使人放胆,我和她都更舒展坦然了。她伏在我的臂弯里,呢喃地说:"就这样躺下去,再甭醒来;让河水把我们冲进大海,我也不悔。"

陇海路上夜行的列车"隆隆隆隆"地驰过古老的县城,没有停步,也不见减速,只是鸣叫一声,又奔驰而去了。我感到了大地的颤动。

我搂着她的肩膀,她勾着我的腰,顺着沙滩,漫无目的地走着。夜宿在蒿草棵子底下的野兔被惊动了,"哧溜"一声,惊恐万状地从她的脚下蹿过去。她吓得"啊哟"一声惊叫,紧紧地抱住了我。我意识到她对我的依赖是那样的自然。

河滩一块高出沙地的老滩上,有一个用树枝和苞谷秆子就地搭成的茅草庵子。往远处一瞅,类似这样的茅草庵子像雨后草地上的蘑菇一样,遍地都是。那是到这儿来采掘砂石的山里人临时栖息的窝棚。秋收以后,河水日渐减少,冬闲无事的山里农民便搭帮结伙背着被卷赶到河滩上来,用树枝和当地农民丢弃的苞谷秆子搭成这样一个遮风避雨的窝棚,夜晚蜷缩进去。他们有的来自商洛山区,有的来自更远处的秦巴山地,也有我们东塬上的农民。他们掏掘砂石,卖给正在兴建着的工厂,挣一把来之不易的票子。到第二年初夏进入洪水季节,他们就像候鸟一样飞散了,回家去准备收割麦子,等到秋后再来。

我的心里掠过一道阴影。我刚从部队复员回来那年冬天,村里几个小伙联扯我来挖掘砂石,我没有来。现在我和一位可心的姑娘在这儿散步,看到这些庵棚,像欣赏半坡遗址里那些人类先民们留下的生活遗痕一样,而我其实完全差点就是这里某一座狗窝似的窝棚的主人。我心里的那道阴影久久不散,影响了我的迷醉的情怀。我从她的肩上松了手，点燃了一支烟，坐在一块石头上。燃着火柴的时光，光亮照出了三块被烟火熏成黑色的石头——那是主人支锅烧水或煮饭的地火灶了，真比半坡先民的灶台还要简陋。

她坐在我的旁边，头靠着我的肩，我可以嗅出她的头发里有醉人的香味儿。我抽着烟，瞅着星光闪闪的河水。要是我的父亲不在县百货公司当职工，我就无法进入那个库房，也更不会踏进商业局大院，不可能占据一间明亮的办公室，我的功夫老到的毛笔字和孟局长喜欢的文字材料就不会有被人赏识的机会了。我就得在这儿蜷卧窝棚，在三个石头上支一口铁锅煮苞谷糁子，在寒风刺骨的雪地里掏掘砂石，挣一把钱，再去订下一个媳妇，然后养活孩子……

她摇摇我："你怎么不说话？"

我说："我想起我看过的一篇小说……"

她忙问："什么小说？好看吗？"

我说："一篇写知青下乡的小说。我很反感。我把它撕下来擦了屁股。"

她笑了："呀，一篇小说也值得生这么大的气？"

我说："狗屁小说。写知青下乡简直跟下地狱一样。那么，像我这号祖祖辈辈都在乡下的人咋办？一辈子都在地狱生活？谁替我叫苦喊冤？所以说，我很反感那些心安理得地吃着商品粮还要骂我们农民的城里人。"

她娇嗔地问："啊呀，那你也反感我了？"

我才记起她是县城居民，也是吃商品粮的城市户籍。我笑笑说："你……另当别论。"

我努力拂去心头的阴影，不让它破坏了这难得的夜晚。我重新挽起她的手，在那些窝棚间悠悠地漫步。热烈的亲吻和拥抱，使我身上渗出一层汗,很不舒服。我一个猛子跳进河水里,真是舒适极了。她也小心翼翼地走下水来。我抱住她。她的柔软的手指搓着我的肩膀。我第一次大胆地把手伸到她的胸前。她轻轻地"哎哟"一声,就倒在我的怀里,手指抠得我的肩膀都疼了。我抱起她,从水里走出来,走过沙滩,走进窝棚……

我和她躺在麦秸上,静静地躺着。她把她最珍贵的情感毫不犹豫地奉献给了我,我把我最珍贵的情感毫不犹豫地奉献给了她。我点着烟,躺着吸着。透过窝棚的缝隙,可以看见天上的星星在闪眨。我是亚当,她是夏娃。我是掏掘砂石的山民,我是半坡遗址里复活了的先民,她是那抱着陶罐汲水的半坡姑娘。我是世界上最幸福的人……

我若必须按限定时间起草一份文字材料,就关死窗户,不致让她的打字机的响声传进屋来扰乱我的心神;当我画上最后一个句号,就立即撂下笔,打开窗户,让那动人心弦的"嗒嗒嗒"的响声倾泻进来。

商业局的小院里一切照常。人们照样端了饭碗和菜碟从灶房出来,到打字室去和她说笑,而我照样端着饭菜走回我的房子。只有在约定的夜晚,我和她准时钻进河滩上的窝棚……

孟局长把我叫到他的办公室,给我倒水、递烟,从神色上看,不像是谈公事。我坐下之后,心里有点忐忑——我和小凤的事漏风了吗?没料到他一开口,就使我陷入痛苦之中。老天爷,他是受县委组织部部长之托,来给我做媒,介绍组织部韩部长的二女儿韩晓英。韩晓英我早认识了,她在县百货公司做出纳员。孟局长说,我在县百货公司管库房时,晓英就瞅中我了,看我勤快,工作负责任,人也老实,长得还魁梧云云。我却从来没有感觉到她对我有什么意思,只记得她穿戴很朴素,袖子上筒着一双褐色袖套，白净的脸上有一副紫框白镜片，那样子很拘谨，又显得比一般同龄女子老练成熟，很少跟谁开玩笑，更不像一般营业员那样"叽叽嘎嘎"地打闹浪笑。我看见她，从来也不敢贸然说话。我看见她，立即就在脑子里反射出一张严厉的组织部长的脸孔，其实那时我还没见过组织部长的尊容，及至后来见了，才自觉好笑——韩部长竟是一尊笑面菩萨的和善胖脸。

我看着孟局长诚心实意的神情，就说："我怕我不相称……我还是个合同工……"

"这一点不用顾虑，韩部长不在乎，晓英也不在乎；要是嫌你是合同工，他就不会找我提媒。"孟局长毫不介意地说着，又从座椅上站起，走到我当面，知心地说，"你有了韩部长这个老岳丈，还能当好久合同工吗？全县招工招干的名额指标都从韩部长手下过，你还愁转不了正式干部？"他又显出陕北人的那种豪爽与狡黠混合着的神色。

我陷入痛苦的深渊。韩晓英和于小凤，整天在我脑子里翻腾。眼镜片和褐袖套，"嗒嗒嗒"的打字机声和那迷人的半坡遗址式的窝棚……我的脑子几乎要爆炸了。三天后，我的"老黄牛"父亲来找我，说是孟局长上午到百货公司检查工作时跟他谈了给我做媒的事。"老黄牛"父亲受宠若惊，心里搁不住这突然降临的喜讯，就来跟我商量怎么办事。他大约看出我的犹豫，就恨声训斥我："你娃子甭错打主意！这门亲事成了，你就能转为正式干部；你若错打了主意，这县城有你的立脚之地吗？"

我不想听他的赤裸裸的攀龙附凤的话。其实这其中的利害得失，我早都想过千遍万遍了。他的话只是重复了我考虑中的那些最令我痛苦的因素。

这天晚上，我和小凤相约又来到窝棚跟前。她迫不及待地问："你这几天老皱着眉毛，有啥不顺心的事呢？"

我不敢直说，推说熬了夜，休眠不足，精神不好。她竟然信了。我的话她都信。

她依偎在我的怀里。我用一种玩笑的口吻试探她："小凤，如果有一天我得罪了某个领导，人家解雇了我，我就得滚回东塬上去。那样的情况如果发生了，我们咋办？"

小凤随口说："我跟你回东塬上去。"

我说："我冬天得下河滩来掏掘砂石挣钱，钻窝棚，过原始生活。"

小凤说："我跟你来钻窝棚，给你做饭。"

我想哭，再也说不出话来。

小凤却认真地说："我早想过了，合同工有解雇的可能。要是你真的被解雇了，也不必回东塬上去，更不必钻窝棚采砂石；我们在县城开个小饭馆，或者开个杂货店，咱俩经营；我也不当打字工了。你愿意干吗？"

我苦笑着说："唔，你想得真周到……"

第二天我见到孟局长时，他告诉我，韩部长约请我今晚到他家去坐坐。我当然明白这"坐坐"的内容。这可真是一种痛苦而又艰难的抉择。我想起了莫泊桑的《温泉》。我曾经痛恨而且鄙薄过那个捞取了遗产而抛弃了真诚的爱情的家伙，现在我却发觉那个令人鄙薄而且痛恨的家伙在选择遗产和爱情时所经历的苦恼正在我心里发生。无论这种选择多么痛苦，而时限却就在今天晚上。我和孟局长一起去了……

后来的一切就比较简单了。不久，我被调到县委宣传部做专职通讯干部。我写的本县各个方面的通讯报道稿不断见报，县委书记和县长们以及人大常委会的主任们都很赏识我的才干和工作态度。这年年底，我被转成正式国家干部，我和韩晓英的关系也正式公开了。第二年春天，我被送到地区党校去学习。县里的新老干部甚至通信员也明白上党校意味着什么。

党校学习期满，我和韩晓英结婚了。我们过得很和谐，从来也没有吵过架。她的性格很好，思维十分周密，把家里的内务和外交都处理得井井有序，这大约因为她自幼接受过良好的家庭教育，也可能与她小小年纪就从事财务工作不无关系。她对我很尊重，照顾得无微不至——从服装的式样到每日的早点，都是经她认真考虑，而且她从来也未显示过她的部长女儿的优越。人人都说我有一个贤内助。父亲对这个儿媳满意之至。孟局长开玩笑说："怎么样，晓英是个好媳妇吧？家教严嘛！一般城池县道的小市民太油……"我知道他说的"城池县道的小市民"所指是谁——我和小凤的眉来眼去根本不可能逃过那些商业局干部的眼睛，但谁也说不准抓不住我俩相好的一件具体事实，我俩在河滩钻窝棚的事更是无人知晓。这宗事已无任何影响，晓英从来也没有追问过我，更谈不上吃醋闹矛盾了。然而我总觉得缺了点什么，倒不是对小凤的负心，而是我自己心里的某种渴望。渴望什么呢？窝棚里的那种被熔化的完全忘我的原始式的疯狂，我再也没有产生过。

我生逢其时。县委在实行干部"四化"的工作中简直有点拉郎配——既要年轻，又要有专业知识（具体就是大专文凭），还要有工作经验。我正好人选。那张地委党校的毕业证书，使我的审查材料顺利地通过了各级组织部门的关口，我被擢升为县委宣传部副部长了。孟局长退居二线，成了商业局的巡视员。我的岳丈韩部长也从组织部退出来，升了一级，成了县人大的副主任。真是各得其所，皆大欢喜。不管别人怎么说，我是觉得我的选择没有犯"方向性的错误"。倘若我和小凤而不是和晓英结婚，我现在很可能正在河滩上那窝棚前的石头上架锅煮苞谷糁糊糊，充其量也只能和小凤在县城的某个角落卖油条豆浆或是经营日杂品小店。那么，有谁会看到我具备做一个县委的宣传部副部长的德和才呢？

然而，我却无法排除那"嗒嗒嗒"的打字机的响声。我和晓英举行婚礼的那天晚上，这响声震得我灵魂不安；当我坐在新落成的县委大礼堂里听县委书记郑重宣布我的任职批复的时候，那响声又在我心里敲响了。

小凤早已远走高飞了。她的痛苦可以想见。她和一位技校毕业的工人结了婚，他在汉中的某国防工厂工作，她跟他到汉中去了。我们再也没有见过面。

我被任命做宣传部副部长的那天晚上，晓英特意为我精心准备了一顿丰盛的晚餐，而且破例拿出一瓶"西凤"来。我喝得有点过量。

说醉不醉，说醒非醒，我的脑子里只留下一片空白。我推说要散散步，就走出家属楼，走过县城街巷，独自一人溜到河滩上来了。

又是夏日的一个热烈的傍晚。晚霞把河天相接的地方涂成一片火红，河水悠悠，红光闪闪。我走到那个熟识的高出沙滩的荒草地上，却已经找不到那架熟识的窝棚。窝棚久不住人，倒坍了，散架了，完好的寥寥无几，再也找不到那架窝棚了。

我无法评价我自己。

我抽着烟，默默地坐着。从那杨柳林里，从那悠悠的河水里，从那涂成一片火红的河天相接的远处，又响起"嗒嗒嗒"的打字机的响声……

1986年12月11日
于白鹿园

石狮子

东堡子住着的王二和张三,左右为邻,一墙之隔,进门不见出门见,低头不见抬头见。几十年来,两家人虽然免不了为些鸡刨狗啄娃打捶的小事犯点口角,却也没有发生过大的干戈,更没有动过诉讼之事,基本上能够和睦相处。

王二这人长了一个特别灵的脑瓜。他是五十年代的初中毕业生,因为家穷,早早毕业回乡务农,本是乡村里不能多得的知识人才,当过团支书,也当过出纳、会计,还当过两任队长,但无论当啥干部,都弄不长时间,就惹得意见满村流。究其原因,主要是心眼太灵了,灵过头了,经常搞些小手小脚的事,渐渐失去了群众的信赖,后来也就当个普通社员,人称他"灵虫"。张三和王二年纪相仿,小学毕业,文化水平低了一大截子,生性又木讷,缺言短语,从来也没当过干部,人称"张三直杠",或简称"三直杠",或谑称"三杠子",无论你称呼什么,他都一概应承。

近几年来,乡村政策放宽了,经济搞活了,王二灵虫顺应时代潮流,灵虫早飞,养了二年鸡,挣下半万块钱,自然得意洋洋。三杠子看邻家养鸡发了家,也照猫画虎在后院围起栅栏,养起鸡来。这一年,乡村养鸡大发展,鸡蛋一多,价格下降。三杠子唉叹连声,抱怨轮着自己烧香时偏关了庙门,笨人真是不兴时了。王二灵虫早有所料,把五百只母鸡全部卖掉,等到三杠子唉叹的时光,他的鸡舍早已变成了貂场;几十只毛色油光黑亮的母貂已经怀胎待产,只要幼貂一长成,一出手,又是以千为单位的进项。这灵虫看着蔫不拉唧的三直杠,以先生开导学生的口气说:"杠子!老人有言,做生意要'撵迟不撵快',啥正兴时,不敢撵啥!啥还没兴时,赶紧撵!这才是符合现代经济规律的。"

三杠子一听,很有道理,养鸡兴起来,蛋多了,自然就便宜了,于是就想把鸡卖了。恰在这时候,好多养鸡户好像都看出了门道,纷纷卖鸡倒圈,另谋营生。三杠子转而一想,大家都卖鸡了,明年鸡就少了,咱不能卖,这才是王二灵虫说的生意经——撵迟不撵快。于是就把这一批母鸡继续饲养,第二年一开春又养了一批小鸡。果然蛋价上涨,三杠子赚了大钱,喜不自胜。

再说王二灵虫却运气不佳,等到幼貂生下来时,貂价已经大跌,灵虫气得吹胡子瞪眼,也莫可奈何。无奈之中,王二灵虫又得着獭兔毛皮昂贵的信息,于是就孤注一掷把貂卖掉,掏四五百元的高价买回几只优种獭兔。因为过于娇惯,过于精心,反而适得其反,四只獭兔死了一半;待到剩下的两只怀胎下仔,獭兔价又跌落千丈。王二灵虫气得跺脚骂娘,自认倒霉,把头二年养鸡赚下的半万块钱赔光蚀尽了。再看隔壁三杠子,稳打稳扎,已经摸熟了养鸡经验,不断改进饲养方法,逐步更新设备,两年间把圈养蛋鸡全部改造为笼养,早已成了万元户了。王二灵虫被村人嘲笑,大家说灵虫七捣八捣,袍子倒成夹袄。王二越听越气,怄气难出,两腿生疮,脓水不断,行走不便,生财无力,只好自认倒霉。

生意倒闭,灾病接连,王二灵虫抚摸着自己晶亮发光的脑门,终于听信了乡人的劝告——去请一位神汉,看看究竟是冲了哪门子的神,撞了哪路子的鬼。

神汉高个,黑脸,精瘦,左腮上有颗赤痣,痣上长一撮黑毛,一直吊到脖颈上,人称"一撮毛先生"。一撮毛先生家居后岭，深居简出，白天蛰伏，夜间捉神弄鬼。传说他出门便坐鬼抬轿，再远的路程，眨眼便到，比直升飞机还方便又快速（只是天明鸡啼前必须赶回家中）。

一撮毛先生进得王二灵虫家门，先吃了四菜一汤，喝了半瓶"太白"，然后吩咐王二两口子跪在当院，点蜡焚香。只见一撮毛先生掐诀念咒，阴森恐怖，吓得王二灵虫抖如筛糠，后脊梁上似有长虫蠕动。再一看，一撮毛先生挥拳抖臂，作跨马状起伏于庭院的各个角落，又直蹿后门而出，大喝一声："邪气在此！"

等得王二灵虫抬起头时，一撮毛先生已经走到当面，把手中提着的一块石头扔到脚下。王二灵虫夫妇两人对视片刻，不知所措——难道这石头上出了什么毛病？

一撮毛先生说："你细看看，这不是一块石头，是个石狮娃；它龇牙咧嘴正对你家后门，你一家人能安生么？如不早早除此妖石，后头还有大祸！"

王二灵虫这时才记起来，这石头是垒在后院茅房（厕所）的土墙上的。那是那年"学大寨"平整土地时，从一堆乱石窝里挖出来的，他扛了回来，没想到竟然招此大祸。

王二灵虫早吓得魂魄分离，发如手提，结结巴巴，话不成串儿："先生高明……高明……你快说……该咋办哩？"

"咋办哩？"一撮毛先生眼珠一转，"办法有的是，怎能叫鬼把法官缠住！这办法多种多样，有临时性措施，也有根治久安的办法，你看你愿意采用哪种办法？"

"当然是根治！根治！"王二灵虫忙说。

"那……你是明白人——"一撮毛先生说，"根治就要你破大费了……"

王二灵虫掏出早已准备好的五十块钱，递上去。

一撮毛先生说："这只够临时措施的。"

王二灵虫赶快捅捅女人；女人回到屋里，又取来五十，交给一撮毛。一撮毛这才吐着烟雾，捻着那一撮黑毛说："三天后，择一单日，避过三六九，夜黑星全时，扔到河滩里去。记住，要撂到最高的那个石坝根下，最好择在七日。"

王二灵虫和他婆娘连声应诺。

一撮毛走出街门，就决然不让王二灵虫再送，说他要召唤抬轿的小鬼了。

王二灵虫回到屋里，拉亮电灯，把那块石头仔细看看——真是一头石狮子，不留神还真看不出来，越看倒越害怕，恨不得当晚就把它扔到河滩去。

好容易挨过三天，遇到七日，王二灵虫心里"咕儿"翻起一个怪念头来。

他忽然想到了三杠子，心里就"扑扑扑"往外冒气：我王二这两年连倒大霉，你他妈真是福星高照；我养貂烂本儿养兔死兔，你他妈养鸡发财，鸟枪换成大炮了；我害下了病越活越瘦，你他妈越吃越肥连个痢疾也不拉。凭心眼凭学问，我王二哪一样比不过你个又闷又笨的三杠子？这么想着，王二灵虫就把那个石狮子搁到三杠子街门外的猪圈围墙上头了。三杠子的猪圈围墙是用杂石垒成的，这尊石狮子撂在墙上，无甚异样，谁也不会留心这儿什么时候添多了一块石头。

事有凑巧，祸中生福。第二天，两位文物普查工作者来到东堡子，有意无意之间，发现了那尊石狮子，忙问："这是谁家的猪圈？"村人告之，于是把三杠子传了出来。文物普查工作者说："这个石狮子，我们想把它带回去，需要鉴定一下，看看是不是有价值的文物。"说着，就给三杠子打了一张借条。三杠子憨憨地笑着，说："同志，尽管拿，尽管检验，尽管……"

王二听见门口人声喧哗，以为石狮子显灵了，三杠子招下祸了，急忙跛着腿走出来；一问明缘由，急得一拍大腿，脸黄眼红脖子硬，拉住那位同志的手不放。

"石狮子是我的！"王二灵虫喊。

"胡赖！"三杠子也火了，"半路上杀出个程咬金，你胡咬胡赖，猴急咧吗？"

围观的村民们交头接耳，窃窃议论，说王二猴精了，精到爱钱不顾场面不要脸皮的地步了——石狮子明明在三杠子家的猪圈围墙上头嘛！王二灵虫心里有鬼，在众人面前不敢把石狮子的来龙去脉说出来，只是缠住两位文物工作者不放，不让人家拿走。这时，村长闻听吵闹声走来，把俩人和两位文物工作者一齐叫到办公室，坐下来。

"怎么回事？"村长问，"王二哥，你说石狮子是你的，有啥凭证？"

三杠子坐在旁边，一看村长开口先问王二，也就听出了村长的倾向性，心地踏实地吸着烟。

王二灵虫低着头，吸着烟，急得头上冒出一层虚汗。犹豫再三，终于把心一横，还是先抓票子，甭顾脸面。这样，王二灵虫就把怎样请一撮毛来耍神弄鬼、怎样发现了石狮子的邪光阴气、怎样清除这不祥妖物的经过，一一叙述出来，末了说："不信，你去找一撮毛先生调查，我要是胡说一句，让我这连疮腿再流十年脓！"

王二灵虫不说还罢，一说这个过程，把在场的另四个人全惊呆了。那两位文质彬彬的文物工作者相对一瞧，推推眼镜，撇撇嘴，摆摆头，露出万万料想不到的惊奇的讥笑。三杠子惊得像做了一场噩梦，脸都气黄了，双手打颤，嘴里却说不出一句话来。村长也惊奇地睁大了眼睛，说："王二哥，你这人心眼太不端正呀！这事做得太缺德了嘛！要是传出去，乡党们非把你笑臭不可！"

"你批评我接受,全部接受,村长。"王二低头不敢抬起来,"那石狮子确确实实是我的。"

"你说的这些鬼事我不管!反正石狮子在我家墙上就是我的。"三杠子寸步不让,反而更加执拗,"是害,你塞到俺家门口来祸害我;是利,你又打上门来抢了!你这回错打算盘了——没门!"

"好了好了,不要吵了。这样——"村长摆摆手,制止了王二和张三,一刀两劈,"要是文物部门鉴定真是有用的文物,政府收买的钱,你俩人二一添作五;你们谁不服谁上告去,先让两位同志把石狮子带走。"

三杠子闷了一会儿,他想,看来这石狮子可能真是王二灵虫的,自己能得一半,也够了,于是便说:"算了算了!我同意村长的意见!我不在乎那几个钱,倒是把他的坏心眼看透了!"

王二灵虫眼看着飞走的人民币又捞回来一半,也就只好自作自受,忙点头说:"算了算了,按村长说的办。"

两位文物工作者告辞了。

王二灵虫回到家,老婆指着鼻子,对着脸骂:"你也太多事了!人家一撮毛说叫你把石狮子撂到河滩,撂了也就撂了!咱损失了,他三杠子也甭想得意外财;咱也不会丢人现眼,让乡党指脊背骂祖先。你可倒好,把石狮子搁到人家墙上,把钱给人家口袋塞,自己还落下个瞎心眼坏心肝!你能你灵你诡你能把你先人羞死!"

王二灵虫自知理亏,又惹不下婆娘,干脆蒙头睡了。

这天晚上,王二听见敲门声,一拉开门栓,又吃一惊——撮毛先生神不知鬼不觉又来了。王二正有气没处发泄,这下遇到对手了。他想立马发作,又怕惹动左邻右舍,就假装啥事也不曾发生,把一撮毛礼让到厦屋里,看他还会耍什么把戏!

一撮毛在椅子上坐下，捋一捋左腮上那一撮长毛，悠哉悠哉地问："王二，你可按我吩咐的事情办过了？"

王二也佯装着说："办了办了！"

一撮毛问："那个石狮子扔到哪里了？"

王二不假思索："扔到河滩的水里头了。"

一撮毛生气地说："我叫你扔在哪里？"

王二假装失误地说："噢噢噢！你叫我扔在最高的那个石坝根下。我当时想，扔在河水里，叫水把它冲远，叫沙石把它埋深，叫它永世不得见天日，再也不能祸害人了！"

一撮毛双手一拍，眼露阴光："糟了糟了糟糕透了！你想那狮子本是旱兽，怎耐得水淹？必是对你仇恨万分！一旦河水改道，那石狮子有了重见天日的一天，必是你大祸临头的灾日！"说罢，紧盯着王二，看他害怕不害怕。

王二却一拳捶在桌子上，气得浑身打颤。他早已不能忍受这个家伙继续哄骗自己："你狗东西骗了我一百块钱，吃了我的饭，喝了我的酒，还害得我……你今日来甭想走了！娃他妈，快去叫村长！"

"吱——哇——"

王二婆娘刚站起身，还没转过身，却见一撮毛忽地一下跳到门口，喉咙里发出"吱——哇"一声怪叫，像鬼哭狼嚎，阴森逼人。一撮毛把那撮黑毛咬在嘴里，从腰里摸出一把尖刀，压低声说："跟我走，到河滩，把扔石狮子的地方指给我；不然的话，我这把专门指挥鬼的刀子，把阴间的大鬼小鬼恶鬼泼鬼全给你引来，闹得你死不下也活不旺！"

王二婆娘吓得背靠墙站着，大气不敢出，脚不敢移，直翻白眼。王二毕竟是个男人，早已不信什么大鬼小鬼的事，倒是一撮毛那把寒光闪闪的刀子令他胆颤。他说："先生！我是黑天撂下河的，现在也记不清具体地点了。那石狮子有朝一日出来了，祸害我王二就祸害吧！我不怪你，也不怪你的神术不灵！你走吧！"

那一撮毛见王二口气软了，也就收起刀子，重新坐下，点燃一根黑色雪茄，说："王二，咱干脆挑明了说吧！你那个石狮子，我看像是个'古董'，叫你扔在石坝上，今黑来取，不料你把它给撂到河水里去了。这样吧，你引我去捞，捞出来卖下钱，咱俩二一添作五。"

王二这下才暗暗叫苦，暗暗吃惊，没料到这个一撮毛先生也在石狮子上头捣鬼。自己捣三杠子的鬼，岂不知一撮毛正捣自己的鬼。

这一撮毛平素以耍神弄鬼为名，骗取钱财，深入人家，以杀鬼捉鬼为由，前院后院，屋里楼上，旮旯拐角，到处乱钻，一旦发现"古董"，就想着法儿骗走——说是不祥之物，吓得主人不敢吭声；他转手卖给文物投机商，赚得不少钱财。现在，眼看一尊石雕狮子到手，却被王二扔到河里，他只好实话明说，等把石狮子捞出水来，再作主意。

王二这边一听，完全明白了，再也隐瞒不住，也只好实话实说，把今天发生的事叙说一遍，唉声叹气："好我的先生哥哩！你那晚要是把话说明白，这石狮子由你卖，卖下钱咱俩二一添作五，哪有后来这些麻烦？现在让我丢了财，丢了脸，你也得不到钱了，单给三杠子弄下好事！你看，我没办法了！"

一撮毛一听，忽然又跳起来，"吱嘎"一声鬼叫，用刀尖指着王二说："一块到口的肥肉，硬叫你他妈给旁人塞到碗里了！也罢！此事就此了结。你不许再给人说我来找过你；要是说了，我就不客气了！"

王二连连点头，发誓赌咒，绝不漏风；王二婆娘吓得软倒在地。一撮毛忽地一跳,蹿出门去,跑了。

三天之后,一辆吉普车开进东堡子,一直开到村长家门口,走下那两位文物普查工作者。村长随之传唤王二和张三到他家去。

王二灵虫一进门,向两位文物普查工作者点点头,看看这个,瞅瞅那个,想从他们的眼色里得到某些兆头:石狮子到底值钱不值钱?却看不出来。人家俩人只抽烟,脸孔挺平着。不过两分钟,三杠子也进来了。

那位戴眼镜的同志说:"一般人认为,这石狮子是清末民初的石刻,大约是乡村的财主在祖先坟上敬奉的石兽,没啥价值,刻工也平常,和一块普通石头没啥差别,是谁的让谁抱走……"

王二浑身都松了劲儿,像上紧的发条一下子"啪啦啦"绽开来。他转而一想,翻来倒去,钱没捞上一个,倒是给村里人留下笑柄,留下一个瞎心眼的坏名声,于是灵机一动,计上心来,忙笑着说:"这石头不是我的。我给村长坦白,请一撮毛捉鬼的事是我临时编的,没那事。"

三杠子倒莫名其妙了。他那天后来再想,确实记得自家猪圈墙上,本来就没有这个石狮子嘛!现在,王二弄得他真真假假糊里糊涂自己也搞不清了,就笨嘴笨语地说:"算毬了!这石狮子虽不值钱,当块石头垒猪圈还能派上用场,我抱走了。我不怕鬼!"说着就抱起石狮子出门去了,王二也跟着走出去。

村长撵到门口,把俩人又唤回来。

那个戴眼镜的文物工作者郑重宣布:"但是经过专家鉴定,这是一尊汉雕石狮,造型朴拙浑厚,正是汉时的艺术风度。张三同志,政府奖给你五百元人民币。请你签字。"

三杠子把石狮子放到桌子上,接过一厚扎人民币,怔住了;再接过那位戴眼镜的同志递过来的钢笔,呆呆地站着。

王二灵虫"唉"了一声,蹲在地上,双手抱头,再也说不出一句话来。半天，他瞅瞅这个，望望那个，站起身，朝门口走去。

三杠子忽地转过身，拉住正要出门的王二，一把把钱塞到他手里，再把钢笔也递上去："这石狮子是你的，我心里有数！钱你拿上，字由你签。这不含糊！"

王二灵虫眼睛睁得像鸡蛋，不敢接钱，也不敢接钢笔，羞愧地低下头，喃喃地说："老三，三杠子，不管咋说，这钱我没脸拿了！"

村长明人快语："还是按那天的口头协议办吧！二一添作五，王八一半鳖一半，王八签字鳖也签字！哈哈哈！"

三杠子倒认真起来："村长，这石狮子确实是王二的，只是他捣来捣去，把他自己的石狮子反而倒给我了；我可不能白拿旁人的钱财。再说，王二这几年家事不顺，营生也不顺，经济紧张；我嘛——实说并不在乎这三百五百……"说罢，把五百元一扎的人民币硬塞进王二口袋，出门走了。

王二愣愣地盯着三杠子的背影，眼泪涌出来了，捏着钢笔，手竟然抖得写不出自己的名字……

轱辘子客

轱辘子客给派出所民警逮走了。

消息和黎明一起来到龟渡王村。村民们并不分辨消息的真伪更不惊诧。

"轱辘子客"是乡间对那些赌博成性的赌徒的通称。龟渡王村的人把做豆腐营生的人叫"豆腐客",把做风箱绝活儿的人叫"风箱客",把在集镇上做买主与卖主中间协调工作的人叫"牙客",把作风不好的男人叫"嫖客",又把那样的女人叫"窑客"。把赌徒叫轱辘子客,是起源于一种甚为古老的赌具。在龟渡王村当代村民的意识里,轱辘子客是专指王甲六的,谁一说轱辘子客,大家就明白那是指的王甲六。

王甲六赌博的名声远近皆知。解放后禁绝多年以至后来出生的男女村民像看工艺品一样看见的麻将,就是王甲六不知从哪里弄回来的。米黄色、骨质、小巧玲珑、印着点点花花杠杠圈圈,那形状像缩小了百余倍的一块一块砖头,所以赌徒们根本不说打麻将而用行话说"搬几把砖头"。王甲六弄回麻将来又找不下对手,于是叫来几位对劲的朋友,不厌其烦地教给他们麻将的玩法儿,然后就围坐在火炕上玩起来。王甲六的女人起初也没料到这东西会那么邪乎,以为不过跟扑克牌象棋一样玩玩而已,她还热情地给那些前来凑兴赏光的乡党沏茶递烟招待哩!他们开始从一支劣质纸烟赌起,然后是一分二分的硬币,再往后就从角票发展到块票以至十块一疙瘩的票子像柿树叶子一样飘落。王甲六的女人早已懊悔不迭,满村追寻王甲六的踪迹。王甲六有时三天五天不沾家不露面,她提着菜刀满村满街寻找,声言要把狗日的手剁了。

　　轱辘子客王甲六打麻将已修炼成一身真功夫。一摆开麻将,如果没有派出所的民警和提着菜刀的女人的惊扰,他可以一直打下去,不吃一口饭也不喝一口水更不会丢盹儿打瞌睡,最高的纪录是五天六夜。那一次令人记忆深刻,进入地道(备战年代修的)时小麦才现黄色,而当出地道时满川满塬的麦子已收割过大半。他的女人扬着割麦的镰刀照他脖子砍来的时候,他巧妙地抓住她的手腕,而且把那手腕扭到背后,一直把她推进大门,然后从腰里摸出一厚扎票子塞到女人怀里说,看看能不能补上被风摇落的麦子?女人还是被那一扎砖头厚的票子镇住了,气自消了大半。王甲六赌博功夫深厚,赌技却也一般,据说根本不靠赌技而全凭运气。他有输有赢,自然也就有痛快淋漓和沮丧不堪。他赢了想赌输了更想赌。无论村人的鄙视亲友的苦劝警长的训斥以及最难对付的女人的混闹,一当看见赌友的眼色时全部烟飞云散忘记得干干净净。他的正当营生是杀猪卖肉,从农户手里买得生猪然后自宰自销,累计下来至少也有三几万元的收入了,可大都孝敬给赌徒了。他把自个手中的钱赌了输了又把女人的存折搜出来赌了也输了。

　　女人终于逮住了一回,撕着耳朵把他拖回家里,问他今晚输了多少;他态度和蔼满脸堆笑,说没输也没赢。女人追问说,去了赌场身上自然装着钱,既然没输没赢那钱也就原数未动就该立马交出来;他依然笑着说他根本没有一块钱,只是看看热闹。于是她就扒光他的衣服,搜了里子又搜夹层,果然只搜罗到几张烂糟糟的毛票。她肯定他输光了。她打得男人王甲六跳到炕上又蹲到桌子底下,依然不停不饶地追着打着。王甲六的头上脸上隆起一个个鸡蛋似的疙瘩,身上横竖交错着红血印子。王甲六实在撑不住招不起猛地拉开门栓往外逃。女人急了赶上两步一家伙砸在他的未跨过门槛的那条腿腕上。王甲六"扑通"一声栽倒在门外，挨打的那条腿慌急中甩脱了棉鞋，那鞋窝里"哗啦啦"飞出一张张十块面额的人民币，少说也有七八十张。她顾不得他摔得是死是活赶紧扔下擀面杖捡拾票子。这当儿王甲六已经金蝉脱壳似的逃走了。他并不十分难受，另一只棉鞋里还藏着五六百块，总算保存下来，已属万幸。他又赶往赌场里去了。

辁辘子客刚临不惑之年。他的老子是个笑弥陀佛的屠夫杀手，生就一张笑眉笑脸，却成就了一辈子白刀子进去红刀子出来的行当。无论老屠夫怎样和善，毕竟是杀生的刀子手，下九流，人不得王氏家族的祠堂。那些吃猪肉喝猪血的族长族子族孙们人得而杀猪的他人不得，他也不曾认真地想过，不准人就不人了。王甲六生就一副俊相，俊俏的腰身俊俏的肩膀，俊俏的眉眼俊俏的脸庞，开口自带三分笑，谁见了都愿拉上几句闲话儿。人说这娃子承继了老屠夫的全部优长而又排除了老屠夫的缺陷，譬如老子的那双水眼泡儿就绝无痕迹。老子人不得祠堂而王甲六根本不用顾虑人不人祠堂的问题——祠堂早已改建成龟渡王大队的办公室了。

王甲六长得俊俏而命运不济。他高中刚念了一年却推迟了几年毕业，因为其间正好遇着没完没了的"文化大革命"运动。他回到龟渡王村就参加"农业学大寨"运动。他有文化会写又能画，常常帮助党团支部搞宣传工作，满村满街的墙壁上都是他写的画的标语口号和图画。他的俊俏眉眼不仅吸引男青年更吸引女青年。他很快成为青年们的领袖，很快取代了已经超龄的团支部书记而成为龟渡王村的重要角色。尽管免不了一些闲言碎语，说人不得祠堂的人的后代居然也在人前吆五喝六，但终因其霉味太重而放不到桌面子上来议。况且年过六旬的党支部王支书特别器重王甲六，明显表示出要把王甲六培养成接班人的意向。王支书与刘大队长几十年来貌合神离，谁把谁也搞不掉，谁对谁也服不下，形成这种局面的根本原因在于两人所代表的龟渡王村的王刘两大姓氏。老支书因为比大队长年龄大过十余岁而率先感到了威胁，想在王姓姓氏里培养出一个年轻人来接班，以免大权旁落。王甲六应运而至。刘耀明大队长早已明白这个底里，却不动声色。老支书说要着手培养接班人的工作，他立即表示拥护，而且提出培养对象王甲六。

刘耀明既厌恶老支书的狡滑又蔑视他的愚蠢。如果把王甲六安排为一个副书记，那么他就由二分之一变成三分之一了。然而目下从中央到地方都在大喊大叫培养革命接班人，自己根本不能愚蠢地表示抵制；况且王甲六的表现有口皆碑，表示异议同样是愚蠢的。他如果连这点路数都回旋不开，岂能与王支书共事到今天？

刘耀明早已观察到王甲六和女青年王小妮眉来眼去意意思思。他最初一直不大在意，认为那是年轻人的事，而现在却觉得有机可乘。王小妮很活泼很积极很泼辣也很漂亮，是龟渡王村"学大寨"运动中的"铁姑娘"。她老子王骡子却是个吃生米甚至连谷穗也嚼食的冥顽不化的拗熊。他与王甲六的屠夫老子有旧仇；尽管是解放前为地畔争执而今地畔早已不复存在且屠夫已经谢世，而他仍然记着死仇。他早已向女子小妮警告过，除非王甲六当了接班人倚权借势杀了他才能成婚云云。大队长刘耀明把这一切算计得准确无误，然后就找寻一个合适的机会或者说准备创造那个想要得到预期目的的机会。机会总是有的。

老支书到县上开会去了，会议专题学习中央关于加速培养各级革命接班人的指示精神，会期三天。大队的工作自然由刘耀明主持，大队办公室也自然由他值班睡觉。他第一夜睡在办公室的土炕上，想着两天后王支书回来就会理由更充足地着手王甲六的任职问题的实施了。第二天晚上他照例坐在办公室里翻报纸，满纸都是有关接班人的论述和报道。王甲六来了，和他商量青年突击队加班夜干修水库的问题，而且提出青年们要添置一个新篮球而必须经大队长批准才能开支。他大大赞扬了青年突击队"学大寨"的热情而且顺手就在申请买篮球的纸头上签了字。他很爽快果断而不像老支书那么啰啰唆唆。他答应了王甲六的要求之后又连连咂舌皱眉。王甲六以为他反悔了忙问究竟。他说他老舅要盖新房是夜夯地基，理应去帮忙去庆贺而恰恰不能脱身。王甲六自告奋勇代替他值班。结果是刘耀明披上夹衣上塬给老舅父夯地基去了，王甲六睡在大队办公室里值班。

夜半时分。大队办公室里，那个铺着公用被褥的土炕上，王甲六和王小妮正在如愿以偿初试云雨，而且不一而足。春夜里弥漫着春花春草气息的春风从纱窗吹进屋子，两个十分要好十分钟情的青春男女狂热地在那个公用土炕上没完没了地爱抚。他们庆幸得到了一个难得的机会而丝毫不知这是刘耀明设下的陷阱。

后来的事情就完全按刘耀明大队长的准确设计一步一步演进着。王骡子正睡着，听见一个陌生的声音在窗外喊："老骡子你狗日还睡！你女子在办公室炕上……"老骡子手提板斧，奔出大门时，衣服后襟被老伴扯断了。他光着脚一气奔到昔日的老祠堂现今的大队办公室窗根下，一斧头就劈断了纱窗，吓得两个正在柔情蜜意中的男女魂飞魄散抱头鼠窜。而老骡子未能跳进窗子就气死在窗台上。看热闹的人围来的时候只看见办公室大炕上遗丢着王甲六和王小妮的衣裤鞋袜和擦过排遗物的烂纸……局面像打碎的瓷器一样不可收拾。

当老支书带着自信的微笑走回龟渡王村的时候，他在县上学到的理论以及深思熟虑的决策全部宣告破灭。刘耀明冷静而又谦卑地连连检讨自责,说自己失职。王支书只好硬着头皮给自己圆面子,说根本不是他失职不失职的问题而是王甲六的自我爆炸——"自我爆炸"是自林彪死于温都尔汗之后的一个时兴名词。

最惨的是王小妮。曾有多少个条件优越的求婚者像过眼烟云一样被她拒绝了。现在,王骡子以不顾一切的急躁情绪托亲告友为丢尽了脸面的女儿觅寻落脚之地,不管贫富不论长相瞎子跛子都不在意只要求愈远愈好,而且声言一旦嫁出就不再往来权当女儿死了没这个女儿了。龟渡王村最漂亮最活泼最积极最泼辣的"铁姑娘"终于被嫁到山里去了,谁也没见过她的女婿是什么模样,据说不见比见了要好些。

其次是王甲六。他的能写会画不再是一个令人羡慕的优长,而成为令人厌恶的诱人干坏事的手段;他的俊眉俊眼也变成令人恶心的流氓的标志。他长过二十五岁又长过二十八岁,还没见任何媒婆媒汉为他提亲做媒。他完了。他灰得比龟孙子还灰。他比龟渡王村揪出来的"地富反坏"分子还灰。这原因在于龟渡王村历史悠久,民风淳厚,仁义之乡也!他在村里实在活得太窝囊了。有一天,刘耀明大队长悄悄给他说了一桩亲事。

那个女人其实跟王小妮的遭遇大同小异。离这儿百余里的田家庄的一个女青年和下乡来帮助搞路线教育的一位干部发生了关系,名声倒了,难得出嫁,亦是托人远嫁。刘耀明当干部眼宽路熟,得到这消息,就想到了王甲六。他觉得对王甲六有一种说不出的负疚,这未尝不是一种心里慰藉。王甲六早已失了婚配选择的基本条件,饥不择食地娶回了那个失过身的女青年——就是现在拿着切面刀满村撵着要剁他手腕的女人。

多年以后,当王甲六搂着这个女人睡觉并且有了儿子又有了女儿的时候,他不止一次地想到刘耀明这个人。这个人令他憎恨得咬牙切齿又令他折服得五体投地。和王小妮的风流韵事酿成的灭顶之灾过后不久，他就知道了刘耀明在其中所做的手脚，他恨不得用他爸留下的杀猪尖刀捅了那个刀条脸的家伙，然后再一刀结束了自己，免得一想到可爱的王小妮如今的下落心头刀绞般痛楚。这个并不令他留恋的龟渡王村之所以还使他留下，仅仅只是因为老屠夫留下的比他还小的两个妹妹和一个弟弟都未成人。当刘耀明给他又介绍下这个女人的时候，他除了平复仇恨更折服于刘耀明的为人。天哪！相比之下，凭他自己的无知和浅浅的涉世能主宰龟渡王村的大权吗？差得太远了！令他感到安慰的是，刘耀明给他介绍的这个女人长得虽不及小妮，可也算得女人中的上梢；至于她婚前跟某下乡干部的勾当，根本不必计较，说穿了与自己是殊途同归。平静的生活使他得到满足，这个女人诱人的身体也使他的感情渐渐平复。而后来发生的事，却使王甲六又一次体味到人生的另一种痛苦和开心。

无论如何，王甲六做梦也想不到刘耀明还会在自己的女人身上打主意。在他看来，刘耀明是龟渡王村最厉害的一个人，他的心计和心数儿在龟渡王村可以说空前绝后，老支书根本不是他的对手。可王甲六从来没有想到刘耀明还会搞他婆娘之外的女人。那人的刀条脸上永远没有大喜大怨的时候，从那刀条脸永远也看不到谄媚什么人或厌恶什么人，那刀条脸对龟渡王村的男女老少永远是帮你解决一切最困难最琐屑的愁肠事的认真诚恳的态度，你只能完全信赖而不会产生一丝猜忌。

那一年刘耀明承包了大队的砖厂，雇用了一些龟渡王村的男女青年。王甲六一时找不到挣钱的营生，又不愿意下气到刘耀明手下去挣钱。刘耀明大约看出什么而邀请他去当推销员，又请他的女人去做会计和给雇工计工计时。事情就从那时候开始起了变化。

那一晚王甲六从西安一家建筑单位回来是偶然的缘由，原先说好不回来因为事情的变化而又回来了。回来了他就在砖厂刘耀明的卧室的小窗户外听到了他不想听到的那种动静和声音。他在想像老骡子一样砸碎窗框的时候却比老骡子多了一副心计也多了一份节制力。他悄悄离开了。

他离开砖厂就跑起来，奔回家门，没有惊动正在熟睡的孩子和老娘，悄悄摸出老屠夫弃置已久锈迹斑斑的杀猪刀，直奔刘耀明家。他叫开了门而且悄悄告诉那个半老女人说，刘耀明喝醉了，呕吐出血来了，要她去关照男人。他拉着惊慌失措的半老女人走出村子以后，就把尖刀的锈痕斑驳的刃子横在她的鼻尖上，威胁她跟他走绝不许胡拧咄，无论她看到什么听到什么而没有得到他的指示绝不许说话或轻举妄动……他把她像吓傻的猪一样拖到砖场的窗户下。

半老女人听到了窗户里头床上的令人噎死的淫荡的声音，又看见鼻尖上横着的刀刃，一下子气死过去了。王甲六一刀割断她的腰带，就在窗下的台阶上拉下了她的裤子。她迅即醒转来就再也忍不住了，叫起来喊起来撕扭起来。王甲六死死压着她洋洋得意地说，现在你喊吧你叫吧声音越大越好……

紧锣密鼓似的过了一天，刘耀明在砖厂摆弄下一盘腊汁羊肉和一盘腊汁牛肉、两瓶"西凤"，邀请王甲六。王甲六和刘耀明坐在当面，心情竟是从未有过的沉静。他侮辱了刘耀明，比刘耀明欺侮了他更使他觉得划算得多。他已经无所顾忌而刘耀明却顾忌甚多。他冷眼瞅着刘耀明掏出来的一厚扎票子，迫使刘耀明又缩手装回口袋。刘耀明对他再不是一个可怕的蝙蝠翅膀，而不过是一只癞蛤蟆。他解除了多年以来那有形无形的蝙蝠翅膀投射在心里的阴影。他报复了他想报复的一切而酣畅淋漓。他根本不计自己付出的代价因为他的代价早已付出得太多。他第一次觉得和刘耀明坐在对面没有畏怯之感了。

酒后的默契是各行其是和忘却前嫌。刘耀明继续承包砖厂，一年比一年挣得多。王甲六把老屠夫杀猪刀上的锈痕磨光擦亮，无师自通地干起了白刀子进去红刀子出来的祖传营生。那个女人经过一番风流二番惊吓之后也收了心，跟着王甲六压猪腿拔猪毛卖猪肉。两个身上和手上都沾着猪毛油腥气息的肉体互相不能嗅觉，倒显出相对的安静与和谐。

王甲六日子好过了，钱多了，老娘突然仙逝——高血压致使一跤而毙命。王甲六大动响器，八挂五的乐人外加一台木偶戏，公社电影队的电影连放三晚，七寸厚的松木棺材是龟渡王村死过的老人中的最高级享受。他的两个妹妹早已出嫁不提。唯一令人惋惜的是弟弟入赘过继到县城跟前一个无男娃的人家里去了，那时候王甲六正背霉正困难正活得人不人鬼不鬼毫无办法挽留亲爱的同胞弟弟。现在，他久久地跪在新堆成的母亲的坟堆前，茫然瞅着和新坟并列的荒草萋萋的老屠夫的旧墓堆，心里忽然幻起一股黄烟，弥漫过头顶又迷蒙了眼睛。他久久处于一种茫然的无知觉状态。

王甲六醒过来时，看见缀满天幕的星星。星际那么浩渺又那么虚幻，离他那么近又那么远，看上去什么都清清楚楚又什么都朦朦胧胧……他觉得自己可怜可笑又十分可憎。他觉得刘耀明可憎可笑又十分可怜。

第二天早晨，他从帽子上摘下孝布扔在炕角里，因为他觉得为母亲守孝白布要戴过百日的仪礼也十分可笑。他没有踏上自行车走村串庄去收买肥猪。他想散心了。他想逛他妈的一逛了。他把千余元现钞塞进腰里就搭乘远郊公共汽车进西安逛去了。其实他在西安只逗留了半天。他看见那些穿着时髦新装的青年男女在大街上勾腰搭背的亲昵动作，他忽然想到了小妮！哦！恍若隔世啊,虽然仅仅只不过十来年光景。他找到山里去,没有找到王小妮而终于弄清了可爱的小妮的下落——她在新婚之夜就走进了自己的坟墓。他在山里小镇上逛了两三天,竟然绵绵思想与小妮的魂灵陪伴……他再次回到西安城里,进电影院看不完最叫座的时髦电影而提前退场,进豪华餐厅叫来一桌酒菜拨拉不了几筷子又惶然离去……他终于如愿以偿带着一副米黄色骨质麻将回到龟渡王村里来……

……

王甲六给派出所淘着厕所。派出所的一切杂事脏活都留给那些被抓进去的倒霉鬼干了。轱辘子客王甲六用铁勺舀挖腥臭不堪的秽物的时候,忽然想到自己四十年来的这许多劣迹,却又无可奈何,正像人总想走一条笔直的路而其实每一步都歪着一样无可奈何。他等待县公安局的拘捕车来载他进拘留所。警长忙着办理拘捕他的手续。午后,警长回到所里时突然通知他,尽管他属屡教不改早该收监劳改,但仍然再给他一次机会:今晚在龟渡王村召开村民大会,让轱辘子客王甲六和那一帮轱辘子客向村民坦白检讨保证。

轱辘子客王甲六却竟然感到小小的意外。

坐乘供销社的运货卡车,王甲六回到龟渡王村昔日的祠堂前多年的大队革委会如今的村民委员会办公室。一进院子再一进屋子,那个土炕依然盘踞在那儿——那个留下他和王小妮半宿风流一生悔恨的土炕啊!

他听见了那个熟悉的昔日曾令他毛骨悚然而今又令他恶心的声音。嘿!刘耀明!刘耀明老了也更老到了,刀条脸上的表情比以往任何时候都更趋成熟了。刘耀明和警长又和乡长安排着今晚的大会议程。刘耀明推托说让别人主持会议说自己老了不行了。警长和乡长一致说他是村长不出面主持这样的大会太不像话。刘耀明看根本无法推托就勉强接受下来了。王甲六蹲在墙角旮旯里，心里"呼呼呼"地往上蹿火：刘耀明有什么资格主持批评教育我王甲六的大会？他龟孙子给我回话求和还来不及哩！他忽然从地上蹿起来，一蹦蹦到警长当面：

"警长乡长乡长警长……我有一句话要说：龟渡王村任何一个安着鼻子安着眼睛的人主持这个大会我都诚心实意做坦白做交待做检讨，只有这个……刘耀明……没资格主持批判我的会……"

警长和乡长一齐瞪起眼睛。

乡长说："这事你管不着你只顾做检讨！"

警长说："啥时候了你还不老实！"

轱辘子客王甲六急了也豁出来了："我宁愿去坐监去劳改你们现在可以立即送我去县拘留所，可我绝对不愿意再听见刘耀明在我面前说三道四！"

乡长似乎听出什么蹊跷，对警长使一个眼色就做出和蔼耐心状："你甭急你甭躁，你说说到底有什么问题？"

轱辘子客想把刘耀明的根根底底连兜子翻一遍，却忽然想到自己曾经用锈痕斑驳的杀猪尖刀割断刘耀明婆娘裤腰带的犯法的事，他咬着嘴唇瞪着眼睛半天说不出一句话来。再闷下去就会给乡长和警长造成无理取闹的印象，轱辘子客王甲六脑子一转就改口说："刘耀明倚仗职权承包龟渡王村集体砖厂，承包租金少得跟白占一样，你是乡长你是警长为什么不管他只抓我王甲六赌博？"

乡长骤然变色训斥说："刘耀明的问题归刘耀明，砖场承包合理不合理也不是你一个人说了算，你赌博成性屡教不改至今仍混闹不休看来真是无可救药了……开会开会立即召集村民开会！"

警长也厉色道:"看来你是不想珍惜我给你的这个最后机会了?"

轱辘子客想说什么,却说了风马牛不相及的话,已经颓然闭起了眼睛,"扑通"一声跌坐在地上,嘴里啜嚅咕哝着什么话,谁也听不清,谁也不再想听他胡说什么,只顾忙活召集村民开会。

龟渡王村几年来甚为稀罕的村民大会,说定了最终还是由刘耀明主持。

1988 年 2 月 13 日
于白鹿园

害　羞

一

　　轮到王老师卖冰棍儿了。

　　小学校大门口的四方水泥门柱内侧，并排支着两只长凳，白色的冰棍儿箱子架在长凳上，王老师在另一边的门柱下悠悠踱步。他习惯了在讲台上的一边讲课一边踱步，抑扬顿挫的讲授使他的踱步显得自信而又优雅；可他现在不是面对男女学生的眼睛而是面对一只装满白糖豆沙冰棍儿的木箱，踱步的姿势怎么也优雅不起来自信不起来。

　　王老师是位老教师，今年五十九岁明年满六十就可以光荣退休。王老师站了一辈子讲台却没有陪着冰棍箱子站过。他在讲台上连续站三个课时不觉得累，在冰棍儿箱子旁边站了不足半点钟就腰酸腿疼了。他站讲台时从容自若有条不紊心地踏实，他站在冰棍箱子旁边可就觉得心乱意纷左顾右盼拘前谨后了。他不住地在心里嘲笑自己，真是莫名其妙其妙莫名，教了一辈子书眼看该告老还乡了却卖起冰棍儿来了！

　　临近校门也临近公路的头一排教室里是低年级学生，从一边的教室里骤然爆起合读拼音文字的声浪，琅琅的嫩声稚气的童音听起来十分悦耳。听到这声音使人会联想到雨后空谷的草地，晴日蓝天上悠悠飘浮的白云；听到这声音使人会释化积郁的心绪，变得宽宏仁慈心地和善。每个男女都曾经发出过这样优美这样纯净这样动人的声音，后来又都永远发不出这样动人这样优美这样纯净的声音了。随年岁递增他们的嗓音一律变化了，有的变得粗暴狂放了，有的变得颐指气使了，有的变得深沉忧郁了，有的变得油腔滑调了，有的变得傲性十足酸味十足了。王老师天天都能听到这种嫩声稚气的童音合读或合唱，几十年来几乎每一天都在这种纯净的声音里滋养。他的面色柔和，纹路和善，明眸皓齿，鹤发银亮，全是稚气童音长期滋润的结果。直到今天轮他卖冰棍儿，王老师就有些惶惶不可终日似的踱起步来。

"王老师好运气！今日轮到你卖冰棍儿天公也凑趣儿！预报三十七度，该当发财！"

历史科任老师刘伟正从大门进来，手里捏着几盒烟，穿一件罗筛眼儿背心，两颗男性的黑色乳头隐约可见，脚尖上挑着厚底儿泡沫拖鞋。一副悠然自在的神气，瞧着王老师说话。

王老师嘿嘿笑着，表示领受了羡慕，明知刘伟从外边买烟回来，也明知历史课排不到头一节，还是要搭讪着问："噢噢！刘老师，你出去买烟了？你这节没课？"问完了立即就意识到全部是废话。

刘伟大约也知道这是废话，可以根本不回答，只顾瞧着他的冰棍箱子，然后摇摇头，"哧"地笑了："啊呀我说王老师呀！你把冰棍儿箱子藏在大门柱里头，外边过路人瞅不见，学生又没下课，你的冰棍儿卖给鬼呀？"

王老师说："没关系没关系，学生下课了就来买哩！"

"把冰棍箱子摆到大门外头，学生下课了卖给学生，学生上课了卖给过路的人。你把箱子摆在大门里头，损失太大了。"刘伟瞅着他，端详着，忽儿一笑，"噢呀！王老师，你是害羞呀？"

王老师一下子红了脸，有点窘迫，却装出根本不是害羞的样子说："我老脸老皮了还害什么羞！"

"不害羞就好！"刘伟说，"而今可不兴害羞。你要害羞啥事也弄不成，不害羞才能挣钱升官发洋财。凡要成大事发大财者，必须先接受一项心理素质训练——排除羞怯。"

王老师已经品出刘伟话里是含沙射影，机锋毕露，这种谈话已经超出他的素有的习惯，就哑了口，不去迎合。他的职能范围是六年级甲班班主任，教授语文课，外兼六乙班语文，扩大到头他的职责只有两个毕业班的一百零三名学生。他搪塞说："啊呀！刘老师，今日轮我卖冰棍儿，班里的事你多照应一下。"刘伟是他的助手，六甲班的副班主任。

"班里没事，你放心卖你的冰棍儿。"刘伟说，"我倒是担心你的冰棍儿卖不完，化成水，你赚不了钱还得把老本贴进去。我来帮你把箱子挪到大门外头去，躲在门里不行哇！"说着，他把纸烟放到箱盖儿上，腾出手来背起箱子，又招呼王老师挪凳子。王老师一手提一个长凳，挪到大门外头，并排放好。刘伟搁稳箱子，给王老师做起卖冰棍儿的规范动作来："王老师你瞅着，这一只手搭在箱子盖上，这一只手防护住钱带，钱带要挂在脖子上。一只脚站着另一只脚歇着，这只脚站累了再换那只脚。眼睛要瞅住过往的人，老远就吆唤一声'冰——棍儿——'。弄啥就得像啥，教书你得像个先生，卖冰棍儿就得像个卖冰棍儿的架势……"

王老师被逗笑了："好好好！刘老师，我多谢你启蒙开导，我会了。"

刘伟滑稽地笑笑，摇摇摆摆走进门去了。

刘伟走了，王老师还是没有勇气按刘伟示范的架势去做，还是在离冰棍箱子一二米远的路边踱步，却不由得在心里品评起刘伟来了。

三十几岁的刘伟是恢复考试制度头二年考中师范学校的，

七八年来在本乡所属的几所小学校转来转去最后算是在本校扎住了脚。他有一颗聪明透顶的脑瓜唯独缺少了一点毅力，他多才多艺学啥会啥结果却是样样精通样样稀松。他教高年级语文嫌其浅显无味教数学又讨厌其枯燥，最终他选择了历史科目，主要是可以不负太多的责任，升学考试或本乡统考不考历史，他就没有任何压力。他已经放弃了写小说弹电子琴而对围棋兴趣正浓。他的性格有时可爱有时又执拗得不近人情。他走过的学校没有一个领导喜欢他但事后却都说那小伙子其实不错。他读过不少古今中外的野史，对一切人和事都用历史典故来佐证他的看法属天经地义。他不巴结谁也不故意伤害谁，谁要是惹下他，他会把中外历史上一切奸党逆臣引来证明你与他们属一丘之貉。领导害怕他又藐视他。他在本校唯一没有犯过纠葛的人就是王老师，所以领导让他做王老师的副手当六甲班副班主任。王老师有时觉得这人正直得可爱聪明得可爱，有时候又觉得这人不成景戏！穿那样裸身露肉的衣服满镇子上跑，老师总得注意点仪容仪表嘛！然而他只顾结紧自己的风纪扣而绝不会去指责刘伟的涣散。

一个牵着孩子的女人买了一支冰棍走了，留下一枚五分硬币。王老师接过那五分硬币时手掌里竟有一种异样的感觉，无论如何，第一个买主已经光顾了，冰棍生意开张了。

二

入夏之前，学校买回来一套冰棍儿生产机器，这是春节后开始新学期一直吵吵嚷嚷的结果。开学后，教师们议论最多的是春节期间的见闻，见闻中共同的强烈感觉是在本校教书最可怜了。张老师说他弟弟所在的工厂除了发年终奖金还发了过年所需的一切，鸡鱼油菜粉丝黄花木耳猪和牛羊肉以及烹调所需的大料都每人一份发齐了，连卫生纸也发了一大捆。胡老师说他姐所在的公司除了发上述吃食外，还发了电热毯电热杯气压热水瓶。大家觉得学校毕竟比不得企业，于是就与本乡的学校横向比较，这个学校办个皮鞋加工厂给每个老师发了一双毛皮鞋价值三十多块，那个学校买了豆芽机卖豆芽老师们分了说不清多少钱，唯独本校什么也给老师发不出……议论从私下发展到公开，终于进入本校校务会议议事日程，冰棍机器买回来了。

原先勤工俭学让学生"学工"的两间房子彻底进行了清除，墙壁刷新了，冰棍机器安装好了。因为一开始就明确是利润性生产，自然不能指靠学生来担承，于是就得雇民工，于是就有几位以至大部分老师向校长成斌申述自己的种种艰难，要求把自己的儿子或闲在农村的妻子招来做冰棍工人。成斌校长的爱人也在农村，春闲无事，他想把身强力壮的中年爱人弄来挣一点收入，面对好多老师的申求而终于没说出口。他对所有申求者都一律说："好好好，统一研究之后再说。"成校长和吴主任研究出一个最公道的办法——让所有申求者抓阄。抓阄的结果自然是抓中的高兴，抓空的也对校长没有意见，因为校长自己也抓空了——没有后门。王老师没有参加抓阄，他的三个女儿早已出嫁，一个独生儿子正在交通大学读书，令好多老师羡慕。

冰棍生产顺利而且质量不错，招来了附近村镇一些男女青年趸取冰棍儿。没过几天，几个教师向校长成斌提出建议，说咱们生产冰棍却让旁人把钱赚了，倒不如让老师们自己赚。在成校长和吴主任进一步研究的时候，体育教员杨小光已经等待不及勇敢地闯过禁区，率先在冰棍厂趸了一箱冰棍儿，放在操场上的树荫下，让学生们在炎炎烈日下打篮球踢足球跳绳翻杠子，然后宣布休息五分钟："每人至少一根冰棍儿，有现钱的交现钱，没现钱的跟同村同学借下，借不下的先欠着以后来校时带上就是了。"

他每天有四五节体育课,销售的冰棍可以赚七八块钱。有人立即向校长成斌反映了杨小光向学生兜售冰棍儿的问题。成校长找杨小光谈话,想不到杨小光比校长更理直气壮:"你生产冰棍儿是不是给人吃的?是不是只许外人吃而不许本校学生吃?你看不见那些小贩趸了冰棍就在学校门口卖给学生?这样热的天,学生上体育课热得要命渴得要死,纷纷奔大门口去买冰棍儿,我这体育课还能不能上下去?我为学生服务关心学生健康给学生供应冰棍儿有什么不对?我赚了几个烟钱你就有意见了是不是?你没意见谁有意见叫谁当面给我提出来,让他来教体育课好了!我三伏能热死三九能冻死教体育算是倒八辈子霉了,你们当领导的谁说一句公道话来?"

校长成斌在连珠炮下首先乱了阵脚,立即转了笑脸换了口气对杨小光解释起来,说要正确对待群众意见,有则改之无则加勉云云,好像他不是找杨小光谈问题而是做劝慰安抚工作来了。不是成斌校长软弱无能而是杨小光的一技之长教他硬不起来。他已经预感到杨小光接下来就要说出那句半是高傲半是骂人的话来——"此处不养爷自有养爷处"。体育教师奇缺。过去的老体育教师因为上了年纪大都搞了后勤事务,年轻的体育教师多年来连一个也分配不到本乡的学校来。杨小光原也不是体育专业教师,他是代表本县参加市里的农民运动会夺了跳高金牌,县体委珍爱这个为本县夺得荣誉的小伙,推荐到本校来做民办体育教师,而且因一技之长优先转为吃皇粮的公办教师,比那些教政治教语文教数学的教师吃香一百倍。成校长说:"你教体育辛苦这一点我表扬过多次了,问题在于卖冰棍得由学校统一研究。你该晓得一句古话,'天下不患寡而患不均'。你卖冰棍别人要不要卖?所以你不必动肝火而应该心平气和地考虑一下……"

"我根本不考虑,也没法心平气和。"杨小光根本不认账,态度更硬了,"你……干脆给我的申调报告上签个字,让我走好了。你签了字我立马就走。县体委早就要我去哩……"

成斌校长连下台的余地都没有,只好尴尬地摊开手,不知所云地说:"你看你,说到哪儿去了!我说的是卖冰棍的问题,你却扯起调动工作……"

王老师的宿舍与杨小光的宿舍是一墙之隔,苇席顶棚不隔音响,他全部聆听了成校长和杨小光的谈话。他尚未听完就气得双手哆嗦不得不中止备课。他想象校长成斌大概都要气死了。他想象如果自己是校长就会说:"杨小光你想上天你想入地你想去县体委哪怕去奥林匹克运动会,你要去你就快点滚吧!本校哪怕取消体育课也不要你这号缺德的东西!"他想指着那个满头乱发牛皮哄哄不知深浅的家伙喝斥一声,"你这样说话这样做事根本不像个人民教师……"然而他什么也没有说,只是实在听不下去了,走出门来,在操场上转了一圈,又自嘲自笑了:我教了一辈子书,啥时候也没在人前说过厉害话,老都老毬了,倒肝火盛起来了,还想训人哩!没这个必要啰!

当晚召开全体教师会,专题研究如何卖冰棍的问题。王老师又吃惊了——没一个人反对杨小光卖冰棍,连校长主任也不是反对的意思,而是要大家讨论怎么卖的问题,以使大家都能"赚几个烟钱",而又不致出现"不患寡而患不均"的问题。讨论的场面异常活跃,直到子夜一时,终于讨论出一个皆大欢喜的方案——教师轮流卖冰棍儿。

三

大门离公路不过十米远,载重汽车和手扶拖拉机不断开过去,留下旋起的灰尘和令人心烦的噪响。骑自行车的男女一溜带串驶过去,驶过来,铃儿"叮当当"响。王老师低了头或者偏转了头,想招呼行人来买冰棍儿又怕熟人认出自己来。"王老师卖冰棍儿!"不断地有人和他打招呼。打招呼的人认识他而他却一时认不出人家,看去面熟听来耳熟偏偏想不出人家的名字,凭感觉他们都是他的学生,或者是学生的父亲抑或是爷爷。他教过的学生有的已经抱上孙子当了外公了,他教了他们又教他们的儿子甚至他们的孙子。他们匆匆忙忙喊一句"王老师卖冰棍儿"就不见身影了,似乎从话音里听不出讽刺讥笑的意思,也听不出惊奇的意思。王老师卖冰棍儿其实平平常常,不必大惊小怪。外界人对王老师卖冰棍儿的反应并不强烈,起码不像王老师自己心里想的那么沉重。王老师开始感到一缕轻松、一丝寂寞。

"王老师卖冰棍儿?"

又一个人打招呼。王老师眯了眼聚了光,还是没有认出来这人。这人眼睛上扣着一副大墨镜,身上穿一件暗紫色的花格衫子,牛仔裤,屁股下的摩托车虽然停了却还在"咚咚咚"响着。王老师还是认不出这人是谁。来人从摩托上慢腾腾下来,摘下墨镜,挂在胸前的纽扣上,腰里叉着一只手,有点奇怪地问:"王老师你怎么卖起冰棍儿来了?"

王老师看着中年人黑森森的串腮胡须、浓眉下一双深窝子眼睛,好面熟,却想不起名字:"唔!学校搞勤工俭学……"说了心里愈觉别扭了——明明是为了自个赚钱,却不好说出口。

"勤工俭学……也不该让你来卖冰棍儿。这样的年龄了,学校领导真混!"中年人说着,又反过来问,"是派给每个老师的任务吗?"

"不是不是。"王老师狠狠心,觉得再不能说谎,让人骂领导,"是老师们自己要卖的。"

中年人张了张嘴,把要说的话或者要问的问题咽了下去,转

239

而笑笑："王老师你大概不认识我了。我是何社仓，何家营的。"

"噢噢噢，你是何社仓。"王老师记起来了。他教他的时候，他还是个细条条的小白脸哩，一双睫毛很长的眼睛总是现出羞怯的样子。他的学习和品行都是班里挑梢的，连年被评为"三好"，而上台领奖时却羞怯得不敢朝台子底下去看。站在面前的中年人的睫毛依然很长，眼睛更深陷了，没有了羞怯，却有一股咄咄逼人的直往人心里钻的力量。王老师随意问："社仓你而今做什么工作？"

"我在家办了个鞋厂。"何社仓说，"王老师你不晓得，我把出外工作的机会耽搁了。那年给大学推荐学生，社员推荐了我，支书却把他侄儿报到公社，人家上了大学现在在西安工作哩！当时社员们撺掇我到公社去闹，我鼓足勇气在公社门口转了三匝又回来了——咱自个首先羞得开不了口哇！"

王老师不无诧异："还有这码事！"

何社仓把话又转到冰棍箱子上来："王老师，我刚才一看见你卖冰棍儿，心里不知怎么就不自在。凭您老儿这一头白发，怎么能站在学校门口卖冰棍儿呢？失了体统了嘛！这样吧，你这一箱冰棍全卖给我了，我给工人降降温。我去打个电话，让家里来个人把冰棍带回去，你也甭站在学校门口受罪了。"说着，不容王老师分辨，径自走进学校大门打电话去了；旋即又出来，说："说好了，人马上来。"说完蹲卜米，掏出印有三个"5"的香烟。

王老师谢了烟，仍然咕哝着："你要给工人降温也好，你到学校冰棍厂去趸货——便宜。我还是在这儿慢慢卖。"

"王老师你甭不好意思。"何社仓说，"我在你跟前念书时，老是怕别人笑话自己，而今我练得胆子大了哩！不瞒王老师说，我这鞋厂，要是按我过去那性子，一万年也办不起来。

我听说原先在俺村下放的那个老吕而今是鞋厂厂长,我找他去了,说我想办个为他们粗加工的鞋厂,他答应了;二回我去他又说不好弄了。回来后旁人给我说'那是要货哩'!我咬了咬牙给老吕送了一千块,而且答应鞋厂办起来三七分红,就是说老吕屁事不管只拿钱——三年来我给老吕的钱数你听了能吓得跌一跤!"

王老师"噢噢噢"地惊叹着。此类事他虽听到不少,仍是由不得惊叹。

"王老师,而今……哎!"何社仓摇摇头,"我而今常常想到你给我们讲的那些做人的道理、人的品行,现在还觉得对对儿的,没有错;可是……行不通了!"

王老师心里一沉,说不出话。对对儿的道理却行不通用不上了。可他现在仍然对他执教的六年级甲班学生进行着那样的道德和品行的教育,这种教育对学生是有益的还是有妨碍?

又一辆摩托车驰来,一个急转弯就拐上了学校门前的水泥路,在何社仓跟前停住。何社仓吩咐说:"把王老师的冰棍儿箱子带走。把冰棍分给大家吃,然后把钱和箱子一起送过来。"

来人是位长得壮实而精悍的青年,对何社仓说的每一句话都要点两下头,一副俯首帖耳唯命是从的神气。他把冰棍箱子抱起来往摩托车的后架上捆绑,连连应着:"厂长你放心,这点小事我还能办差错了?"

何社仓转而对王老师说:"王老师你回去休息,我该进城办事去了。我过几天请你到家里坐坐,我有好多话想跟你说哩!你是个好人,好老师。"

那位带着冰棍箱子的小伙驱车走了。

何社仓重新架上大墨镜,朝西驱车驰去了,留下一股刺鼻的油烟气味。

王老师望望渐渐消失的人和车，竟有点怅然，心里似乎空荡荡的，脑子也有点木了。

四

中午放学以后，王老师卖了半箱冰棍儿。学生们出校门的时候早已摸出五分币，吵吵闹闹围过来，"王老师卖给我一支冰棍儿"的叫声像刚刚出壳的小鸡一样熙攘不休。他忙不迭地收钱付货，弄得应接不暇。往日里放学时他站在校门口，检查出门学生的衣装风纪，歪戴帽儿的，敞着衣服挽着裤脚的，——被纠正过来，他往往有一种神圣的感觉——自幼培育孩子养成文明的生活习惯是小学教师重大的社会责任。现在，他已经无暇顾及这些了，收钱付货已经搞得他脑子里乱哄哄的，而且从每一个小手里接过硬币时心里总有点不受活——我在挣我的学生的钱！因为心里不专，往往找错钱或付错了货。这时候，他的六甲班班长何小毛跑过来："王老师，你收钱，我取冰棍儿。"王老师忙说："放学了你快回家吃饭吧！"何小毛执意不走，帮他卖起冰棍来。放学后的洪峰很快就要流过去，何小毛突然抓住一个男孩的肩膀，拽到王老师面前："你怎么偷冰棍儿？"

王老师猛然一惊。被抓住的男孩不是他的六甲班的学生，他叫不上名字。男孩强辩说："我交过钱了，交给王老师了。"小毛不松不饶："你根本没交！我看着王老师收谁的钱，我就给谁冰棍儿，你根本没交。王老师，他交了没？"

王老师瞅见那个男孩眼底透出一缕畏怯的羞色——证明这男孩没交钱了。他说："交了。"那男孩的眼里透出一缕亮光，深深地又是慌匆地鞠了一躬，反身跑走了；刚跑上公路，就把冰棍儿扔到路旁的荒草丛中去了。何小毛却努嘟起嘴，脸色气得紫红:"王老师,他没交钱。"王老师说:"我知道没交。"何小毛激烈地问:"那你为什么要放走他?你不是说自小要养成诚实的品行吗?你怎么也说谎?"王老师说:"是的。有时候……需要宽容别人。你还不懂。"

何小毛怏怏不乐地走了。

杨小光背着冰棍箱子来了,笑嘻嘻地说:"王老师,换地方了,该我站前门了。"

王老师点点头,背了箱子进校门去了。回头一看,杨小光把板凳已经挪到公路边上,而且响亮地吆喝起来:"冰棍儿——白糖豆沙冰——棍儿——"他才意识到,自己在整整一个上午的时间里,连一声也未吆喝过。他匆匆回到宿舍,放下箱子,肚里空空慌慌却不想进食。他喝了一杯冷茶,躺倒就睡了。

王老师正在恍惚迷离中被人摇醒,睁开眼睛,原来是何小毛站在床前。何小毛急嘟嘟地说:"王老师快起来,同学们都上学来了,趁着没上课正好卖一些冰棍儿!"王老师听了却有点反感——这么小年纪的学生热衷于冰棍买卖之道,叫人反感。他又不好伤了学生的热情,只好说:"噢……好……我这就去。"

何小毛更加来劲儿:"王老师你要是累了,我去替你卖一会儿,赶上课时你再来。"

王老师摇摇头:"你去做课前准备吧!我这就去卖。我不累。"

何小毛走到正在脸盆架前洗脸的王老师跟前,说:"王老师,我爸叫我后响回去时再带一箱冰棍儿;你取来,我带走;你又可以多卖一箱。"

王老师似乎此时才把何小毛与何社仓联系到一起,他说:"你爸要买就到学校冰棍厂去买好了,又便宜。"

何小毛说:"我爸说要从你手里买,让你多赚钱。"

王老师听了皱皱眉，闭了口，心里泛起一股甚为强烈的反感。这个自己执教的六甲班班长热情帮忙的举动反而激起的是他的反感情绪，这个年仅十二岁的孩子对于经营以及人际关系的热衷使他觉得讨厌，然而他又不忍心挫伤孩子，于是装出若无其事的口气再次劝说："你去做课前准备吧！"

　　何小毛的热情没有得到发挥，有点扫兴地走出房子去了。临出房子门的时候，何小毛又不甘心地回过头来："人家体育杨老师已经卖掉三箱了。王老师……你太……"

　　王老师冷冷地说："你去准备上课吧！小孩子管这些事干什么？"

　　何小毛走了。王老师背着箱子朝学校后门口走去。后门口有一排粗大的洋槐树，浓密的叶子罩住了一片阴凉，清爽凉快。王老师坐在石凳上，用手帕儿扇着凉，脑子里却浮现着何小毛父子的影像。这何小毛活脱就是多年前的何社仓，细条条的个头，白嫩嫩的脸儿，比一般孩子长得多的睫毛和深一点的眼睛，显得聪慧乖觉而又漂亮。他与他父亲一样聪明，反应迅速，接受能力强，在班里一直挑梢儿，老师们一致看好他将来会有大发展。现在，王老师才明显地感觉到何小毛和他父亲何社仓的显著差异来，他父亲何社仓眼里那种总是害羞的神光在何小毛眼里已经荡然无存了，何小毛眼里反倒是有一缕比一般孩子精明也与他的年龄不大合拍的通晓世事的庸俗之气色……

　　"王老师，给我买冰棍儿！"

　　四五个小女孩儿已经围在跟前，伸向王老师的手里捏着钱。王老师中断了思想立即收钱付货。他从后门朝校园里一瞅，一串一溜的男女学生朝后门涌来，他的生意顿时红火起来。骤然升起高温的午休时分，正是冰棍以及冷饮走俏的黄金时间，孩子们趁着课前的自由活动时间来消费一支冰棍儿，是很惬意的。王老师忙不迭地收钱付货，头上脸上冒出豆大的汗珠来，也顾不得擦擦，眼看一箱冰棍儿就要卖完了。

"王老师生意好红火！"

王老师仰起汗津津的脸，看见杨小光站在一边，体育教员结实柔韧的身体有一种天然的美感，然而王老师听着那话里似乎带有一股馊味儿，透过那眼里强装的笑容，王老师看到了底蕴的敌意。他无法猜测杨小光的来意，只是应答说："唔！这会儿天气热，孩子们……"

杨小光却神秘地眨眨眼："王老师，我引你看场西洋景儿——"说着就来拉王老师的手。

王老师莫名其妙："有什么好看的！别开玩笑。"

杨小光执意拉住他的手："你去看看就明白了，可有趣儿了！"

王老师已不能拒绝。那双体育教师的有劲的胳膊拉着拽着他，朝校园里走去。

当王老师站在一个教室窗外，看到教室里的一幕时，几乎气得羞得昏厥过去——

五

三年级丙班教室里的讲台上，站着六年级甲班班长何小毛，正在给三年级小学生做动员："同学们要买冰棍儿快到后门去！后门那儿是我们班主任王老师卖冰棍儿。王老师有教学经验，年年都带毕业班，你们将来上六年级还是王老师给你们当班主任，教语文。现在王老师卖冰棍儿，大家都帮帮忙，行行好，让王老师多卖冰棍儿多赚钱……"

王老师吃惊地瞅着何小毛，眼前忽然一黑，几乎栽倒——这个学生的拙劣表演使他陷入一种卑污的境地。杨小光现在变了脸,露出本色本意:"王老师,你要是有兴趣,到各班教室都去看看,你们六甲班的班干部现在都给你当推销员广告员了……"

王老师手打哆嗦,嘴里说不清话:"杨老师……我不知……这些娃娃……竟这样……"

杨小光撇撇嘴:"王老师,我可想不到你有这一手哩!往日里我很尊敬你,你德高望重,修养高雅,想不到你竟是个……伪君子!"

王老师立时煞白了脸,说不出话来。这时候何小毛已经跑出来,站在两位老师面前,毫不胆怯地说:"我当推销员有什么不好不对?你上体育课硬把冰棍摊派给我们,一人一支不吃不行。你昨日上体育课给同学们说今日轮你卖冰棍儿,要大家都一律买你的……"王老师听着就扬起了手,"啪"的一声响,打了何小毛一记耳光。何小毛冤枉委屈地瞪他一眼,捂着脸跑了。

杨小光愈加恼怒,大声吵嚷起来:"太虚伪了嘛!王老师!学校开会讨论卖冰棍问题时,你说教师卖冰棍影响不好啦,不能向钱看啦,我以为你真是品格高尚哩!想不到你比我更爱钱,而且不择手段,发动学生搞阴谋活动……"

王老师看见已经有不少学生和教师围观,窘迫得张口结舌,有口难辩,恨不得一头碰到砖墙上去。杨小光更加得意地向围观的学生和教师羞辱他:"我杨小光爱钱,可我赚钱光明正大。我心里想赚钱嘴里就说想赚钱,不像有些人心里想赚钱嘴里可说的是这影响不好那影响不佳,虚——伪!"

王老师再也支持不住,从人窝里出来,干脆回屋子里去。历史课教师刘伟一手摇着竹扇,脚尖上仍然挑着拖鞋走过来,挡住王老师不让他退场,然后懒洋洋仰起脸对杨小光说:"杨小光你骂谁哩?六甲班的学生干部是我组织起来行动起来的,你有什么意见朝我提好了。"

杨小光忽然一愣:"我……关你什么事?"

"我说过了是我组织六甲班干部动员学生买王老师的冰棍儿。"刘伟说,"你骂错了人,先向被你错骂的王老师赔礼道歉。然后你再来骂我。"

杨小光反而被制住了。

刘伟不紧不慢地重复:"你先向王老师道歉,然后再跟我说你有什么想不通的!"

杨小光终于从突然打击里恢复过来:"你刘伟甭充什么硬汉!谁使的花招谁做的手脚我完全清楚,你甭在这儿胡搅和……"

刘伟眼睛一翻也上了硬的:"我是不是充得上硬汉搁一边儿。我倒是真想搅和搅和。你杨小光牛什么?不就是蹦了一下得了一块没有金子的金牌才混上个体育教师嘛!你整日里骂这个训那个你凭什么耍厉害?领导怕你我也怕你不成?"

杨小光被讽刺嘲笑得急了,拳头自然就攥紧了,朝刘伟走过去:"就这我还不想当这破教师哩!你不怕我我什么时候怕过你?甭说这小小学校即就是本县我还没怕过谁哩!"

校长成斌正在睡午觉,被叫醒来到现场,先拉走了刘伟,再推走了杨小光,学生和教师们也各自散了。成斌只是嘟哝着:"刘老师快回房子里去,让学生围观像什么话!杨老师快去大门口卖你的冰棍儿,在学生面前吵架总是影响不好嘛!再有理也不该在学生场合吵嘛!"

王老师早在成斌到来之前已经逃回房子。

王老师坐在办公桌前,脑子里乱成一窝麻,那总是梳理得很整齐的银白头发也有点散乱了。他没有料到卖冰棍儿会卖出这种不堪收拾的局面。他想到在校务会上讨论卖冰棍儿时自己说过影响不好的话,但他没有坚持而放弃了,他随着教师们一起参加了轮流卖冰棍儿。他怕别的教师骂他不合群，清高，僵化，都什么时候了还拉不下面子……明年满六十本可以光荣退休了，最后一个毕业班毕业了他就该告老还乡了，临走却被一个年轻的体育教师骂成"伪君子"，他已灰心至极。再三思虑，他终于拔笔摊纸写下了"退休申请"几个字，心里铁定——提早退休！

放晚学的自由活动时间，校长成斌来找王老师。成斌说问题全部调查清楚，何小毛和六甲班学生干部到各班动员学生买王老师冰棍儿的举动，完全属于何小毛的个人行为，既不是王老师策划的，也不是刘伟策划的。所以杨小光辱骂王老师是错误的。如果仅仅是这件事就简单极了，由杨小光向王老师赔礼道歉。问题复杂在王老师失手打了何小毛一个耳光——打骂体罚学生是绝对不允许的。成斌说他和吴主任研究过了，要王老师向被打学生家长赔情，争取何小毛的乡村企业家父亲的谅解，然后要王老师和杨小光再在本校教师会上检讨一下。如果上级不查则罢，要是查问起来，学校也好交代，王老师也好解脱了。为此，成斌征求王老师的意见。

王老师把抽屉拉了两次又关上，终于没有把"申请退休"的报告呈给成斌校长——他担心会造成要挟的错觉。对于成校长研究下的两条措施，他都接受了，而且说："你和吴主任处理及时，本来我自己正打算今晚去何小毛家，向何小毛的家长赔情哩！"

六

成斌校长不放心，执意要陪着王老师一起去何小毛家，向那位在本乡颇具影响的企业家赔情。听说那人财大气粗，一个老夫子样儿的王老师单人去了下不来台怎么办？刘伟也执意要去，理由是与自己有关，六甲班他任副班主任，责无旁贷，另外他也怀着为王老师当保镖的义勇之气。王老师再三说不必去那么多人,何小毛的父亲其实还是他的学生,难道会打他骂他不成!结果仍然是三个人一起去了。

这是乡村里依然并不常见的大庄户院。一家占了普通农家按规定划拨的三倍大的庄基,盖起了一座二层楼房;院子里停着一辆客货两用小汽车,散发着一股汽油味儿;院里堆积的杂物和废物已不具一般庄稼院的色彩,全是些废旧轮胎汽油桶子,大堆的块煤以及裁剪无用的各色布头堆在墙角。何社仓闻声迎出来,大声喊着"欢迎欢迎"的话,把三位老师引进底层东头套间会客室。质地不错的沙发已经适应时令的变化铺上了编织的透风垫子,落地扇"呜呜呜"转着。何社仓打开冷藏柜,取出几瓶汽水,揭了盖儿,送给三位老师一人一瓶。

成斌校长摇着瓶子没有喝,刚开口说了句"何厂长我们来……"就被何社仓挥手打断了。何社仓豪气爽朗:"成校长王老师刘老师,你们来不说我也知道为啥事。此事不提了,我已经知道了。我那个小毛不是东西,我刚刚训过他。咱们'只叙友情,不谈其他'。"他最后恰当不恰当地引用了《红灯记》里鸠山的一句台词,随后就吩咐刚刚走进门来的女人说,"咱们小毛的老师也是我的老师来了,难得遇合,你弄几样菜,我跟我老师喝一点。"女人大约不放心孩子的事,只是开不了口,转身走出去了。

成校长企图再次引入道歉的话题,何社仓反而有点烦:"总归小毛不是东西。这小子太胆大了,什么事也敢做什么话也敢说。我像他那么大的时候,胆小得很,一到人多的地方就吓得像个小老鼠,一见生人就害羞——王老师一概尽知。这小子根本不知道害怕害羞……咱们不提他了,好好……"

王老师愈觉心里憋得慌,终于把自己要说的话说出来:"社仓,我打了小毛一个耳光,我来……"

何社仓腾地红了脸:"王老师,打了就打了嘛!我也常是赏他耳光吃。这孩子令人讨厌我知道。我在你的班上念了两年书,你可是没有重气呵过我……好了好了不提此事了。大家要么去参观参观我的鞋厂?"

何社仓领着三位老师去一楼的生产车间参观。只见房子里安着一排排专用缝纫机,轧制鞋帮;另一间屋子里,是裁剪鞋帮的。夜班已经开始,雇来的农村姑娘一人一台机子,专心地轧着鞋帮,头也不抬。

何小毛的母亲已弄好了菜,何社仓把三位老师重新领进会客室里,斟了酒,全是"五星"啤酒,而且再三说叨着谦让的话——"青岛"啤酒刚刚喝完;然后把筷子一一递到三位老师手里,敦促他们吃呀喝呀。

王老师喝了两杯啤酒,不大一会儿就红了脸,头也晕了,脚也轻了。他今天只是吃了一顿早餐,空荡荡的肚子经不住优质名牌啤酒的刺激,有点失控了。

何社仓大杯大杯饮着酒,发着慨叹:"我只有跟三位老师喝酒心里是坦诚的,哎哎哎!"

刘伟听不出其中的隐意,傻愣愣地眨着眼。

何社仓说:"王老师,我现在有时还梦见在你跟前念书的情景……怪不怪?多少年了还是梦见!我小时候那么怕羞!我而今不怕羞了胆子大了。我那个小子小毛根本不知道害怕害羞!我倒是觉得小孩子害点羞更可爱……"

王老师似乎被电火花击中,猛地饮干杯中黄澄澄的啤酒,扔下筷子,大声响应附和着说:"对对对!社仓,小孩子有点害羞更可爱!我讨厌小小年纪就变得油头滑脑的'小油条'。"说着竟站了起来,左手拍了校长成斌一巴掌,右手又在刘伟肩上重重拍了一下，然后瞅瞅这个，又瞅瞅那个，忽然鼻子一抽，两行老泪潸然而下，伸出哆哆嗦嗦的手，像是发表演说一样，"其实何止小孩子！难道在我，在你们，在我们学校，在我们整个社会生活里，不都应该保存一点可爱的害羞心理吗？"

三个人都有点愣，怀疑王老师可能醉了。

1988年6月27日
于白鹿园

两个朋友

一

王育才和媳妇秋蝉的离婚案还在民事法庭赵法官的卷宗里悬着。这场旷日持久的案件已经持续了五个年头。王育才和秋蝉以及双方的亲戚朋友都被这场官司拖得精疲力竭身心交瘁却又欲罢不能。

五年里王育才三次起诉,三次均被赵法官判为不予离婚。按照民事法庭现行的规矩,一经裁决为不予离婚后要再次起诉,必须有新的理由而且要在半年之后。理由总是可以找到的,唯有时间无法通融,再难熬也得熬过半年六个月一百八十多个日日夜夜。民事法庭还规定,离婚双方或一方如果不服判决进而提起上诉又被上级法院驳回维持原判,那么要再起诉,除了更充分的理由之外,时间的规定要在一年之后。王育才第二次起诉就发生了这种情况,他硬硬地熬了整整一年才得以第三次向民事法庭重提旧案。现在,他已经做好了第四次起诉的一切准备,主要当然是状子,另外花在排除亲戚朋友苦口婆心劝解上头的力气也比前三次更多。

王育才挟着装有离婚申诉的黑色皮包走进桑树镇民事法庭的小院时,正好碰见急匆匆去上厕所的赵法官。赵法官只是减慢了脚步而并不驻足地说:"老主顾又来了。"王育才苦笑一下说:"我不来过不成日子。"随之装出大不咧咧的样子说,"你要是烦了,干脆给我判个离婚算毬了,我也就再不麻缠你了。"赵法官已经走到小院墙角的厕所门口,一只手下意识地去解裤扣,回过头来笑笑:"不烦不烦我不烦,我吃的就是这碗麻烦饭嘛!你才起诉了四回,这不算个啥;经我手判的一个离婚案男方起诉了十一回,前后经过十七年。你这四五回只是一般纪录。"

王育才听了就哑了口,像是中了一位法咒无边的禅师点来的定身法,立在那儿僵住了手脚。

二

秋蝉用独轮小推车刚刚拉回一车苞谷秆子,她满脸淌着汗,解开捆绑的皮绳,再把干透的苞谷秆子垒堆在场院里。邻居一位抱着奶娃的小媳妇半裸着胸脯,一边给孩子喂奶一边说:"嫂子你而今还拉那苞谷秆子做啥?我要是你连麦子都不种了。"秋蝉笑笑,继续卸下车上的苞谷秆子。这种话她已经听得太多,不屑解释了。她去鸡场买小鸡,女人们甚或男人们见了也说:"秋蝉你如今还买那些毛草子货做啥?"她去卖鸡蛋,人见了又说:"秋蝉你而今咋还卖鸡蛋?你该吃鸡蛋才对哩!"她干啥人都说她不该干啥,而应该吃好的,应该睡,应该逛,应该好吃好睡好逛好享福。这其中不言自明的原因是她的男人而今挣了大钱,钱多得乡党邻里无法猜清估准其数目,总而言之多得很,秋蝉何苦还要一篮一篮卖鸡蛋一车一车拉苞谷秆子呢?秋蝉最清楚自己究竟存下多少"货",虽然绝对不像人们纷传的那么厉害,倒是确也攒下了万儿八千的存款。无论如何,她在感到虚名徒有的压力的同时,也感到许多被人羡慕的愉悦。截至现在,她还不曾打算好吃好睡好逛。她继续精心养鸡继续咬紧牙关卖鸡蛋,继续拉苞谷秆子当柴烧既节省了买煤的开支又烧热了火炕。育才给她买下电褥子,她锁在箱子里不用;对人说是怕触电怕睡不踏实,其实是怕花了电费。电价公家一度收二毛二,本村电管员一度收三毛五。电管员私抬电价而且理直气壮:"而今小到一根针大到彩电哪一样价钱没翻几个筋斗?要说没涨价,只剩下良心,反倒掉价了。我管电,电不涨价,难道叫我喝风吃屁不成?"秋蝉就憋足劲儿拉苞谷秆子,省了煤又省了电,"你涨得再贵,总不抵我不用不买。"

车上还剩下一抱苞谷秆子没有卸下来,她的大儿子小强骑着自行车放学回来,把一只黄皮信封塞到她手里。她看看落款竟是"桑树镇民事法庭"几个红字,就不由蹙紧了眉头,一道不祥的阴影立即掠过心头,她撕拆信封的手指紧张得发抖。信瓤是一页铅印的传讯通知,要她后日到桑树镇法庭过堂——她的男人王育才提出要和她离婚,已经申诉到桑树镇民事法庭了。

说是晴天霹雳一点也不过分。秋蝉看罢传讯通知,眼前一黑险乎栽倒,一股恶心的浊气从腹腔蹿起冲到喉咙口堵在那里。她的儿子小强一手扶住车子一手搀住母亲,吓得惊叫起来。那个给娃子喂奶的小媳妇也跑过来,一边搀扶她一边瞅着掉在地上的信皮和信瓤儿,再也不说嫂子不该拉苞谷秆子的玩笑话了。秋蝉已经没有力气卸下小推车上最后一抱苞谷秆子,她强挣着走回家去,扑倒在炕上就号啕起来。她感到羞辱又感到委屈。她没有丝毫的精神准备,无法承受这晴天霹雳般的打击。她被最不幸的家庭灾难只一下就击昏了。她现在根本无法理清这突发的灾难的来龙去脉,只觉得自己活到了尽头,照耀她的九十九个太阳和九十九个月亮全都在一瞬间熄灭了,眼前是永不复明的黑夜。她的脑子里一片昏天黑地一片混沌。她的胸腔里骤然聚满了恶气又排泄不出,整得她几次哭得闭气,亏得隔壁邻里的女人们用针尖戳她冰凉的手指扎她冒着冷汗的鼻根,她才还过阳气来。霎时间,这个令人羡慕的家庭的里屋和庭院,就弥漫起混乱和破败的灰暗气氛。

阿公和阿婆是在天麻麻黑的时候走进儿媳的小院的。老两口后晌上磨子,"轰隆轰隆"作响的磨面机房里没有闲人来传递消息;当他们头发和衣服上扑着一层白茸茸的面粉推着面袋走回家时,立即就有好心的乡邻向他们通报了儿媳秋蝉家里发生的变故。老汉顾不得掸去面粉就跑来了,女人颠着一双稀世的小脚也急火火赶来。阿婆倒是有主意:"甭哭!秋蝉。他想离婚就离了?这事全由他了?他想离婚得先埋葬了我!过堂时你甭去叫我去,让他跟我说这婚咋个离法儿……"阿公坐在椅子上吸着烟,不劝也不叹。外人纷纷离去后,阿公才说:"你先甭慌,事情嘛总有个了了;明日我去把他叫回来,叫他先跟我说个张王李赵。"说到这儿,老汉才忽然想到,儿子育才住在什么地方自己根本不知道。他问儿媳,秋蝉也不知道。他的儿子在西安发了大财,他却从来也没有被儿子邀去做客,临到有了急事需要找儿子时却弄不清他的单位和地址。这一瞬间,婆媳和阿公三人几乎同时想到一个人——王益民。王益民是儿子育才的好朋友,育才的情况他比做父母和妻子的要知道得多。于是翁婆媳三人立即统一了举措——立即去找王益民。

王益民是本村小学校教务主任,晚上宿在学校里。王子杰老汉找到他家里又找到学校,堵在心里的火气就再也无法忍住不发了:"益民呀!你看育才这狗日的咋么就生出六指儿来了?好端端的安宁日子一下就给搅得云天雾障!你明日领我去寻他,我只说一句话,叫他先杀了我再去离婚。法院传票后日过堂只有明日一天时间了,益民你无论咋说也得抽空请假领我去寻那个狗日的东西……"王益民也很震惊,只是远远不及子杰老汉那么强烈罢了。他其实早有预感或者说精神准备,今天发生的事实不过是对于以前的某种预感的证实而已;然而他还是自然地表现出一种震惊。他首先安慰盛怒不息的老伯,然后立即答应明天去找育才,说无论育才干啥忙事紧事都定得拉他回来见父亲说清道明;再下来就劝老伯不要亲自去,一旦说得不好育才拉起硬弓不回家反而更糟……子杰老汉完全信任地听取了益民冷静人理的劝告,把至关重要的切肤切心的事交给益民去办理。

三

王益民第二天一早就出了校门。他做好了找人的准备,所以骑自行车不乘公共汽车进城。初冬的田野已显示出冬天的肃杀和冷峻。

一切变故的根源,也许是从王育才离开学校开始发生的。育才被一位高中同学拉去搞什么公司,他给乡政府写了停薪留职报告,就去老同学兴办的一家公司做了会计。那年寒假的一天,育才半夜来敲王益民的门,说妻妹来了屋里住不开,要他学校办公室的钥匙。第二天他到学校去找他闲聊却已不见踪迹,钥匙也未留下来。他又找到育才家里,秋蝉睁大眼睛说不仅没有妹子来家更没有见育才的影子。王益民开始心生疑窦。他见不着育才得不到钥匙,又轮到他护校的日子,于是就砸了锁子进了门。他看见满地都是带把儿的烟蒂以及糖纸糕点盒子和饮料罐子;揉皱的床单上有一坨污痕,那是男人的排遗物,令人一见就恶心顿起。从地上尚未干涸的一堆痰迹判断,王育才昨晚还睡在这里。于是,他就完全肯定了王育才借他的房子干什么勾当了。这年春节王育才回到龟渡王把钥匙交给他的时候,他不无生气地揶揄老同学说:"这把钥匙留给你做纪念吧!锁子已经砸了扔了,还要钥匙干什么?"王育才连连道歉,说他忘了交还钥匙,万万料想不到第二天就乘飞机去广州出了急差。王益民想戳穿这个急就的谎话,却又碍于面子上拉不下来,只好以明白装糊涂,听他大谈特谈广州的新潮新景儿。

春节后新学期开始,一位老教师向王益民彻底揭开了发生在他的办公室里的秘密——

那天晚上轮着我和小刘老师护校。王主任你知道俺俩是老对手,下棋下到三点还落马不下来。我想拉屎,就急匆匆往厕所跑。从厕所出来经过你的办公室门口时,我听见里面有打鼾声,心里就奇了,想王主任你啥时候悄没声儿睡到里头的?回到房子跟小刘老师一说,小刘老师说王主任也是个棋迷咋能不来观战悄悄就睡了呢?他拉着我去看个究竟,在门口窗根下听了半晌又听出一个女人睡梦中的一声呻唤。我吓得跑了,心想,王主任怎么跟老婆放着热炕不睡跑到学校来过夜?小刘老师也跟着跑过来对我说,肯定不是王主任,咱们必须弄清楚谁睡在里头,这是护校的责任。于是,我俩敲响了门板。好久才应了声,好久都没拉电灯。灯亮门开之后,万万想不到是王育才老师和一个女的。那女人你猜是谁?是吕红。我已经羞得难以和王育才老师说话。王育才老师到底是熟人,也有点尴尬。可人家而今到底经见了大世面,比不得咱们这些四堵墙里圈定的"小教儿"孤陋寡闻,不开化。一会儿人家就没事一样掏出纸烟来让俺俩抽,还大谈神谈他出门不是飞机就是软卧,一桌饭吃掉两千多块把"老广"都镇住了。俺俩穷"小教儿"倒给他吹得忘了自己是干什么来了……

王益民先是叮嘱白发已现的老教师,后来又叮嘱小刘老师,到此为止,再不要扩大宣扬。他随之就为自己调换了办公房子。他在那间房子里莫名其妙地瞅着那天发现痰迹的地方出神,瞅着自己床单上那已经洗得绝无迹痕的地方心里仍止不住恶心。于是他换了房子。他把那件床单撕成布条扎了拖把;他把被子洗了烫了仍觉得心里毛森森的,于是破费买了一条被罩把被子罩起来。

自从老教师彻底揭开这桩秘事一直到他完成那一系列"净化工作",他心里总是嘀咕着一句话:"这人怎么就没羞了呢?"

王益民和王育才自幼交好,俩人一起从小学一直念到初中毕业,王益民被保送到师范学校而王育才考取了高中。王益民曾经后悔自己上了师范只能去教小学而失去了争取受高等教育的机会,可后来的生活演变却使他庆幸不已。"文革"后他被分回本乡小学,有工资有商品粮;王育才返乡回家当了农民。王育才的父亲解放前当过两年保长被列为专政对象,王育才自然成了村子里最倒霉的青年。为王益民说媒提亲的人踏细了门槛,王育才家却门可罗雀无人光顾,直到王益民喜添贵子而王育才依然孑然一身。

王益民每每看见王育才低头耷脑的样子心里就十分难受。他越来越明确地意识到,如果他再不给王育才帮忙想办法,王育才一辈子就完蛋了。适逢王益民被提拔为教务主任有了说话的身份也有了说话的机会,他便大胆地向公社举荐王育才到自己的学校来当民办教师。公社竟然同意了。当他把这个喜讯告知王育才时,王育才却连连摇手说自己根本不适宜做老师。

看来不是谦虚,也不完全是背着"保长父亲"的政治压力,主要障碍来自王育才的内向性格。王育才怕羞,这个人已经长到二十大几仍然羞羞怯怯。他从来不在任何人面前抢说一句话。几个人围在一起闲谈,他总是悄悄默默站在外围或坐在人背后静静地听着,笑也是羞怯怯的样子。像他那样羞怯的神气别说男子汉很少有,在造反精神激励下的女学生女青年也无法与他相比。他的羞怯不是强装的而是真实的,课堂上猛乍被老师点名回答问题,他未站起脸就先红了,脸一红眼里就潮起一缕羞怯的雾气,说话也就磕磕巴巴了。从小学启蒙一直到高中毕业的漫长的读书生活中,他从一个纤细的少年变成了一个体魄强健的男子汉,自然发生了许多重大变化,唯有害羞的样子有增无减。他在整个高中阶段的学习,是他认识自己的重要阶段。他的数学和理化科目总是列全年级的前茅,他对这些学科的兴味愈来愈浓。他相信自己肯定会进入名牌大学。即使这样,他在被老师表扬被同学欣羡以至嫉妒时,仍然羞羞怯怯地抬不起头来。相比之下,那些学得好同时也骄傲到蛮横的学生与他就形成了鲜明的对比;同学和老师更喜欢他亲近他,觉得他那根深蒂固的羞怯里蕴藏着迷人的色彩。

王益民和王育才自小玩耍长大,村子背后的山坡和村子前面的河川处处留有他们相依相伴的足迹。他们春天背着草笼提着草镰到坡沟到河岸去割青草,冬天里像大人们一样腰缠绳索肩扛镢头到山坡上去挖柴火。他们夏天在刺丛中搜捕绿色的蝈蝈秋天又兴味更足地逮捉蛐蛐,为此几乎踏平了山坡上的每一丛刺棵,翻遍了村子里的每一堆砖石瓦砾。他们背着母亲多掺了白面的馍馍第一次走出偏僻的小村龟渡王到桑树镇读中学的时候,几乎同时第一次意识到了友谊而且产生了继续加深这种友谊的要求。他们之间可以说完全平等完全信赖。他们能玩在一块说在一搭。他们一个是一个的影子,一个是一个的寄托;他们之间如果有一个是异性,那么他们就完全可能是龟渡王村的梁祝而且会有一个最完美最浪漫的结局。王益民的母亲曾经对王育才的母亲说:"他俩要是有一个生来时少带一件行李就好了。"他们俩谁也不明白那"行李"的真实含义,及至后来知道了其中的意味的时候,连王益民都有点羞了,王育才更是羞得连脖子都红了。

王益民曾经不止一次有意无意地思索过王育才的羞怯。育才的母亲敦厚朴实并不多见羞怯。他的父亲解放前当过两年保长,解放后自然就成了头儿。王益民对保长大叔解放前一无记忆也一无印象,打有记忆起就只记得保长大叔那张讨好巴结的笑脸。他曾经十分讨厌那张笑脸,作为小孩子的王益民也能觉察到那笑脸里十有九分都是虚假的强装的,只有那脸上的笑容收敛散尽的时候才现出一分真实来。印象太深了,那令人讨厌的笑脸。这位体格雄壮的中年汉子见到任何人都是柔声细气讨好巴结的口吻和神色,哪怕不是龟渡王的干部而是红边烂眼的麻糊婆媳甚至不懂饭香屁臭的小孩,他见了都会堆出一脸笑来,老远就与人打招呼,一天到晚都关心别人的生活起居似的问人家——"吃了吗?"那笑容就像孙悟空的金箍棒装在耳朵里随时都能顺手扯出来布满整个眉眼和嘴脸。可是在他们家里,保长大叔对他的妻子儿女却不见笑颜,从早到晚从春到冬永远是一副冷冰冰的严厉的脸孔。一家人悄悄默默地做事,悄悄默默地吃饭,悄悄默默地睡觉。很少有什么人到这个终年弥漫着肃穆冷清气氛的小院来串门。孩子们说话声高了,保长大叔就会冷冷地呵斥一声——"张狂啥哩?"孩子们全都惊慌地缩了脖子哑了声息。王益民很不习惯这种压抑的家庭气氛,总是站在王育才家院墙外学几声狗叫或鸡鸣,把育才勾引出来,那是他们约定的暗号。暗号不得不时常变换,以防止保长大叔识出破绽来。

记得王育才被王益民推荐来学校上第一节课的时候,这个老三届誉满全校的高才生面对几十个刚刚进入戴帽中学班的乡村孩子,竟然比学生紧张十倍。他满脸臊红地站在讲台上,两只手不知该放在讲桌上还是该贴紧裤缝,头上的汗粒由小聚大,纷纷滚落下来。他的羞怯和紧张被学校师生们传为笑话,校长不无担心地对王益民说:"王主任,你推荐来的人纵然有一肚子蝴蝶,飞不出来也是枉然!"王益民信心很足:"没关系,疏通了堵塞喉咙的障碍,蝴蝶自然就飞出来了。关键的问题是,我们明知他肚子里有蝴蝶,总比那些满肚子稻草甚至连稻草也没吃下多少的人靠得住。"校长再不坚持什么。王育才由紧张到不大紧张再到完全不紧张，他的满肚子的蝴蝶开始随心所欲恣意舞蹈，他成为小学校戴帽中学班里的权威教师；许多只能教小学而硬着头皮被提到中学班任教的教师，常常是先从王育才那里趸下货，第二天再到课堂上热蒸现卖。王育才的人品极好，他很少是非，只埋头于备课授课，逢有劳动他也积极踏实，甚得领导师生的尊爱。王益民也因此而放心。

　　大约不到一年时间，王育才陷入了初恋的情网。女方是一位刚刚从师范学校毕业的年轻姑娘，一分配到龟渡王学校就被安排到中学班任教。如果这位姑娘稍少一点虚荣心不要到中学班而是到小学班任教，那么后来的事情就不会发生至少可以推迟发生。姑娘叫吕红，初中一年级尚未读完就发生了"文化大革命"，后来从乡村被推荐到师范读了两年书，但其实有一年多的时间都是搞革命大批判，切实说仍然是初一水平，充其量不会超过初二，如今要给初中班任教自然不可避免洋相百出破绽百露。她就去找王育才请教，先趸来再卖出去。王育才待人极平和，从来待同志一视同仁，从来恪守不参与校内派系斗争的生活原则，更不会挑肥拣瘦瞅红蔑黑，他给吕红辅导讲解就像对其他老师一样耐心认真而绝对不显示自己的能耐气儿。时日一长，吕红随着知识的增长感情也开始膨胀。为了报答育才为自己补习而花费的时间，她几乎本能地甘心情愿地代他洗他扔在床下的脏衣服，她从家里来时带点好吃的东西也往往首先想到应该送给王育才。除了补习之外她和他开始谈一些无关教学的事甚至笑话。她待在王育才房子的时间越来越多，一当有空儿就想往那个房子跑。王育才虽然害羞但不是木头，他已远远超过晚婚年龄，对男女之情更灼热却也更冷静。有一天晚上，吕红买了两斤月饼送到王育才屋子，说明晚是中秋之夜她提前向他谢恩。王育才一下子急了连连摇手说："这算干什么？我怎敢图老师们的报答呢？革命同志互相学习互相提高，怎么能送月饼呢？"说着就把吕红往门外推。在即将推出门的一瞬，吕红忽然一扑跑进来，一下子抱住王育才的脖子就止不住哭起来了。王育才呆呆地垂着手，脖子被吕红搂得喘不过气，却没有勇气举起自己的双手拥抱对方。

这之后俩人就进入热恋。吕红的红红的丰腴的面颊和王育才的已现青色的腮帮久久厮磨，难分难解。这桩看上去甚为美满的婚事，却被吕红的父亲给彻底破坏了。吕红的父亲是村党支书，已经听到一些风言，就找女儿吕红正儿八经训导："爸是支书，你要相信不会给你搞封建婚姻。你自由恋爱爸坚决支持，你选下个王育才爸也觉得那小伙子不错，可是王育才他老子是伪保长专政对象。你已经是共产党员，王育才连个团员也没当过；你已经是公办教师，王育才还是个民办，他老子要不是伪保长他还有转为公办的希望，可……你跟育才结了婚以后咋办？将来有了孩子也得沾上黑斑——爷爷是伪保长你看看还能有什么出息？婚姻是一辈子的事，你自个冷静想想去。"

吕红陷入了痛苦而终于做出了与父亲一致的选择。王育才很快由痛苦转变为懊悔。他悔愧万分地对王益民说："我真是个十足的混蛋！我怎么刚刚活出了一点眉眼就忘记自己的小名叫个啥嘛！要不是你帮助，我而今还在队里淘稀粪哩！我怎么一下子就忘乎所以了？怎么敢跟党支书的女子恋……"这些话都出自肺腑。王育才很快就冷静下来，再三向吕红表白并不责怪她。于是俩人和平分手。到下一学期开始以后，吕红已经调到另一个小学去了，而且结了婚。之后不久，王育才也心平气和地完成了一桩重要的事——结婚了。王益民和他女人齐心协力把他女人的一个远房表妹介绍给育才，这个表妹就是秋蝉。

王益民现在怀着沉重的使命和甚为急切的心情，骑车来到古城饭店的大门口。他不禁被那堂皇的高大建筑物镇住了。天哪!那一根用大理石砌成的明柱,肯定把戴帽中学的全部家当都折掉了!

四

王育才拿出最好的香烟糖果糕点饮料招待王益民,随随便便的样子,正是那随便到漫不经意的样子才显出一种阔人阔气的气魄。那些好吃的好喝的好抽的高档次消费品对王育才已是家常便饭,而对王益民这样的小学教务主任就成为超级超常超前享受了。王益民享受这些高档消费品感到的不是愉悦而是痛苦——那一罐铝皮饮料的价值就把他一天的工资全喝掉了。尽管花掉的是王育才的钱,他仍然觉得太可惜了。王育才不等王益民开口就猜中了他来找他的缘由,而且直言不讳地袒露了事情的全部真相:"我要离婚。我要和吕红结婚。我和吕红的婚姻才是符合道德的。我和秋蝉的婚姻是一种没有感情的死亡的婚姻。尽管我至今仍感谢你在我最困难的时候帮助我娶下秋蝉这个女人,但我的感情无法从吕红身上移到秋蝉身上。我在做出离婚决定时首先想到的是你,其次才是我的父母;我知道离婚的结果首先伤害的是咱俩的友情,至于断绝父子关系我都没有什么包袱。你和俺爸俺妈骂我的话我都能猜到,但我还是决定离婚。"

王益民倒没有话说了。他一路上组织起的说服王育才不该离婚的语言大军全部溃散了。王育才的坦率反倒感动了他。他知道王育才和吕红感情甚笃旧情难灭。他现在只能提出一些具体的困难来让王育才考虑:"孩子怎么办?三个孩子正处于幼学阶段,既要人抚养更需要心灵上的温暖。你想想你离了婚争得了自己的幸福,其实把痛苦不是摆脱掉了而是转嫁到孩子身心上了。与其这样,不如将就着,权当为了孩子。"

提到孩子以后王育才就哑了口，只顾抽闷烟，随之就哭了："只有孩子是无辜的。对孩子来说我是十恶不赦的罪人。我在决定离婚的过程中百分之九十九的脑筋都伤在这上头。我只能从经济上保证让他们求学读书，从物质生活上满足他们的一切需求。当然，如果秋蝉能明白一点，我也会毫不吝啬地给予孩子们父爱的，只是担心秋蝉不会给我这机会。没有办法，我与吕红已经不可分割了。她也和丈夫闹翻了。我无法回头也不想回头了。我已经觉得没有吕红一天都活不下去，父母以及老朋友你根本体味不来我的这种感情。我只希望你给秋蝉多做点解释工作，因为一来秋蝉是你的亲戚，二来这件事是你好心促成的。其他事你就再不必管了。"

王益民再无话可说。他感到劝解毫无作用，所以就不想多费唇舌。他想骂他又骂不出来。王育才而今比过去坦率了，他眼里的那种羞怯已经褪净，一种冷漠、一种淡泊、一种成熟的冷峻、一种经见了大世面后的遇事不惊的老练……所有这些神色把原有的那种根深蒂固的羞怯之色覆盖了或者说排除了。王益民抽着王育才的高级香烟———一支值二毛五分钱，相当于一斤苞谷的市场价格。他一面当教务主任，一面种责任田；大脑的一半装着龟渡王戴帽中学的全部教务，另一半装着肥料种子以及各种粮食蔬菜的市场价格。他充分感觉到王育才已经不是过去的"保长狗崽子"也不是龟渡王学校的"穷小教"了，他无疑已经是当代社会中最活跃最有气魄最会生活的人了。他想，如果王育才不来这个公司而继续在龟渡王教书，那么他会怎么样呢？他会提出与秋蝉离婚与吕红追求真正的"符合道德的婚姻"吗？再退一步说，他如果继续背着保长儿子的政治压力呢？想到这儿王益民又自责起来，好像他倒希望王育才继续当狗崽子似的。

记得吕红与别人订婚以后，王育才曾经懊悔不迭地痛骂自己是癞蛤蟆想吃天鹅肉。王益民劝了他安慰了他，他尽了一个朋友仁至义尽的义务。他亲自跑到秋蝉家，说服了秋蝉又说服了秋蝉的父母，说王育才绝对是个好青年，保长父亲属保长父亲，王育才本人是最可靠的。直说得秋蝉父亲下了决心，说他完全相信了，权当秋蝉不是嫁给民办教师王育才而是嫁给农民王育才，只要人可靠就行了。王育才当时很感激王益民夫妇，保长两口子更是感激不尽。王益民曾经因为他对朋友至诚的帮助而心地踏实。现在，他不仅不能说服王育才反而使自己陷入为难的境地，该怎么对秋蝉说话？怎么去见秋蝉的父母？

记得王育才和秋蝉结婚的时候，王益民去参加他们的婚礼，王育才邀他做伴郎，他欣然应允，把秋蝉引回来。王育才在过了一周新婚生活之后，情不自禁地对王益民说："秋蝉不错。勤快俭省，脾性也好，正适合咱这样的家庭。人家这样清白的贫农女子能嫁到咱家，我知足了。"王益民想把这话重新说给王育才听，想想又觉得没有必要，就告辞了。

临走时，王育才叮嘱王益民："益民哥，你甭费心了。我知道你是个好心人，你对我的恩情我永远不忘。你在我最困难的时候，给了我最大的帮助。即使要离婚，我仍然感激你给我介绍下秋蝉。你的动机百分之百是好的。只是现在我求你再甭跑冤枉路了；无论俺爸俺妈或是秋蝉找你，你都推开甭管，让他们找我说话。"

王益民说："这事不用你叮嘱我也不再来了。你的事你自己处理吧！"

五

王益民回到龟渡王村时，王育才的父亲王子杰老汉在村口伴装割草,实际是等待王益民。王益民说了他找育才的经过,子杰老汉听得心里松不滋滋凉不唧唧软不哝哝,气急败坏地说:"益民呀你怎么糊涂了?我叫你无论如何把那狗日的拉回来,你……"王益民苦笑一下说:"好叔哩!那么个大活人儿,我怎么拉得回来?"看王益民一副无可奈何的神气,王子杰老汉问清了王育才的地址,迫不及待地当晚就搭末班车进城去了。

王子杰老汉一踏上豪华的古都饭店的廊沿,几乎滑了一跤——那地板太光滑了。站在门口的一男一女两个侍者看着粗手笨脚的乡村老汉爬起来,不搀不扶而且嗤笑着问找谁。王子杰老汉说他找儿子王育才。他得到放行,开始爬楼梯。他敲响了二楼十九号房间门,看见门缝开处露出儿子的脸,气血"呼啦"一下冲到脑顶。及至他跨进门去看见长沙发上斜倚着一个女人,凭感觉老汉知道那是吕红,他一下子失去控制,一甩手一个巴掌就抽到儿子的脸上。那女人从沙发上跳起来,拉他的胳膊,叫着:"大伯有话慢慢说……"子杰老汉嗅到一股浓郁的香气,"呸"地一口吐出去,骂道:"婊子!"那女人一甩手走出门去。

子杰老汉已经完全失控。他一抡手,把茶几上的香烟饮料糖果全都扫荡到地上,杯子瓶子罐子在地板上乱滚。他又一把揪住儿子系在脖颈上的紫红领带,扯着拽着往门外拉。儿子育才被勒得直翻白眼,狼狈不堪地挣扎着,以求饶讨好的口气劝父亲坐下说话。子杰老汉说:"回家说!这地方我不坐!这是什么地方?婊子院!"这当儿走过来两个服务员,威胁老汉说再不停手就打电话叫警察来,子杰老汉才坐下来。

子杰老汉坐下来仍然盛怒不息地嘲骂:"我以为你在城里干什么体面工作,原来是逛窑子!瞅瞅楼上楼下站的跑的都是些啥货,脸上搽的嘴唇涂的耳朵上吊的都是啥?旧社会窑子院也没有这么厉害!你住在这儿能学好?你狗日的跟我回家种地去!"

王育才只是小声劝:"爸你骂我尽管骂,你甭胡乱骂人家服务员……"

"毬!啥毬服务员!"王子杰不买账,"我当过保长,解放了,共产党把我教育好了,没料到你小子倒学坏学瞎了。我当保长也没住过这么阔气的房子!你看你龟孙子穿洋服打领带装贼更像绺娃子!你今日不回家我就死在你面前。"

王育才已经没有任何招架之力。他佯装尿尿就走出房子躲进另一间屋子,让他的公司的同志去打发丧失了理智的父亲,同时叫来一辆出租汽车连拉带哄把子杰老汉送回近郊乡村龟渡王,王育才才得以从尴尬中解脱。

解脱是暂时的。第二天,当王育才坐在桑树镇民事法庭里向赵法官申述一条一条离婚理由的当儿,他父亲王子杰老汉正站在民事法庭大门口的街道上向赶集上街的男女揭露儿子离婚的内幕,针锋相对。王育才真诚地列出好几条足以说明他和秋蝉没有感情因而他们的婚姻是不道德的婚姻的理由,赵法官冷静地甚至无动于衷地问了一句:"既然没有丝毫的感情,那么三个孩子是怎样出来的?"一句话问得王育才张口结舌,虚汗交流。与此情此景形成强烈对比的是王子杰老汉获得了完全的成功。他慷慨陈词,言真意切,一件件一桩桩历数自己在前多年顶着黑斑头的困难日月里,王育才的龟孙相可怜样儿,以及秋蝉怎么来到这个家怎么贤惠怎么勤俭根本不多嫌这个倒霉的家庭,一下子把听他演说的男女感动了,大家一齐骂王育才忘恩负义不是个东西。王子杰老汉得到众人的呼应,更加来劲地斥责儿子的背叛行为,骂儿子是无情无义没有人性的畜牲,是豺狼是混蛋是陈世美是杂种。人们议论纷纷,说像王育才那样的儿子如今并不少见而像王子杰这样知情仗义的老子倒是少有的。消息从桑树镇反馈回龟渡王,子杰老汉的威望空前高涨。

王益民听到这一切时很平静。他是教务主任经常读书看报，一知半解当今社会潮流总的趋向是有利于王育才追求"真正的符合道德的婚姻"的，然而乡村人依然敬佩王子杰这种重情义的侠贤心肠。他无法确定自己该站在哪一边去反对哪一边，只觉得自己已无能为力只好任其自然发展。

王子杰老汉时常来找王益民，不断地把这桩离婚案的进展情况汇报给他。"法官判了不准离。"子杰老汉得胜似的告诉他，"看那狗日的还要咋样？"过了半年，子杰老汉又神色紧张地说："益民，那狗日的又告到法院了。"随之又大惑不解地问，"头回告了判下不准离就完了嘛，怎么还容得再告？没完没了了？"他显然不懂得关于离婚法律的特殊规定。过了半年老汉又得意地说："再告也是白告，赵法官还是判下个不准离婚。狗日的爱告尽管告，赵法官是个好法官，再告一百次也是白告。"这场离婚官司便旷日持久旷年持久地拖延下来，以至王子杰老汉自己也磨得发不起火来了，对王益民报告案件进展时的口吻就像说别人的闲话一样："又告了……爱告告去！"

王益民甚至同情起王育才来。当离婚事件刚发生时王益民同情秋蝉是自然的事，现在他依然同情秋蝉但也同情王育才。秋蝉虽然得到阿公阿婆的诚心相待全力袒护，毕竟代替不了丈夫；育才和吕红虽然感情呼应，但仍然摆脱不了偷偷摸摸的被动局面，理想的"符合道德的婚姻"好梦难圆。王益民的同情心产生不久，就被突如其来的一件事冲淡了，这就是吕红丈夫的来访。

吕红的丈夫是个工人，他给予王益民的第一印象正与他的职业完全吻合。他很率直，衣服穿着很随便，上衣是一件新潮夹克，肩上和臂上以及胸部附加了许多带儿和扣儿，衬衣的领子在脖子里窝叠着；人长得粗壮，一颗硕大的头。他开宗明义说："我来找你，是听说你既与王育才交好也认识吕红，希望你劝一劝王育才也劝一劝吕红。"他声明他之所以不愿意离婚并不是离了吕红就再找不到媳妇,他完全是咽不下这口气,王育才太欺侮人了。他警告说他的工友哥儿们早已不能忍受暴发户欺侮已不吃香的工人阶级,说他们要砸断暴发户王育才的狗腿,要把王育才的眼珠挖出来当泡儿踩,只不过他自己觉得为了一个吕红臭婊子犯不着让哥儿们受牵连吃官司。

自称已不吃香的"工人阶级"向王益民诉叙了他和吕红成亲的经过。那时候他在省建筑三公司当工人,有三个和他同时进厂的女工追求他,因为全是外省籍贯而遭到父母反对。父母坚决要给他找一个本乡本土的媳妇,说最不行也得是个陕西人,于是吕红大得他父母的欢心。他也承认他父母喜欢吕红,见了一面就喜欢上了。他不知道吕红曾经与王育才有过恋爱史,后来知道了也宽容了她。问题在于已经有了一女一儿两个孩子了,吕红仍然旧情萌发,把他闪到半路地里作难。他让王益民给王育才捎话过去,说暴发户王育才欺侮已不吃香的工人阶级是没有好下场的。

王益民又为王育才深深地担心了。他整日提心吊胆,似乎随时都可能飞来一个王育才被打残的噩讯。他想提醒他警告他,又见不着王育才。他又一次找到古都饭店二楼十九号,房子早已换主儿,再也打听不到王育才的下落了。他忧心忡忡。

吕红的父亲接着来访。这位已退位的吕家村的老支书本该休养生息,安度晚年,却被女儿的婚变搅得焦头烂额。他一面痛斥女儿不检点的行为,一面又对自己过去在女儿婚事上的自作主张后悔不及。他说他完全是为了女儿吕红好而想不到弄了窝囊事。他说在当时的情况下,眼瞅着女儿与一个保长儿子结婚,不仅他这个做党支书的父亲通不过,亲戚朋友也没一个通得过;怎么也想不到,而今世事会变成这样。老支书恳切地说:"益民呀!你和叔认识也不是一天两天了,你就好心好意劝一下育才,甭瞎折腾了。都四十的人了，还能再活四十呀？！四十岁的人为儿女活着，甭伤了儿女，俩人都有儿有女，折腾不起呀！只要他一收心，我收拾红红也好办了。人到事中迷，需得朋友点明要害……你权当为叔除去心病，好生劝一劝育才。"

王益民被感动了。他送走老支书，心情愈加沉重。我的天爷呀！育才要追求理想的"符合道德的婚姻"的背后，连结着多少人的焦虑忧愁和痛苦！除了吕红，所有与这桩离婚案有牵连的人都一次或多次找过他了。王子杰老汉不必说。王育才的母亲不必说。秋蝉自然也不必说。秋蝉的娘家父母也找他，使他十分难堪地无言以对。吕红的丈夫和吕红的父亲现在也都找过他了。两个家庭相关的所有成员都被搅得吃饭不香睡觉不酣。他们都知道他和王育才是朋友，觉得他是可以解除他们苦恼的人；然而王益民却毫无办法，他根本说服不了王育才。

吕红最终也来找王益民了。这位女性的到来，才真正摇撼了王益民的心，使他大吃一惊大睁双眼惊骇不已……

六

又一个灵魂在王益民面前痛苦地颤抖。

当吕红走进龟渡王学校的大门的时候，那些认识她的老教师和不认识她的新教师全都像看珍禽异兽一样瞪起了好奇的眼睛。她在龟渡王学校任教时和王育才的恋爱产生过轰动本校的效应。她停薪留职跟上王育才到某公司去挣大钱在全乡教职员中产生了轰动效应。她和王育才在某公司旧情复发的桃色事件的轰动效应扩及全县的教职工。她和王育才偷偷在教务主任王益民的房子做爱的事更使龟渡王学校的新老职员无人不晓。她现在敢于硬着头皮再次走进龟渡王学校的校园，王益民第一眼就发现这位曾经的女教师的神经有点不大正常了。

吕红显然已不是当年在龟渡王学校任教时的吕红了。姑娘特有的红色从脸上褪失净尽，脸色呈一种非自然的白色，那是过多施用脂粉的结果。无论什么现代化妆品都无法挽回已逝去的青春。但王益民首先感到的不是这些浅显的变化而是吕红的眼睛。吕红的眼睛里满是绝望和恐惧，恰如一个人得知了自己的生死簿上的秘密。吕红一坐下就说："王老师，我是实在无路可走了才来求你，现在只有你能救我了……"

王益民搞不清何以这样，就问："怎么回事？吕红，你慢慢说。"他顺手关了门。

"你的朋友王育才……是个野兽！"吕红咬着牙说，"是个吃人不吐骨头的豺狼！"

王益民惊奇地问："你怎么也骂他？"

"他把我害得好苦！"吕红说，"我一直觉察不出他对我设着圈套……"

王益民更迷惑不解："他怎么会对你设圈套？"

吕红这才告诉他，王育才和她私下里已说好约定：他和秋蝉离婚，她和丈夫离婚。现在，自己已和做建筑工人的丈夫离了婚，王育才却突然从桑树镇民事法庭抽回了诉状，不离了……

王益民愈加迷惑："那为啥？"

"报复！报复报复报复！"吕红癫狂了似的喊，"他要报复我！恶毒的报复！"

"他怎么会报复你？"王益民问，"他和秋蝉的离婚案闹了四五年了，就是因为你，他怎么会报复你？"

"全是假的！"吕红说，"他一次一次上诉，又一次一次托人暗里给赵法官塞钱，叫法官不要判决离婚。他一直把这场假戏演到我离婚才……"

"啊呀！我的天……"王益民半信半疑。

吕红哭了："我怎么办？我已离婚了。他在耍我。他记着旧仇。他说他才出了一口气。他说君子报仇十年不晚。他说我当初欺侮了他我父亲欺侮了他我丈夫也欺侮了他，全都是欺侮他有个政治黑疤……现在全都报复了！"

"我信不下！"王益民说，"我信不下去！王育才真会这样歹毒？你们恋爱失败时，他亲口给我说'并不怪责'你吕红嘛！"

吕红苦笑着摇摇头："王老师，我只求你一件事，你去找找王育才，就说我死了。他如果还记得我对他全是一片真心，如果还能原谅我当初的动摇，权当说的'势利眼'也行……我只有一丝希望了……"

王益民心里突然涌起一股强大的责任感，他大声肯定地说："吕红你千万甭急，绝对不能走绝路，也千万不敢急出毛病来。我明天就去找王育才，你一定等我见了他以后咱们再面谈……"

王益民虽然热诚有余，心中却不免打鼓，如果真如吕红所述，他能扭转王育才吗？他已经比较切实地想另一条路——设法使吕红与那个建筑工人复婚。他说："万一不行，我去找你丈夫，争取和解……"

吕红冷笑一声："那样的路我还能走吗？那比死艰难十倍！"

未等第二天王益民去找王育才，王育才当晚打电话找王益民来了。

王益民一接上电话就迫不及待："育才育才你说你现在在哪里？我有话要找你说。"

王育才却冷静地说："我们永远不会再见面了，我的好朋友。你不要再问我的住址，我们抓紧时间说几句话。"

王益民有点激动，一时找不到说话的头绪。

王育才问:"吕红是不是找你了?"

王益民答:"是的是的。到底怎么回事?"

王育才说:"吕红说给你的事是真的。我已经抽回了离婚诉状,但也并不是说我要回龟渡王了。请你告诉我父母和秋蝉以及孩子,请他们忘掉我,权当这世界上压根就没有过我。"

王益民急了:"这到底为什么?"

王育才说:"不要问'为什么'。我只告诉你,吕红已经离婚了,这是我的圈套。我要报复。我已经报复了。我和吕红恋爱失败时就等着这一天。这一天终于等到了。我当时太痛苦了,她和她父亲完全想不到被扔掉的女婿会有怎样的痛苦,我现在叫他们亲自感受一下。她的那个丈夫当时比我优越的唯一一条是家庭出身好,而吕红选择了他却舍弃了我;让他现在尝一尝此中滋味,也就理解当初我的苦处了……"

王益民实在忍不住了:"你是个毒虫!王育才——你是个歹毒的家伙!"

王育才说:"我曾经是个羞怯的青年……"

王益民说:"假的!你的羞怯是假装的!你的骨子里是歹毒残忍惨无人道!"

王育才却依然冷静:"朋友你说错了。我的羞怯是真实的。我的太多羞怯使我苦恼。我现在又为那种羞怯丧失殆尽而惋惜。"

王益民骂:"你害了多少人……"

王育才说:"首先是这些人先伤害了我。"

王益民回转了口吻:"育才,我们甭辩嘴了。我需要冷静,你更需要冷静。你无论如何告诉我你的住址,咱们见上一面,想想挽回残局的办法,一切还不是完全无望的。"

王育才说:"不必了,我明天就要走了。"

王益民又急了："你到哪里去？我敢说世界上没有容你的地方！你的良心也宽容不得……"

王育才说："我要找一个恰恰能容我的地方。我已经不想再挣钱了。顺便告诉你，我所在的这个公司纯粹是个不摊本只赚钱或者说光骗钱的公司。我对骗钱也觉得腻了。"

王益民问："你到底要干什么？"

王育才说："我要找一个能使我恢复羞怯的地方去。你想想，还不明白吗？"

王益民一时转不过弯："我想不来！你干脆回学校来吧？"

王育才轻轻叹口气："我已经不可能再回到讲台上去训导别人的子弟了——那地方太神圣，我不配。正在钻营的这种公司我也不干了，越干我越无耻。我又不想自杀。我想在我恢复了人应有的那一点羞怯之后，再论死生之事吧！"

王益民沉默了。

李十三推磨

"娘——的——儿——"

一句戏词儿写到特别顺畅也特别得意处，李十三就唱出声来。实际上，每一句戏词乃至每一句白口，都是自己在心里敲着鼓点和着弦索默唱着吟诵着，几经反复敲打斟酌，最终再经过手中那支换了又半秃了的毛笔落到麻纸上的。他已经买不起稍好的宣纸，改用便宜得多的麻纸了。虽说麻纸粗而且硬，却韧得类似牛皮，倒是耐得十遍百遍地揉搓啊翻揭啊。一本大戏写成，交给皮影班社那伙人手里，要反复背唱词对白口，不知要翻过来揭过去几十几百遍，麻纸比又软又薄的宣纸耐得揉搓。

"儿——的——娘——"

李十三唱着写着，心里的那份舒悦那份受活是无与伦比的，却听见院里一声呵斥：

"你听那个老疯子唱啥哩？把墙上的瓦都蹭掉了……"

这是夫人在院子里吆喝的声音，且不止一回两回了。他忘情唱戏的嗓音，从屋门和窗子传播到邻家也传播到街巷里，人们怕打扰他不便走进他的屋院，却又抗拒不了那勾人的唱腔，便从邻家的院子悄悄爬上他家的墙头，有老汉小子有婆娘女子，把墙头上掺接的灰瓦都扒蹭掉了。他的夫人一吆喝，那些脑袋就消失了；他的夫人回到屋里去纺线织布，那些脑袋又从墙头上冒出来。夫人不知多少回劝他，你爱编爱写就编去写去，你甭唱唱喝喝喝总该能成嘛！他每一次都保证说记住了再不会唱出口了，却在写到得意受活时仍然唱得畅快淋漓——甭说蹭掉墙头几片瓦，把围墙拥推倒了也忍不住口。

"儿——啊——"

"娘——啊——"

李十三先扮一声妇人的细声,接着又扮男儿的粗声,正唱到母子俩生死攸关处,夫人推门进来,他丝毫没有察觉,突然听到夫人不无烦厌倒也半隐着的气话:

"唱你妈的脚哩!"

李十三从椅子上转过身,就看见夫人不愠不怒也不高兴的脸色,半天才从戏剧世界转折过来,愣愣地问:"咋咧吗?出啥事咧?"

"晌午饭还吃不吃?"

"这还用问,当然吃嘛!"

"吃啥哩?"

这是个贤惠的妻子。自踏进李家门楼,一天三顿饭,做之前先请示公婆;公婆去世后,自然轮到请示李十三了。李十三还依着多年的习惯,随口说:"黏(干)面一碗。"

"吃不成黏(干)面。"

"吃不成黏(干)的吃汤的。"

"汤面也吃不成。"

"咋吃不成?"

"没面咧。"

"噢……那就熬一碗小米米汤。"

"小米也没有了。"

李十三这才感觉到困境的严重性,也才完全清醒过来,从正在编写的那本戏里的生死离别的母子的屋院跌落到自家的锅碗灶膛之间。正为难处,夫人又说了:"只剩下一盆苞谷糁子,你又喝不得。"

他确实喝不得苞谷糁子稀饭,喝了一辈子,胃撑不住了,喝下去不到半个时辰就吐酸水,清淋淋的酸水不断线地涌到口腔里,胃已经隐隐作痛几年了。想到苞谷糁子的折磨,他不由得火了:"没面了你咋不早说?"

"我大前日个前日个昨日个都给你说了,叫你去借麦子磨面……你忘了,倒还怪我。"

李十三顿时就软了,说:"你先去隔壁借一碗面。"

"我都借过三家三碗面咧……"

"再借一回……再把脸抹一回。"

夫人脸上掠过一缕不悦,却没有顶撞,刚转过身要出门,院里突响起一声嘎嘣脆亮的呼叫:"十三哥!"

再没有这样熟悉这样悦耳这样听来让人从头到脚从里到外都感觉到快乐的声音了,这是田舍娃嘛!又是在这样令人困窘得干摆手空跺脚的时候,听一听田舍娃的声音不仅心头缓过愉悦来,似乎连晌午饭都可以省去。田舍娃是渭北几家皮影班社里最具名望的一家的班主,号称"两硬"班子,即嘴硬——唱得好,手硬——耍皮影的技巧好。李十三的一本新戏编写成功,都是先交给田舍娃的戏班排练演出。他和田舍娃那七八个兄弟从合排开始,夜夜在一起,帮助他们掌握人物性情和剧情演变里的种种复杂关系,还有锣鼓铙钹的轻重……直到他看得满意了,才放手让他们去演出。这个把他秃笔塑造的男女活脱到观众眼前的田舍娃,怎么掂他在自己心里的分量都不过分。

"舍娃子,快来快来!"

李十三从椅子上喊起来站起来的同时,田舍娃已走进门来,差点儿和走到门口的夫人撞到一起;只听"咚"的一声响,夫人闪了个趔趄,倒是未摔倒,田舍娃自己折不住腰,重重地摔倒在木门槛上。李十三抢上两步扶田舍娃的时候,同时看见摔撂在门槛上的布口袋,"咚"的沉闷的响声是装着粮食的口袋落地时发出的。他扶田舍娃起来的同时就发出诘问:"你背口袋做啥?"

"我给你背了二斗麦。"田舍娃拍打着衣襟上和裤腿上的土末儿。

"你人来了就好——我也想你了,可你背这粮食弄啥嘛!"李十三说。

"给你吃嘛!"

"我有吃的哩!麦子豌豆谷子苞谷都不缺喀!"

田舍娃不想再说粮食的事,脸上急骤转换出一副看似责备实则亲畅的神气:"哎呀我的老哥呀!兄弟进门先跌个跟头,你不拉不扶倒罢了,连个板凳也不让坐吗?"

李十三赶紧搬过一只独凳。田舍娃坐下的同时,李夫人把一碗凉开水递到他手上了。田舍娃故作吁叹地说:"啊呀呀!还是嫂子对兄弟好——知道我一路跑渴了。"

李十三却以不容置疑的口气对夫人说:"快,快去擀面,舍娃跑了几十里肯定饿了。今晌午喧黏(干)面。"

夫人转身出了书房,肯定是借面去了。她心里此刻倒是踏实,田舍娃背来了二斗麦子,明天磨成面,此前借下的几碗麦子面都可以还清了。

田舍娃问:"哥呀,正谋算啥新戏本哩?"

李十三说:"闲是闲不下的,止谋算哩,还没谋算成哩。"

田舍娃说:"说一段儿,唱几句,让兄弟先享个耳福。"

"说不成。没弄完的戏不能唱给旁人。"李十三说,"咋哩?馍没蒸熟揭了锅盖跑了气,馍就蒸成死疙瘩了。"

田舍娃其实早都知道李十三写戏的这条规矩,之所以明知故问,不过是无话找话,改变一下话题——他担心李十三再纠缠他送麦子的事。他随之悄声悦气地开了另一个话头:"哥呀,这一向的场子欢得很,我的嗓子都有些招不住了,招不住还歇不成凉不下。几年都不遇今年这么欢的场子,差不多天天晚上有戏演。你知道喀——有戏唱就有麦子往回背,弟兄们碗里就有黏(干)面咥!"

李十三在田舍娃得意的欢声浪语里也陶醉了一阵子。他知道麦子收罢秋苗锄草施肥结束的这个相对松泛的时节,渭河流域的关中地区每个大小村庄都有"忙罢会",约定一天,亲朋好友都来聚会,多有话丰收的诗蕴,也有夏收大忙之后歇息娱乐的放松。许多村子在"忙罢会"到来的前一晚,约请皮影班社到村里来演戏,每家不过均摊半升一升麦子而已。这是皮影班社一年里演出场子最欢的季节,甚至超过过年。待田舍娃刚一打住兴奋得意的话茬,李十三却眉头一皱眼仁一聚,问:"今年渭北久旱不雨,小麦歉收,你的场子咋还倒欢了红火咧?"

"戏好嘛!咱的戏演得好嘛!你的戏编得好嘛!"田舍娃不假思索张口就是爽快的回答,"《春秋配》《火焰驹》,一个村接着一个村演,那些婆娘那些老汉看十遍八遍都看不够,在自家村看了,又赶到邻村去看,演到哪里赶到哪里……"

"噢……"李十三眉头解开,有一种欣慰。

"我的十三哥呀,你的那个黄桂英,把乡下人不管穷的富的老的少的男的女的都看得迷格瞪瞪的。"田舍娃说,"有人编下山歌——'权当少收麦一升,也要看一回黄桂英'。人都不管丰年歉年的光景咧!"

说的正说到得意处,听的也不无得意,夫人走到当面请示:"话说完了没?我把面擀好了,切不切下不下?"

"下。"李十三说。

"只给俺哥下一个人吃的面。我来时吃过了。"田舍娃说着已站立起来,把他扛来的装着麦子的口袋提起来,问,"粮缸在哪儿？快让我把粮食倒下。"

李十三拽着田舍娃的胳膊，不依不饶非要他吃完饭再走，夫人也是不停嘴地挽留。田舍娃正当英年，体壮气粗，李十三拉扯了几下，已经气喘不迭，厉声咳嗽起来。他长期胃病，又添了气短气喘的毛病。田舍娃提着口袋跷进另一间屋子，揭开一只齐胸高的瓷瓮的木盖儿，吓了一跳——里边竟是空的。他把口袋扛在肩上，松开扎口，"哗啦"一声，二斗小麦倒得一粒不剩。田舍娃随之把跟脚过来的李十三夫妇按住，"扑通"跪到地上："哥呀！我来迟了！我万万没想到你把光景过到盆干瓮净的地步……我昨日听你村一个看戏的人说你的光景不好，今日赶紧先送二斗麦过来……"说着已泪流不止。

李十三拉起田舍娃，一脸感动之色里不无羞愧："怪我不会务庄稼，今年又缺雨，麦子长成猴毛，碌碡停了，麦也吃完了……哈哈哈。"他自嘲地撑硬着仰头大笑。夫人在一旁替他开脱："舍娃你哭啥哩？你哥从早到晚唱唱喝喝都不愁……"

田舍娃抹一把泪脸，瞪着眼说："只要我这个唱戏的有的吃，咋也不能把编戏的哥饿下！我吃黏（干）面决不让你吃稀汤面。"随之又转过脸，对夫人说，"嫂子，俺哥爱吃黏（干）的汤的尽由他挑。过几天我再把麦背来。"

田舍娃抱拳鞠躬者三，又绽出笑脸："今黑还要赶场子，兄弟得走了。"刚走出门到院子里，又折回身，"哥呀！我知道你手里正谋算一本新戏哩！我等着。"

"好！你等着。"李十三嗓门亮起来。说到戏，他把啥不愉快的事都掀开了，"有得麦吃，哥就再没啥扰心的事了。"

李十三和他的夫人运动在磨道上。两块足有一尺多厚的圆形石质磨盘，合丝卡缝地叠摞在一起，上扇有一个小孩拳头大小的孔眼，倒在上扇的麦粒，通过这只孔眼溜下去，在转动着的上扇和固定着的下扇之间反复压磨，再从磨口里流出来。上扇磨石半腰上捆绑一根结实的粗木杠子，通常是用牲口套绳和它连接起来，有骡马的富户套骡马拽磨，速度是最快的了；一般农户就用自养的犍牛或母牛拽磨，也很悠闲；穷到连一条狗都养不起的人家，就只好发动全家大小上套，不是拽而是推着磨盘转动了。人说"拽犁推磨打土坯"是乡村农活里头三道最硬茬的活儿，通常都是那些膀宽腰圆的汉子才敢下手的，再就是那些穷得养不起牲口也请不起帮手的人，才自己出手硬撑死扛。年届六十二岁的李十三，现在把木杠抱在怀里，双臂从木杠下边倒勾上来反抓住木杠，那木杠就横在他的胸腹交界的地方，身体自然前倾，双腿自然后蹬，这样才能使上力鼓上劲，把几百斤重的磨盘推动起来旋转起来。他的位置在磨杠的梢头一端，俗称外套，是最鼓得上力的位置，如果用双套牲口拽磨，这位置通常是套犍牛或儿马子的。他的夫人贴着磨道的内套位置，把磨杠也是横夯在胸腹交界处，只是推磨的胳膊使力的架势略有差异。她的右手从磨杠上边弯过去，把木杠搂到怀里，左手时不时拨拉一下磨扇顶上的麦子。等得磨缝里研磨溜出的细碎的麦子在磨盘上成堆的时候，她就用小木簸箕揽了，离开磨道，走到罗柜跟前，揭开木盖，把磨碎的麦子倒入罗柜里的金丝罗子，再盖上木盖，然后扳动摇把儿，罗子就在罗柜里"咣当咣当"响起来——这是磨面这种农活的象征性声响。

"你也歇一下下儿。"

李十三听见夫人关爱的声音，瞅一眼摇着拐把的夫人的脸，那瘦削的肩膀摆动着。他抬起一只胳膊用袖头抹一抹额上脸上的汗水，不仅没有停歇下来，反倒哼唱起来了："娘——的——儿——"一句戏词没唱完，似乎气都堵得拔不出来，便哑了声，喘着气,一个人推着磨扇缓缓地转动,又禁不住自嘲起来,"老婆子哎!你说我本该是当县官的材料,咋的就落脚到磨道里当牛做马使唤?还算不上个快马,连个蔫牛也不抵……哎!怕是祖上先人把香插错了香炉……"

"命——"夫人停住摇把,从罗柜里取出罗子,把罗过的碎麦皮倒进斗里,几步走过来,又回到磨道里她的套路上,习惯性地抱住磨杠推起来,又重复一遍,"命。"

李十三似接似拒的口吻,沉吟一声:"命——"

李十三推着石磨。要把一斗麦子的面粉磨光罗尽,不知要转几百上千个圈圈,称得上"路漫漫其修远兮"了。他的求官之路,类如这磨道。他十九岁考中秀才,令家人喜不自禁,也令乡邻羡慕;二十年后的三十九岁省试里考中举人,虽说费时长了点儿,却在陕西全省排在前二十名,离北京的距离却近了;再苦读十三年后到五十二岁上,他拉着骡子驮着干粮满腹经纶进北京会试去了。此时嘉庆刚主政四年,由纪昀任主考官,录取完规定的正编名额后,又拟录了六十四名作为候补备用的人。李十三的名字在这个候补名单里。按嘉庆的考制,拟录的人按县级官制待遇,却不发饷银,只是虚名罢了。等得牛年马月有了县官空缺,点到你的名字上,就可以走马上任做实质性的县官领取县级官饷了。李十三深知这其中的空间很大很深,猫腻狗骚都使得上却看不见。恰是在对这个"拟录"等待的深度畏惧发生的时候,失望同时并生了,做官的欲望就在那一刻断灭。是他的性情使他发生了这个人生的重大转折——凭学识凭本事争不到手的光宗耀祖的官衔,拿银子换来就等于给祖坟上泼了狗尿。

他依着渭河北部高原民间流行的小戏碗碗腔的种种板路曲谱,写起戏本来了。第一本名叫《春秋配》,交给田舍娃的皮影班社,得了田舍娃的好嗓子,也得了他双手绝巧的"耍杆子"的技艺，这个戏一炮打响，演遍了渭北的大村小庄……他现在迷在写戏的巨大兴趣之中，已有八本大戏两本小戏供那些皮影班社轮番演出……现在，他和夫人合抱一根木杠，在磨道里转圈圈，把田舍娃昨日晌午送来的麦子磨成白面，就不再操心锅里没面煮的事了……

"十三哥十三哥十三哥——"

田舍娃的叫声。昨日刚来过怎么又来了？田舍娃压抑着嗓门的连声呼叫还没落定，人已蹿进磨房喘着粗气。收住脚，与从磨道里转过来的李十三面对面站着，整个一副惶恐失措的神色。未等李十三开口，田舍娃仍压低嗓门说："哥呀不得了咧……"

李十三喘着气，却不问。他和夫人在自家磨道推磨子，闭着眼也推不到岔道上去，能有什么了不得的祸事呢！那一瞬，他甚至料定田舍娃是虚张声势——虚张声势夸大事态往往是这些皮影艺人的职业习性。

"哥呀！皇上派人抓你来咧……"

李十三"嘿"的一声不着意的轻淡的笑："你也算是当了爸的人了，咋还说这些没根没影的话……"

田舍娃见李十三不信，当下急得失了色变了脸，双手击捶出很响的声音，像道戏曲白口一般疾骤地叙说起来："嘉庆爷派的差官已经到县上咧！我奶妈的三娃在县衙当伙夫，听到这事赶紧叫人把信儿传给我。我撂下饭碗赶紧跑过来给你透风报信。你还大咧咧地信不下……"

李十三打断田舍娃的话问："说没说我犯了哪条王法？"

"'淫词秽调'——"田舍娃说，"皇上爷亲口说你编的戏是'淫词秽调'，如野草般疯长，已经传流到好多省去了。皇上爷很恼火，派专使到渭南，指名要'提李十三进京'，还说连我这一帮演过你的戏的皮影客也不放手……"

283

田舍娃说着说着就自动打住口，哑了声。他叙述这个因由的过程，突出的眉棱下的两只燕尾形的眼睛一直紧盯着他亲爱的李十三哥，连扶着磨杠的嫂夫人一眼也顾不及看。他看着李十三由不信不屑的眼神脸色逐渐转换出现在这副吓人的神色——两眼瞪得一动不动一眨不眨，脸色由灰黄变成灰白，辨不清是气恨还是惧怕——倒吓得田舍娃不敢再往下说了。

李十三突然猛挺起身子，头往后一仰，又往前一倾，"噢"的叫了一声，从嘴里喷出一股血来。田舍娃眼见一道鲜亮如同朝阳的红光闪耀了一下，整个磨房弥漫起红色的光焰，又如同一条血的飞瀑，呼啸着爆响着飞溅出去，落在磨扇顶端已经磨碎的麦粒上，也泼洒在凿刻着石棱的磨扇上。磨盘上堆积着的尚未收揽的碎麦麸顷刻间也染红了。田舍娃"噢呀"惊叫一声，吓愣了。

李十三又挺起胸来，头先往后一仰，即刻再往前用力一倾，又一道血的光焰血的飞瀑喷洒出去，随之他横跌在磨盘上，一只手垂下来。

田舍娃手足无措地站在一边，突然灵醒过来，一把抱起李十三，轻轻地摆平让他仰躺在地上。夫人也早吓蒙了，忙蹲下身为李十三抚胸搓背，连声呼叫："你不能走呀你甭走呀……"随之掐住了丈夫的鼻根。

许久，李十三终于睁开眼睛了，顺手拨开了夫人掐着他鼻根的手。稍停半刻，他两手撑地要坐起来。夫人和田舍娃急忙从两边帮扶着。李十三坐起来。田舍娃这时才哭出声来。夫人也哭了。

李十三舒了口气，看着田舍娃说："你咋不跑还在这儿？"

"你是这样子，我咋跑呀！"田舍娃说，"让人家把咱俩一块提走，我好招呼着你。"

李十三摇摇头："咱俩得跑。"

田舍娃忙接上说："就等你这句话哩，快走。"

李十三站起来,走了两步试了试腿脚,还可以走动,便对夫人说:"你也甭操心了。你操心也是白操——皇上要我的命,你还能挡住?挡不住咯。我要是命大能跑脱,会捎话给你,会来取戏本的——这本戏刚写到热闹的当当儿,你给我藏好。"

李十三和田舍娃俩人装出无什么要紧事的做派,走出门,走过村巷,还和村人打着礼仪性的招呼。村人乡党打问今晚在哪个村子摆场子,舍娃说在北塬上很远很远的一个寨子。乡党直惋叹太远太远了。两人出了村子,又从出村的这条宽敞的土路拐上一条一步多宽的岔路,两边是高过人头的苞谷苗子。隐入无边无际的苞谷绿秆之中,似乎有一种被遮蔽的安全感。两人不约而同又拐上一条岔道。岔道上铺满青草,泛着一缕缕薄荷的清香。两人又跷过水渠,清凌凌的水已经没有诗意了,渠沿上的白杨也没有诗意了。这渠水和这白杨是最容易诱发诗意的景致,李十三每一次踏过渠上的木桥或直接跷过这水渠的时候,都忍不住驻足品味,都忍不住撩起水来洗一把脸。现在只有奔逃的恓惶和恐惧了。李十三在用力跳过渠的时候,有一阵晕眩,眼睛黑了一瞬,驻足的同时,又吐出一口血来。稍作缓息,田舍娃搀扶着他继续走着。两边依旧是密不透风的苞谷秆子,青幽幽闷腾腾的田野。走到这条小路的尽头,遇到一道土塄,分成又一个岔口。李十三站住脚:"咱俩该分手了。"

田舍娃愣了一下,头连着摇:"分手?谁跟谁分手?我跟你分手——我死都跟你不分手。"

李十三说:"咱俩总不能傻到让人家一搭儿抓了,再一窝端了一锅蒸了嘛!留下一个会唱会耍竿竿儿的(支撑皮影的竹竿)人嘛!"

"不成不成不成!"田舍娃的头摇得更欢了,"耍竿竿儿的人多,死了我还有那一大帮伙计,会编戏的只是你十三哥——死谁都不能死你。"

"是这样嘛——"李十三说,"咱俩谁都不该死。咱俩谁都不死当然顶好咧!现时死临头了,咱俩分开跑,逃过一个算一个,逃过两个更好。千万不能一锅给人家煮了蒸了。"

田舍娃还是听不进去:"你这么个病身子,我把你撂下撇下,我就是你戏里头写的那号负义的贼了。"

李十三说:"我的戏本都压在你的箱子里,旁人传抄的不全,有的乱删乱添,只有你拿的本子是我的原装本子。想想,把我杀了不当紧,我把戏写成了;要是把你杀了又抄了家,连戏本子都会给人家烧成灰了……你而今活着比我活着还当紧。"

田舍娃这下子不说话了。

李十三又说:"你活着就是顶替我活着。"

田舍娃出着粗气,眼泪涌出了。

"你的命现在比我的命贵重。"李十三再加重说,"快走赶快跑,哥的戏本就指望你了。"

李十三转过身走了。

田舍娃急抢两步,堵在李十三面前,"扑通"跪在路上,连磕三个响头,站起来又抱拳作揖者三,瞪着眼睛说:"我的哥呀!你放心走,只要有我舍娃子一条命,你的戏本一个字都丢不了!"

"你的命丢了,本子也甭丢。"李十三也狠起来,"你先把戏本藏好再逃命。"

"记下了。"田舍娃跑走了,跑到一畛谷子地里,对着坡塄骂了一句,"嘉庆呀嘉庆,我没有你这个爷了。"

田野静寂无声。

李十三顺着这条缓坡路走着。他想到应该斜插到另一个方向的梯田里去,谁会傻到顺着一条上渭北高原的官路逃亡呢?他不想逃跑，又不想被抓住。他确凿断定自己活不了几个时辰了。他只不过不想死到北京，也不想活着看见那个受嘉庆爷之命前来抓他的差官的脸。他也不想死在磨道里或死在炕上，那样会让他的夫人更悽惶。活着没能让她享福，死时却可以不让她受急迫。他也不想死在田舍娃当面，越是相好的人越想死得离他远点。

莽莽苍苍的渭北高原是最好的死地。

李十三面朝着渭北高原背对着渭河平原，往前一步一步挪脚移步，他又吐出一口血。血把脚下被人踩踏成细粉一般的黄土打湿了，瞬间就辨不出是血是水了。

再挣扎到一个塄坎上的时候，他又吐血了。

当他又预感到要吐血的时候，似乎清晰地意识到这是最后一口所能喷吐出来的血了。他已经走出村子二十里路了，在这一瞬他转过身来，眺望一眼被绿色覆盖的关中和流过关中的渭河。他吐出最后一口血，仰跌在土路上，再也看不见渭北高原上空的太阳和云彩了。

附　记

约略记得是 20 世纪 50 年代末，我在周六从学校回家去背下一周的干粮，路上的男男女女老人小孩纷纷涌动，有的手里提着一只小木凳，有的用手帕包着馒头，说是要到马家村去看电影。这部电影是把秦腔第一次搬上银幕的《火焰驹》，十村八寨都兴奋起来。太阳尚未落山，邻近村庄的人已按捺不住，挎着凳子提着干粮去抢占前排位置了。我回到家匆匆吃了饭，便和同村伙伴结伙赶去看电影了。"日行千里夜行八百"的火焰驹固然神奇，而那个不嫌贫爱富因而也不背信弃义更死心不改与落难公子婚约的黄桂英，记忆深处至今还留着舞台上那副顾盼动人的模样。这个黄桂英不单给了乡村那些穷娃昼思夜梦的美好期盼，城市里的年轻人何尝不是同一心理向往。直到五十年后的今天我才弄清楚，《火焰驹》的原始作者名叫李十三。

李十三，本名李芳桂，渭南县蔺店乡人。他出生的那个村子叫李十三村。据说唐代把渭北地区凡李姓氏族聚居的村子，以数字编序排列命名，类似北京的××八条、××十条或十二条。李芳桂念书苦读一门心思为着科举高中，一路苦苦赶考直到五十二岁，才弄到个没有实质内容的"候补"空额，突然于失望之后反倒灵醒了，便不想再跑那条路了。这当儿皮影戏在渭北兴起正演得红火，却苦于找不到好戏本，皮影班社的头儿便把眼睛瞅住这个文墨深不知底的人。架不住几个皮影班头的怂恿哄抬，李十三答应"试火一下"——即文人们常说的试笔。这样，李十三的第一部戏剧处女作《春秋配》就"试火"出来了。且不说这本戏当年如何以皮影演出走红渭北，近二百年来已被改编为秦腔、京剧、川剧、豫剧、晋剧、汉剧、湘剧、滇剧和河北梆子等。这一笔"试火"得真是了得！大约自此时起，李十三这个他出生并生活的村子名称成了他的名字。李芳桂的名字以往只出现或者只应用在各级科举的考卷和公布榜上，民间却以李十三取而代之。民间对"李芳桂"的废弃，正应着他人生另一条道路的开始——编戏。

李十三生于1748年，距今二百六十年了。我专意打问了剧作家陈彦，证实李十三确实是陕西地方戏剧碗碗腔秦腔剧本的第一位剧作家，而且是批量生产。自五十二岁摈弃仕途试笔写戏，到六十二岁被嘉庆爷通缉吓死或气死（民间一说吓死一说气死，还有说气吓致死）的十年间，他写出了八部本戏和两部小折子戏，通称"十大本"——《春秋配》《白玉钿》《火焰驹》《万福莲》《如意簪》《香莲口》《紫霞宫》《玉燕钗》八部本戏及《四岔》

《锄谷》两部折子戏。这些戏本中的许多剧目，随后几乎被中国各大地方剧种都改编演出过，经近二百年而不衰。我很自然地发生猜想：中国南北各地差异很大的方言，唱着说着这位老陕的剧词，会是怎样一番妙趣。不会说普通话更没听过南方各路口音的李十三，如若坐在湘剧京剧剧场里观赏他的某一本戏的演出，当会增聚起抵御嘉庆爷捉拿的几分胆量和气度吧，起码会对他点灯熬油和推磨之辛劳，添一分欣慰吧！

然而，李十三肯定不会料到，在他被嘉庆爷气吓得磨道喷吐鲜血，直到把血吐尽在渭北高原的黄土路上气绝而亡之后的大约一百五十年，一位秦腔剧作家把他的《万福莲》改编为《女巡按》，大获好评更热演不衰。北京有一位声名赫赫的剧作家田汉，接着把《女巡按》改编为京剧《谢瑶环》，也引起不小轰动。刚轰动了一下还没轰得太热，《谢瑶环》被批判，批判文章几乎成铺天盖地之势。看来田汉胆子大点儿气度也宽点儿，没有吐血。

一切都已成为过去。过去了的事就成历史了。

我从剧作家陈彦的文章中，获得李十三推磨这个细节时，竟毛躁得难以成眠。在几种思绪里只有一点纯属自我的得意，即我曾经说过写作这活儿，不在乎写作者吃的是馍还是面包，睡的是席梦思还是土炕，屋墙上挂的是字画还是锄头，关键在于那根神经对文字敏感的程度。我从李十三这位乡党在磨道里推磨的细节上又一次获得确信，是那根对文字尤为敏感的神经，驱使着李十三点灯熬油自我陶醉在戏剧创作的无与伦比的巨大快活之中，喝一碗米粥哐一碗黏（干）面或汤面就知足了。即使落魄到为吃一碗面需得启动六十二岁的老胳膊硬腿去推石磨的地步，仍然是得意忘情地陶醉在磨道里，全是那根虽然年事已高却依然保持着对文字敏感的神经，闹得他手里那支毛笔无论如何也停歇不下来。磨完麦子撂下推磨的木杠，又钻进那间摆置着一张方桌一把椅子一条板凳的屋子，掂起笔杆揭开砚台蘸墨吟诵戏词了……唯一的实惠是田舍娃捐赠的二斗小麦。

同样是这根对文字太过敏感的神经，却招架不住嘉庆爷的黑煞脸，竟然一吓一气就绷断了，那支毛笔才彻底地闲置下来。我就想把他写进我的文字里。

2007 年 5 月 9 日
二府庄

日　子

一

　　发源地周边的山势和地形，锁定了滋水向西的流向。那些初来乍到的外地人，在这条清秀的倒淌河面前，常常发生方向性迷乱。

　　在河堤与流水之间的沙滩上，枯干的茅草上积了一层黄土尘灰，好久好久没有降过雨了。北方早春几乎年年都是这种缺雨多尘的景象。

　　两架罗筛，用木制三角架撑住，斜立在掏挖出湿漉漉砂石的大坑里。男人一把镢头一把铁锨，女人也使用一把镢头一把铁锨；男人有两只铁丝编织的铁笼和一根水担，女人也配备着两只铁丝编成的铁笼和一根水担。

　　铁镢用来刨挖沉积的砂石。

　　铁锨用来铲起刨挖松散的砂石，抛掷到罗网上。石头从罗网的正面"哗啦啦"响着滚落下来，细沙则透过罗网隔离到罗网的背面。

　　罗网成为男人和女人劳动成果的关键。

　　铁丝编织的笼筐是用来装石头的。

　　水担是用来挑担装着石头的铁笼的。

　　从罗网上筛落下来的石头堆积多了，用铁锨装进铁笼，再用水担的铁钩钩住铁笼的木梁，挑在肩上，走出沙坑，倒在十余米外的干沙滩上。

　　男人重复着这种劳作工序。

女人也重复着这种劳作工序。

他们重复着的劳动已经十六七年了。

他们仍然劲头十足地重复着这种劳动。

从来不说风霜雨雪什么的。

干旱的冬季和早春时节的滋水是水量最稳定的季节，也是水质最清纯的季节，清纯到可以看见水底卵石上悠悠摆动的絮状水草。水流上架着一道歪歪扭扭的木桥。一个青年男子穿着军大衣在收取过桥费，每人每次五毛。

我常常走过小桥，走到这一对刨挖着砂石的夫妇跟前。我重新回到乡下的第一天，走到我的滋水河边，就发现了河对面的这一对夫妇。就我目力所及，上游和下游的沙滩上，支着罗网埋头这种劳作的，再没有第二处了。

在我的这一岸的右边河湾里，有一家机械采石场，悬空的输送带上倾泻着石头，发出震耳挠心的响声。

沙坑里，有一个大号热水瓶，红色塑料皮已经褪色，还有一只多处脱落了搪瓷的搪瓷缸子。

二

早春中午的太阳已见热力，晒得人脸上烫烫的，却很舒服。

"你该到城里找个营生干。"我说，"你是高中生，该当……"

"找过。也干过。干不成。"男人说。

"一家干不成，再换一家嘛！"我说。

"换过不下五家主儿，还是干不成。"女人说。

"工作不合适？没找到合适的？"我问。

"有的干了不给钱，白干了；有的把人当狗使，呼来喝去没个正性。受不了啊！"他说。

"那是个硬熊。能挣人家钱,还不受人家白眼。"她说。

"不是硬熊软熊的事。出力挣钱又不是吃舍饭。"他说。

"凭这话,老陈就能听出来你是个硬熊。"女人说,"他爷是个硬熊。他爸是个硬熊。他还是个不会拐弯的硬熊——种系的事。"

"中国现时啥都不缺,就缺硬熊。"他说。

"弓硬断弦。人硬了……没好下场。"她说。

"这话倒对。俺爷被土匪绑在明柱上,一刀一刀割,割一刀问一声,直到割死也不说银圆在哪面墙缝里藏着;俺爸被斗了三天两夜,不给吃不给喝不准眨眼睡觉直到昏死,还是不承认'反党'……我不算硬。"

"你已经硬到只能挖石头咧!你再硬就没活路了。硬熊——"

"噢!好腰——"

我看见男人停住了劳作,一只手叉在腰间,另一只手拄着铁锨木把儿,两眼专注地瞅着河的上方。我转过头,看见木桥上走着一位女子。女子穿一件鲜红的紧身上衣,束腰绷臀,许是恐惧那座窄窄的独板桥,一步一扭,腰扭着,臀也扭着,一个"S"身段生动地展示在凌水而架的小木桥上。

"腰真好。好腰。"男人欣赏着。

"流氓!"女人骂了一句,又加一句,"流氓!"

那个被男人赞赏着被女人妒忌着的好腰的女子已经走过木桥,坐上男友摩托车的后座,"呜噜噜"响着驰上河堤,眨眼就消失了。

"好腰就是好腰。人家腰好就是腰好。"男人说,"我说人家腰好,咋算流氓?"

"好人就不看女人腰粗腰细腰软腰硬。流氓才贼溜溜眼光看女人腰……"

"哈呀!我当初瞅中你就是你的腰好。"男人嘻嘻哈哈起来,"我当初就是迷上你的好腰才给你写恋爱信的。我先说你是'全乡第一腰',后来又说'中国第一腰',你当时听得美死了,这会儿却骂我流氓。"

女人羞羞地笑着。

男人顺着话茬说下去。他首先不是被她的脸蛋儿而是被她的腰迷得无法解脱。他很坦率又不无迷津地悄声对我说,他也搞不清自己为什么偏偏注意女人的腰,一定要娶一个腰好的媳妇;脸蛋嘛,倒在其次,能看过去就行了。

他大声慨叹着,不无讨好女人的意思:"农村太苦太累,再好的腰都给糟践了。"

男人把堆积在罗网下的石子铲进笼里,用水担挑起来,走上沙坑的斜坡,木质水担"吱呀吱呀"响着,把笼里的石头倒在石堆上。折身返回来,再装再挑。

女人对我说:"他见了你话就多了。嘎杂子话儿也出来了。他跟我在这儿,整晌整晌不说一句话。猛不丁撂出一句'日他妈的!'我问他你日谁妈哩,他说,'谁家妈咱也不敢日,干乏了干烦了撒口气嘛!'"

男人朝我笑笑,不辩白也不搭话。

三

"把县委书记逮了。"

"哪个县的县委书记?"

"我妹子那个县的。"

"你怎么知道?"

"我晌午听广播听见的。"

"犯了啥事?"

"说是卖官得了十万。"

我已不太惊奇，淡淡地问："就这事？还有其他事没有？"

"广播上只说了卖官得钱的事。"男人说，"过年时我到妹子家去给外甥送灯笼，听人说这书记被'双规'了。当时我还没听过'双规'这名词。我妹家来的亲戚，都在说这书记被'双规'的事。瞎事多多了，广播上只说了受贿卖官一件事。"

"老百姓早都传说他的事了？"

"我给你说一件吧。县里开三级干部会，讨论落实全县五年发展规划。书记做报告。报告完了分组讨论，让村、乡、县各部门头头脑脑落实五年计划。书记做完报告没吃饭就坐汽车走了，说是要谈'引资'去了。村上的头头脑脑乡上的头头脑脑县上各部局的头头脑脑都在讨论书记五年计划的报告。谁也没料到，书记钻进城里一家三星宾馆，打麻将。打了三天两夜。第三天后晌回到县里三干会上来做总结报告，眼睛都红了肿了，说是跟外商谈'引资'争得睡不着觉……"

"有这种事呀？"

"我妹子那个县的人都当笑话说哩。你想想，报告念完饭都不吃就去打麻将。住在三星宾馆，打得乏了还有小姐给搓背洗澡按摩。听说'双规'时，从他的皮包里搜出来的净是安全套儿壮阳药。想指望这号书记搞五年计划能搞个毬……"

"你生那个气弄啥？"女人这时开了口。

"我听了生气，说了也生气。我知道生气啥也不顶。"

"那就甭说。"

"广播都说了，我说说怕啥。"

"广播上的人说是挣说的钱哩，你说是白说，没人给你一分钱。"

"你看看这人……"

"书记打麻将搞小姐，你跟我靠捞石头挣钱；书记不打麻将不搞小姐，咱还是靠淘沙子捞石头过日子。你管人家做啥？"

男人翻翻白眼，一时倒被女人顶得说不上话来。闷了片刻，他终于找到一个反驳的话头："你呀你，我说啥事你都觉得没意思。只有……只有我说哪个女人腰好，你就急了躁了。"

"往后你再说谁的腰好我也不理识你了。"女人说，"我只操心自家的日子。"

"你以为我还指望那号书记领咱'奔小康'吗？哈！他能把人领到麻将场里去。"男人说，"我从早到黑从年头到年尾都守在这沙滩上淘石头，还不是过日子么！我当然知道，那个书记打麻将与咱毬不相干，人家即就不打麻将还与咱毬不相干喀！他被逮了与咱毬不相干，不逮也毬不相干喀！"

"咱靠淘挖石头过日子哩！"女人说。

"我早都清白，石头才是咱爷。"男人说。

听着两口子无遮无掩的拌嘴，我心里的感觉真是好极了。男人他妹家所在县的那个浪荡书记，不过是中国反腐风暴中荡除的一片败叶，小巫一个。我更感兴趣的，或者说更令我动心的，或者说最容易引发我心灵深层最敏感的那根神经的，其实是这两口子的拌嘴。

他们两口子拌嘴的话所涉及的内容和范围，我都不大在意。我只是想听一听本世纪第一个春天我的家乡的人怎样说话，一个高考落榜的男人和一个曾经有过好腰的女人结成的近二十年的夫妻现在进行时的拌嘴的话。我也是到现在才终于明白，我频频地走到河滩走过小木桥到这两口子劳动现场的目的，就在于此，仅在于此。我头一次来到他俩的罗网前是盲目的，两回三回也仍然朦胧含糊，现在变得明白而又单纯了——看这一对中年夫妻日常怎样拌嘴。

"呃！这书记而今在劳改窑的日子可怎么过呀！"男人说。

"你看你这人！老陈你看他这人——就是个这！"女人说，"刚才还气呼呼地骂人家哩，这会儿又操心人家在劳改窑里受苦哩！"

"享惯了福的人呀！前呼后拥的，提包跟脚的，送钱送礼的，洗澡搓背的，问寒问暖的，拉马坠镫的……这会儿全跑得不见影了。而今在号子里两个蒸馍一碗熬白菜，背砖拉车，可怎么受得了？"男人说。

"你是闲（咸）吃萝卜淡操心。"女人说。

"他这阵儿连我都不如。我在这河滩想多干就多干想少干就少干，不想干了就坐下抽烟喝水，运气好时还能碰见一个腰好的女子过河，还能看上两眼。他这阵儿可惨了，干不动得干，不想干也得干，公安警卫拿着电棍在屁股后头伺候着哩！享惯了福的人再去受苦，那可比没享过福只受过苦的人要难得多吧？"

没有人回答他的发问。我没有。他的她也没有。他突然自问自答——

"我说嘛，人是个贱货！贱——货！"

……

太阳沉到西塬头的这一瞬，即将沉落下去的短暂的这一瞬，真是奇妙无比景象绚烂的一瞬。泛着嫩黄的杨柳林带在这一瞬里染成橘红了。河岸边刚刚现出绿色的草坨子也被染成橘黄了。小木桥上的男人和女人被这瞬间的霞光涂抹得模糊了，男女莫辨了。

四

应办了几件公务，再回到滋水河川的时候，小麦已经吐穗了。

我有点急迫地赶回乡下老家来，就是想感受小麦吐穗扬花这个季节的气象。我前五十年年年都是在乡村度过这个一年中最美好最动人的季节的。我大约有七八年没有感受小麦吐穗扬花时节滋水河川和白鹿塬坡的风姿和韵致了。

太阳又沉下西塬的平顶了。河堤和石坝的丁字拐弯的水潭里,有三个半大小子在游泳嬉水。我看见河对岸的沙滩上支撑着一架罗网。女人正挥动铁锨朝罗网上抛掷着砂石。石头撞击罗网的"唰啦唰啦"的声音时断时续,缺乏热烈,有点单调。

男人呢?

那个尤其喜欢欣赏女人好腰又被嗔骂为流氓兼硬熊的男人呢?

我脱了鞋袜,涉过浅浅的河水。水还是有点凉,河心的石头滑溜溜的。我走到她的罗网前的沙梁上,点燃一支烟。

"那位硬熊呢?"

"没来。"

我便把通常能想到的诸如病啦走亲戚啦出门办事啦这些因由——询问。她只有一个字回答——没。

我就自觉不再发问了。她的脸色不悦。我随即猜想到通常能想到的诸如吵架啦与邻导人闹仗啦亲戚家里出事啦等等这些令人烦心丧气的事,然而我不敢再问。

她轻轻叹了一口气。

我还是决定发问:"咋咧?出什么事了?"

她停住手中的铁锨,重重地深深地嘘出一口气:"女子考试没考好。"

"就为这事?"我也舒了一口气,"这回没考好,下回再争取考好嘛!"

她苦笑一下:"这回考试不是普通考试。是分班考试。考好可进重点班,考得不好就分到普通班里。分到普通班里就没希望咧。"

这是我万万没有料想到的事。

她这时话多了:

"女子自个儿不敢给她爸说。

"他听了就浑身都软了,连镢头铁锨都举不起来了。

"他在炕上躺了三天了,只喝水不吃饭,整夜整夜不眨眼不睡觉,光叹气不说话。我劝了千句万句,他还是一句不吭。"

"女子在哪儿念书?高中还是初中?"

"县中。念高一。这学期分出重点班。"

我也经历过孩子念书的事。我也能掂出重点班的分量。但我还是没有估计到这样严重的心理挫败。

她伤心地说:"这娃娃也是……平时学得挺好的,考试分数也总排前头。偏偏到分班的节骨眼上,一考就考……

"直到昨日晚上,他才说了一句话:我现在还捞石头做啥!我还捞这石头做啥……"

"你不是说他是个硬熊吗?这么一点挫折就软塌下来了?"我说。

"他遇见啥事都硬,就是在娃儿们上学念书的事上心太重。他高考考大学差一点点分数没上成,指望娃儿们能……

"他常说,只要娃儿们能考上大学,他准备把这沙滩翻个过儿……

"他现时说他还捞这石头做啥哩!"

"我去跟他说说话儿能不能行?"我问。

"你甭去,没用。"

我自然知道一个农民家庭一对农民夫妇对儿女的企盼,一个从柴门土炕走进大学门楼的孩子对于父母的意义。我的心里也沉沉的了。

"他来了!天哪!他自个儿来了——"

我听见女人的叫声,也看见她随着颤颤的叫声涌出的眼泪。

我随即看见他正向这边沙梁走来。

他的一只肩头背着罗网,扛着镢头铁锨;另一只肩头挑着担子，两只铁丝编织的笼吊在水担的铁钩上。
　　他对我淡淡地笑笑。
　　他开始支撑罗网。
　　"天都快黑咧，你还来做啥！"她说。
　　"挖一担算一担嘛。"他说。
　　我想和他说话，尚未张口，被他示意止住。
　　"不说了。"他对我说。
　　女人也想对他说什么，同样被他止住了。
　　"不说了。"他对她说。
　　"再不说了。"他对所有人也对自己说。
　　"不说了。"他又说一遍。
　　我坐在沙梁上，心里有点酸酸的。
　　许久，他都不说话。镢头刨挖沙层在石头上撞击出刺耳的噪声，偶尔迸出一粒火星。
　　许久，他直起腰来，平静地说：
　　"大不了给女子在这沙滩上再撑一架罗网咯！"
　　我的心里猛然一颤。
　　我看见女子缓缓地丢弃了铁锨。我看着她软软地瘫坐在湿漉漉的沙坑里。我看见她双手捂住眼睛垂下头。我听见一声压抑着的抽泣。
　　我的眼睛模糊了。

2001年5月21日
于原下